Zhanhou Riben De Zhongguoshi Yanjiu

战后日本的中国史研究

高明士◎著

中西書局

简体版序

明治维新以来的中国学研究，是承续原来的汉学研究。战后日本的中国史研究，为中国学研究的重要一支，其特色约有如下几点：1. 学术研究传承不断，所以就初学者而言，在整理研究史后，极易进入研究领域。2. 沿袭战前受到近代欧洲实证史学研究的影响，重视基本史料的掌握、解读，乃至典籍版本的研究，成果扎实、丰富。3. 在唯物史观的影响下，重视群众(庶民)在历史中的角色，拓展宏观视野，将中国历史放入东亚史乃至世界史思考。进而掀起时代区分论战，有如20世纪30年代中国的社会史论战。4. 20世纪八九十年代，受中国改革开放的影响，转而对新史料进行搜集与解读，研究问题趋于基础性、细微性，学风转变，时代区分论战乃告沉寂。5. 21世纪以来的研究，新史料取得较易，尤其秦汉简牍、敦煌吐鲁番文书，乃至近代地方官府档案，因而更朝向新资料的整理、研读。国家秩序与地方社会问题，遂成为重要的研究课题。

就同时期的中国学界而言，只能说是蹒跚而行。盖近代以来，深受战乱的影响，史料、研究成果纷失，学术研究失去传承，断断续续发展，极为艰苦。在研究日本方面，因仇日气氛高涨，到20世纪七十年代依然低迷。八九十年代开放后，始发现日本对中国史研究极为深入。于是纷纷设立日本学研究中心，鼓励学习日语，翻译日文名著，推动中日文化交流。

以我个人而言，在五六十年代的台湾地区，由于时局影响，学习历史的环境极为艰困，尤其中国大陆新发现的资料，不易取得，公开场合不许说日语，因而不知“东洋史学”为何物，遑论时代区分论战。七十年代到日本东京大学留学后，才展开新视野的研究。当时东大东洋史学科（含东洋文化研究所）的师资阵容：中国史有西嶋定生、池田温、松丸道雄；中国近代史有佐伯有一、田中正俊；朝鲜史有武田幸男；北亚史有护雅夫；中亚、西亚史有榎一雄；印度史有辛岛昇；东南亚史有永积昭等教授，均是赫赫有名的学者，著作等身，甚为坚强。师资阵容所跨的领域几乎涵盖亚洲，让人惊讶。即使研究中国史的学者，乃至日本史的学者，其研究的视角均能触及东亚地区。1981 年我去韩国首尔大学国史学科研究，也发现他们都能涉及东亚地区，尤其中国史领域。当然对日、韩学者而言，尤其古代史，其史料的掌握必须借重中国史资料甚夥，自然而然研究的视角也就兼及中国史。只是中国的中国史学者，较少关心日、韩历史，因而对东亚，甚至亚洲，或世界史的视野，也就较为薄弱，研究成果乏善可陈。

拙书于 1982 年发行初版，至 1996 年修订四版，其距初版虽已逾三十年，但因战后日本的中国史研究若干领域，迄今仍有值得华人学界借镜者，例如古代国家性质、良贱制问题、时代区分问题、东亚世界论（战后为避免与战前军国主义的“大东亚”论相混，而改用“东亚细亚，东アジア”）等。尤其在时代区分的论战当中，日本学界首先提出所谓“唐宋变革”说，引起国际学界重视，近十年来，在华人学界亦有颇多论述。2014 年中日学者中国古代史论坛，在东京召开的主题为“现阶段中国史的时代划分”，其中令人注目的论文有四：《人类史与东亚细亚史的时期区分》（妹尾达彦）、《内藤湖南的时代区分论及其现代的意义》（气贺泽保规）、《从思想史看宋代近世论》（小岛毅），以及《唐宋变革与明清实践——以朱子学、理学为例》（陈支平）。其后，由东京汲古书院出版《中国史の时代区分の现在》（2015）。说明日本在战后所提出的研究课题，迄今仍有其延续性。“他山之石，可以攻错”，凡关心日本以及中国史研究者，拙书或有助一思。

最后，非常感谢中国政法大学赵晶博士的推介，中西书局李碧妍博士的协助，使拙书得以用简体版出版。鲁鱼纰缪之误在所不免，敬请方家指正。

高明士

谨识于明月斋

2017 年 9 月 27 日

修订版序

拙书的发行虽已逾十年，但个人认为书中所说的日本学界研究概况，仍有参考价值。20世纪90年代的日本学界，似仍继续80年代以来的沉潜学风，表面上看来不再有热烈的时代区分论战，其实正在酝酿新阶段的来临。这一段时间，显然努力于消化日本在战后以来所提出的诸多学说，更重要的是致力于吸收中国在改革开放后提供的庞大新资料与研究成果。或许基于此故，十多年来，日本学界除陆续发行其成套的论文集以外，多埋首于基础研究，如文献的注译、考释，金石文的搜集与研究，乃至于研究指南等，都有重要成果展现，为后进学子提供良好的指引，这也是我们要警惕与借镜的地方。

此次的修订本，除校正书中鲁鱼亥豕之误以外，并附录了拙稿《时代区分论与隋唐史教学——秦汉至隋唐为“中古”的初步看法》，这是我个人第一次尝试提出较具体的时代区分的粗浅构想，其详细论证则有待来日，期望方家不吝指正。另外，有关云梦秦简的研究，自1976年公刊发掘简报以来，已累积相当可观的成果。拙书搜集到1986年底，约有四百三十种，但到去年上半年为止，如吴福助教授的《睡虎地秦简文献类目》(《中华文化学报》创刊号，1994年6月)所示，已收录1042种，去除重复，亦有千种。此事说明后十年的研究成果数量远大于前十年，这是非常可喜的现象，相对地也正警告我们研究工作不可稍有松懈之心，学问不进则退，真是千古名言。是为修订版序。

一九九五年元月七日

增订版序

战后日本对中国史研究，最热门的课题，无疑地就是中国史时代区分问题。由于对这个问题的争论，在学界产生壁垒分明的两大学派，迄今仍各行其是，这是战前所没能见到的。论战的问题本身虽不能解决，却使学术在竞争之下，日新月异，尤其为扎稳自己的学说而在史料上所下的功夫，更非他国所能企及。这种稳健的实证作风，值得我们借镜。

近几年来，时代区分论战趋于沉寂，当非双方有意罢兵，拙书此次征得谷川道雄先生之同意，特收录其大作，以作一说明，谷川先生语重心长，读者可参照。但除谷川先生所指诸点以外，笔者以为下列两点也值得注意：一是研究者出现断层，一是新资料不断出土，目前正忙于解读。前者恐怕是世界性的问题，即受大战的影响，三四十年后的今天正逢青黄不接时期，此事在台湾地区亦然。后者尤其是秦简以及汉简大量的新发现，与敦煌、吐鲁番文书的刊行，甚至族谱、满清宫中档案等的整理，在在均提供第一手史料，历史学的研究已不能守着既有的史籍为满足，今后势必活用这些新资料而再出发，目前则正处于再出发前夕的整理阶段，故显得格外宁静。最近以东京地区为中心，并集聚众多学者撰成的《中国史研究入门》(共二册)，及以京都地区为中心，亦集众多学者撰成的《アジア历史研究入门》(共五册)，当是这段宁静时期所作的基础工作成果。拙书对这两部书，也增补其介绍文。

在可见的未来，日本的新生代将成为学界的中坚，他们与其师长辈一样，并无赫赫的留学学历；这意思是说日本凭其前辈既有的研究成果，足以传递薪火，日本史、西洋史的研究是如此，中国史的研究亦然。

谷川道雄先生不赞同堀敏一先生对内藤湖南先生中国观的批判，此事牵涉到中国传统文化与西方近代文明间的冲突、调整、发展的问题；也就是中国传统文化在西方近代文明的冲击下，能否持续发展的问题。按道理这个问题，由中国人来回答是责无旁贷，事实上，数十年来我们的确一直在关心这个问题，只是现在还没能得到圆满的答案而已。堀氏与内藤、谷川等人见解不同，当非为学者个人之事，其背后正是两学派的立场问题。就我们看来，日本学者的争论，究竟是隔靴搔痒呢，还是一针见血之论呢？这些都有待于我们去深思。

拙书所收诸篇文章，其撰写目的只是为读者作介绍工作而已，但因受本人治学所限，不免偏重于唐以前的研究成果，敬祈读者谅察。至于对日本学界的批判，有待于方家，愿与读者共勉之。

一九八六年六月廿一日

再　版　序

历史学的研究，不外乎史实与理论的提出，但是各家的研究方法，不免有所偏重，此于日本学界亦然。战后日本史学界在历史理论方面，受马克斯·韦伯学说影响较大；在史实的探讨方面，则侧重实证主义。近年来，由于中国不断出土新资料，例如秦简与吐鲁番文书等，对日本史学界冲击甚大。目前日本对于新出土文献的解读，颇有后来居上之势。基于此故，如何从新出土文献去印证史书的正确性，已成为当前史学家研究的迫切课题。易言之，近年来日本史学界对于史料批判的要求，已愈来愈严格，实证主义的学风，自然也越来越兴盛。此其一。在上述学风的演变下，如拙书所指出，战后日本史学研究诸主题中，时代区分论战之问题，到20世纪80年代后已趋于沉寂；但以"实证"的方法，在世界史中将"东亚世界"摆于适当位置，在"东亚世界"史中将日本史摆于适当位置，以矫正欧洲史为中心的世界史观，仍然是近年来研究的主题。此其二。近两三年来，年轻的研究者已显著地投入史学研究行列。一般说来，每年对于中国史的每一断代（如秦汉、明清等）研究论文的篇数，约在七八十篇，而年轻的研究者在某些断代史的研究成果，居然曾经出现占有三分之一的纪录，显示战后日本新生代已抬头。令人惊奇的是，从事新出土文献之解读、研究者，多半也就是这些年轻的研究者。此其三。以上数点，可说是日本最近几年来史学研究新动向的荦荦大者。

战后日本的史学研究，一言以蔽之，就是批判以欧洲史为中心的史观。再看邻近的韩国史学界，自从独立后，则力求克服日本殖民地史观以及昔日一些御用学者的论调。日、韩两国史学界批判的对象，虽然各有所不同，但持以批判态度治学，并无二致；双方的研究成果，亦皆有可观。

笔者自大学时代起，从事译述日本史学著作工作，受益于徐师圣明以及蔡谋成（已故）、蔡荣杰两位姐夫甚多，谨申谢忱。今拙书再版，适逢故蔡谋成姐夫逝世周年，谨以此书献于灵前，聊表悼念之情。

一九八二年八月九日

自　　序

光绪十三年(1887),黄遵宪写了近代第一本有关日本史的巨著——《日本国志》。他在"自叙"里说明这本书写作的动机之一,是"日本士夫类能读中国之书、考中国之事,而中国士夫好谈古义,足已自封,于外事不屑措意"。但九年后(1896),梁启超还有"中国人寡知日本"之叹(《日本国志》后序)。近百年来我们对日本的了解确实太少。两次中日战争,又加深双方的民族仇恨,因而中国人到现在对日本的理解可说还是相当陌生,遑论心平气和地欣赏日本了。基于这个认识,笔者于 1973 年获得美国哈佛燕京社之资助赴日本进修后,就能力所及也兼留意日本史学界研究的动向,尤其是第二次世界大战结束,日本史学界脱离军阀桎梏以后的动向。本书所收诸篇,便是从 1973—1981 年近十年间在日本或在台湾地区断断续续所写成的。

在"导言"里,说明日本对中国史的研究,是"东洋史学"最主要的部分,而东洋史学从明治维新以来深受德国正统史学的影响,到今天日本史学界犹有偏重欧洲的倾向。或许由于此故,日人从事史学研究,不论服膺哪一种学说,均由最基本的史料研读开始,这一点很值得我们注意。他们治学严谨务实,求知锲而不舍,这种研究精神,很值得我们学习。

本书的内容,共分三篇:第一篇是谈日本对中国史研究的新发展,此新发展分三方面说明:一是批判并克服西方史家对东方所提出的"亚洲社会停滞论"的偏见;一是放弃战前以帝王为中心的史观,转而侧重以民众为主体的史观;一是将中国史纳入东亚史或亚洲史甚至世界史研究。在这三方面当中,笔者侧重第一方面的介绍,此即日本史学界对中国史时代区分问题所触发的笔战。这场笔战基本上是以东京大学及京都大学为两大本营展开，三十年来聚讼纷纭，学派杂多，使日本史学界呈现空前的蓬勃与朝气。其中肯定唐宋间出现显著的历史变革，进而以此一时期作为时代区分的分界线，是日本史学界最早提出，也是战后日本史学研究最受世界瞩目的地方。日本史学界的努力，不论哪一学派，均想由时代区分论去证明两千年的中国历史发展，并非如西方史家所说的"停滞"，甚至要证明在近代(指19世纪中叶)以前的中国历史，具有较同时代西方历史先进的一面。这个论点，对中国人而言，颇具吸引力。第二篇谈日本对新旧中国史料研究的成果，包括日本对秦简、敦煌学等研究成果的介绍，以及若干日本学术机构所藏重要典籍印行的评介，并附录拙译池田温、冈野诚共著《敦煌、吐鲁番所发现有关唐代法制文献》一文，此文介绍日本在20世纪以来对敦煌、吐鲁番所发现唐代法制文献的研究史及其文献的解读，不论研究唐史或法制史，均是贵重的参考论文。从第一、二篇的说明，可知日本对中国史研究，不但有理论而且有发明，这一切都是先由研读基本史料入手。因此，史料的解读，在日人看来可说是史学入门的第一步。第三篇揭载与前述诸问题有关的参考文献目录，对于初学者当有裨益。

以上是笔者近十年来对日本史学界所作的皮相之论，自知谫陋学浅，勉强为之，纰缪之处，自所难免，敬请方家指正。

最后对美国哈佛燕京社多年的资助，谨申谢忱。

一九八一年七月十七日

目　　录

导言——日本东洋史学的成立与发展

第一篇　日本对中国史研究的新发展

第二篇　新旧中国史料的研究成果

第三篇 相关文献目录

导　言

——日本东洋史学的成立与发展

导　言
——日本东洋史学的成立与发展

日本近代大学的建置，以东京大学为最早；东洋史学科的成立，亦以东京大学为最早。今年(1977)正值东京大学创校一百周年纪念，特撰此文，以为介绍。

一、东洋史学的定义

东洋一词，在台湾地区通常指日本而言，东洋史则当指日本史。但是日本人所谓的东洋，狭义是指东亚地域，包括中国、朝鲜以及日本在内，也就是通常我们所谓的远东地域。广义则包括印度在内的亚洲全部。日本从明治以后，尤其中日甲午战争以后，东洋一词已广泛地使用。此事一方面象征日本要作为亚洲民族之一员的自觉；另一方面则说明日本、中国、印度等地区的文化，是具有独特性；易言之，此等地区的文化，为非西洋的特质。东洋史学的成立，就是在日本人这种民族自觉的背景下出现的。

所谓东洋史学，主要是以亚洲历史为研究对象的科学。此处之亚洲，并不包括日本。日本史的研究，日本人称为国史学。因此，日本人对于历史学研究的领域，是划分为国史学、东洋史学、西洋史学三部分，这是日本人独自的发展。[1]

所谓东洋学，简而言之，是以亚洲（不包括日本）为研究对象的一种科学。中国学、印度学、蒙古学等均是东洋学的一部分；佛教学、伊斯兰教学、东洋史学等，也是它的一部分。[2]

二、东京大学的创建与东洋史学科的成立

东京大学创设于1877年（明治十年），较北京大学的前身——京师大学堂尚早二十一年（京师大学堂创设于1898年）。当时共有文、法、理、医四个学部。文学部设两科，第一科为史学、哲学以及政治学；第二科为和汉文学科。史学被列为学科，最早始于此。但是两年之后（1879），史学科被取消。取消的原因，并非无设置的必要，而是日本的史学科与欧美不同，除须讲授日本、中国、印度，以及东亚诸国之历史外，尚须讲授欧美的史学。能担任这种课程的教授，颇不易觅求，学生也稀少，只好关门。史学科被取消后，有关日本史、中国史等课程，改在和汉文学科（即第二科）以及1881年（明治十四年）临时设置的古典讲习科讲授。[3]

1886年（明治十九年），东京大学易名为东京帝国大学。是年，仿德国学制，制定各级学校法令。从此以后，外籍教师当中，德籍所占之比率增大。翌年（1887），又在文学部设置史学科，并聘请德籍教授利斯（Ludwig Riss）前来讲学，主要讲授西洋史。利斯氏毕业于柏林大学，主修历史学，是为史学大师兰克的学生。其学位论文，是关于英国中世史的研究。1889年（明治二十二年），东京帝大成立国史科（即日本史学科），在文学部内与史学科并立。由于两科之课程相同者不少，且均受利斯氏之指导，

---

〔1〕参看铃木俊《东洋史学》，收入《アジア歴史事典》第七卷，页95—96，平凡社，1961年初版第1刷，1975年初版第9刷。

〔2〕参看青木富太郎《东洋学》，收入前引《アジア歴史事典》第七卷，页93。

〔3〕参看中山久四郎《東洋史学発達の回顧と展望》，页385—388，收入《明治以後に於ける歴史学の発達》，《历史教育》第7卷第9号临时增刊号，1931年11月。

以兰克之学说为主的德国正统史学，遂在日本扎根。所谓德国正统史学，一方面指注重史料的批判；另一方面亦注重诸史实的相关性（即客观主义）。同年，在利斯氏的策划下，成立“史学会”，并发行《史学会杂志》（1892 年以后，改称为《史学杂志》）。利斯氏对日本近代史学发展的贡献，诚不可磨灭。与利斯氏同时在史学科担任教授者为坪井九马三博士。坪井氏曾于 1887 年赴欧洲留学，1891 年归国。其治学方法，亦深受兰克的影响。利斯氏于 1902 年（明治三十五年）归国，继任其教席的是箕作元八博士。箕作氏亦留德，对德国史学之精髓，有深入的研究。[1]

1894 年（明治二十七年），那珂通世博士在大学、高等师范学校、高级中学的教授会议上，首次提议将中等学校的外国历史课程，区分为西洋历史与东洋历史，此议获得与会者的赞同。“东洋史”之名称，首见于此。从 1894 年起，在中等学校开始讲授东洋史一事，当受中日甲午战争的影响。盖此役日本战胜后，国民意识高昂，对大陆更加关注，而且有清政府的赔款，可充分发展东洋史学的研究。[2]东洋史讲授的内容依那珂氏之意，当以中国中原的历史为主，并包括印度、塞外诸国、西域诸国的兴亡，以及中原汉族、突厥、女真、蒙古诸族的盛衰消长。[3]那珂氏所以特别强调亚洲诸种族的兴衰史，是由于明治二十年代以后人种论甚为盛行的缘故。[4] 1895 年，宫本正贯之《东洋历史》（上、下两册）；1896 年，藤田丰八之《中等教育东洋史》；1897 年，市村瓒次郎之《东洋史要》；1898 年，桑原骘藏之《中等东洋史》（上、下二卷）等教科书先后出版，成为明治以后“东洋史学”的开路先锋。但是大学之“东洋史学”的实际开拓者，则为白鸟库吉博士。白鸟氏是东京帝国大学史学科第一届毕业生，也就是利斯所指导的第一期生，白鸟氏于 1890 年（明治二十三年）毕业后，立即被聘为学习院教授，与市村瓒次郎教授共同担任“东洋诸国之历史”的课程。白鸟氏开始研究蒙古、西域等历史，是在此时。1899 年（明治三十二年），白鸟氏

〔1〕 参看坂本太郎《日本の修史と史学》，页 245—248，至文堂，1966 年发行，1973 年再版。

〔2〕 徐先尧师提示。

〔3〕 中山氏前引文，页 383。

〔4〕 五井直弘：《近代日本と東洋史学》，页 52，青木书店，1976 年。

在罗马所召开的第十二届国际东方学者会议上，提出《突厥阙特勤碑铭考》、《匈奴及び东胡诸族の言语考》两篇论文，颇获国际学者的好评，这是日本学者空前未有的荣誉。1901 年，奉派赴欧洲（主要是德国、匈牙利）进修。1902 年（明治三十五年），白鸟氏在汉堡所召开的第十三届国际东方学者会议上，以德文再提出《乌孙考》、《朝鲜古代王号考》两篇论文。翌年年底经由法国、德国、芬兰、俄国等归国。1904 年 8 月（明治三十七年），出任东京帝国大学文科大学（文学部）新成立的"支那史学科"教授。中国史学科在这一年初次与国史学科、西洋史学科并立为三。[1] 1910 年（明治四十三年），日本吞并朝鲜。翌年（1911）（一说在 1910 年），日本将东京帝国大学的"支那史学科"改称为东洋史学科，史学科改称为西洋史学科。[2]从此以后，东洋史学科与国史学科、西洋史学科，在史学领域里，正式形成三分之局。

三、东洋史学的发展

庆应义塾大学桥本增吉教授在 1932 年曾将日本东洋史学的发展，自明治以后区分为四期。[3] 1961 年，铃木俊教授于《アジア历史事典》第七卷"东洋史学"的项目，述及东洋史学的发展时，除接受桥本教授的分期以外，并将 1932 年以后的发展，再分为两期，总共是六期。从 1961 年以后到现在为止，笔者以为无重大改变。以下就以桥本氏、铃木氏的分期为主，再参考其他学者的看法，将日本东洋史学的发展，说明于后。

第一期：明治初期到明治二十三年（1868—1890）

此期之历史学界，仍然维持江户时代之学风。后世所称的东洋史

---

〔1〕 参看小仓芳彦《日本における東洋史学の発達》，页 478—481，收入岩波讲座《世界歷史》第三十卷，1971 年第 1 次发行，1975 年第 2 次发行。

〔2〕 中山氏、坂本氏等人均以为事在 1911 年。参看中山氏前引文，页 389；坂本氏前引书，页 249。但旗田巍氏、小仓氏、五井氏等人则以为事在 1910 年。参看旗田巍氏《日本における東洋史学の伝統》，页 28，《历史学研究》270 号，1962 年 11 月；小仓氏前引文，页 481；五井氏前引书，页 53。笔者以为当以前一说为是。

〔3〕 桥本增吉：《先秦时代史》，页 396，收入前引《明治以後に於ける歷史学の発達》。

学，在此时不过是指中国史研究，也就是汉学研究而已。东京大学的和汉文学科，以及稍后设置的古典讲习科是其代表。

第二期：明治二十三年到三十年(1890—1897)

此期可谓为东洋史学发展的准备期。1889 年，《史学杂志》开始发行。1890 年，白鸟库吉博士毕业于东京大学史学科。同年，出任学习院教授，讲授东洋诸国历史。1894 年，中日甲午战争爆发，激发日本人作为亚洲民族之一员的自觉。接着中等学校开始讲授“东洋史”，若干东洋史以及中国史教科书陆续发行，惟专门性质的研究成果，在此期尚未出现。

第三期：明治三十年到大正三年(1897—1914)

此期成立东洋史学，并以亚洲诸民族尤其是朝鲜、中国、蒙古诸民族为研究之对象。日俄战争结束以后，日本取得在中国东北铺设铁路的特权。1910 年，日本并吞朝鲜。接着东京大学成立东洋史学科，此后京都大学、早稻田大学、庆应义塾大学等纷纷仿设。1907 年，岩崎弥之助氏自清末四大藏书家之一——陆心源氏处购入其私人藏书，成立“静嘉堂文库”，对东洋史研究贡献甚大。1908 年，“南满洲铁道株式会社”(简称“满铁”)在东京支社内部，成立“满洲历史地理调查室”。其目的在调查研究中国东北和朝鲜的历史地理。当时聘请白鸟库吉博士负责，并网罗箭内亘、池内宏、松井等、稻叶岩吉、津田左右吉等著名学者参与其事。此“调查室”一时也成为培养东洋史学者的重镇。1915 年，“满铁”以其研究成果不合于营利目的而废止此机构。其后，此机构被移至东京大学文学部，“满铁”只补助其出版费而已。此机构前后所出版之研究成果，主要有《满洲历史地理》(共二册，此书亦被译成德文)、《朝鲜历史地理》(共二册)、《满鲜地理历史研究报告》(共十六册，1915—1940)。[1]

第四期：大正三年到昭和七年(1914—1932)

此期对中国史的研究，已转趋兴盛，并已开始留意南洋的研究。日本因第一次世界大战的爆发，出现空前的好景气，同时为维持其东亚的霸权，以及积极进行其大陆政策，而再增设不少研究机构。中国东北、九州、北海道、京城、台北等帝国大学及若干私立大学，在此期先后建立。1917 年，岩

---

〔1〕 参看五井氏前引书，页 68；旗田氏前引文，页 29。

崎久弥氏购得《伦敦时报》(*London Times*)通信员墨利森氏(G. E. Morrison)的藏书,再加上其家藏的"岩崎文库",于1924年成立财团法人"东洋文库",并设置研究部,聘请著名学者从事东洋文化的研究。1929年日本外务省"对支文化事业部"运用清政府的庚子赔款,在东京大学成立东方文化学院(即现在东洋文化研究所的前身),在京都大学成立东方文化研究所(即现在人文科学研究所的前身),两者均是专门研究东洋文化的机构。此等专门研究机构的设置,也为东洋史研究培植不少人才。

有关东洋史学方面的杂志,在此期达到空前的盛况,尤其是20世纪20年代。例如《史林》(京都帝国大学,创刊于1916年)、《支那学》(京都帝国大学,1920年)、《史苑》(立教大学,1928年)、《史学研究》(广岛文理科大学,1929年)、《史洲》(九州大学,1929年)、《东方学报》(东京帝国大学东方文化研究所,1929年)、《社会经济史学》(社会经济史学会,1931年)、《史观》(早稻田大学,1931年)、《史潮》(东京文理科大学,1931年),以及稍后的《历史学研究》(历史学研究会,1933年)、《东洋史研究》(京都帝国大学,1935年)等。[1]

第五期:昭和初期到第二次世界大战结束(1932—1945)

此期由于日本积极侵略中国,其对中国史的研究,也达到异常"兴盛"的状态。太平洋战争爆发,日本高唱"大东亚共荣圈"的侵略政策,向来以中国、朝鲜、蒙古以及中亚地区为主要研究对象的东洋史学研究,此时更发展至印度、东南亚以及西亚方面的研究。东洋史研究者,在此期已显著增加。过去对东洋史研究,是以比较历史地理及文化史方面为主,此期已开始注意由社会、经济及诸制度方面去探讨下层结构。

第六期:二战结束后到最近(1945—　　)

此期是日本东洋史学的再生时期。战前的东洋史研究者,随着日本帝国主义之大陆政策的发展,常有日本是先进、亚洲诸民族为后进的论调,内心对亚洲诸民族亦存有蔑视感。甚至发表支持侵略的言论,此即后来所谓的"大东亚战争肯定论"。[2]日本学者抱着这种优越感来从事

---

〔1〕 小仓氏前引文,页482—483。

〔2〕 内藤湖南与津田左右吉博士即为其例。参看五井氏前引书,页135—147。

东洋史学的研究，自然无法达到客观性。因此，较有良心的学者，多走上考证学之路。[1]战前日本考证史学兴盛，实是学问与现实脱节的反映。二战刚结束之际，日本百废待举，一时呈现虚脱状态。1950年以后，随着社会秩序的恢复，研究工作方再趋于活泼。二战的失败，给予日本人的教训，极为惨痛。战后不少日本学者呼吁学界及国人要抛弃对自己的优越感、以及对亚洲诸民族的蔑视感。学术研究不当再为侵略者提供服务，而要有自主性与客观性。对历史研究不当停留在各个史实之考证，而应探讨其整体性。同时又呼吁重新检讨日本在亚洲历史发展过程中的位置，包含日本古代史在内。[2]战后日本对其天皇制的重新检讨，以及对东亚史研究的新开拓，就是在这种背景之下展开的。关于战后日本对中国史研究发展的一些实质问题，笔者将另文撰述。

总之，日本东洋史学的发展，到战前为止有如下几项特色：1. 东洋史学是以东京帝国大学为中心而发展。2. 东洋史学成立之初，即深受欧洲正统史学的影响，与日本固有的汉学传统，关系甚少。这也是东京学派与京都学派在东洋史学研究方面，迄今仍尖锐对立的渊源之一。按以京都大学为中心的东洋史学研究，其开山祖师是内藤湖南博士。内藤氏是传统的汉学者，从江户时代到明治前期，从事中国研究者，都属于汉学者。因此，京都大学的东洋史学科，在内藤氏领导之下，可谓承续日本汉学研究的传统。东京大学东洋史学科之创立者白鸟库吉博士，则出身于史学科。当时的史学科，就是西洋史学，也就是学欧洲史学的传统。1909年，白鸟博士发表《支那古传说の研究》(《东洋时报》131号)一文，证明尧、舜、禹等圣人，均为架空人物，其理论即建立于实证主义。此论一出，等于破坏汉学者心目中儒家的偶像，立即引起激烈的笔战。双方的论战，一直持续到大正初年。新兴的东洋史学者显然占上风，而确立

---

〔1〕 东京帝国大学的加藤繁、池内宏博士，即是其例。参看旗田氏前引文，页31。

〔2〕 例如石母田正氏(参看氏著《近代史学史の必要について》，《历史评论》150号，1963年2月)、增渊龙夫氏(参看氏著《歴史意識と国際感覚—日本の近代史学史におけると中国と日本—》，《思想》464、468号，1963年)、旗田氏(参看前引文)、小仓氏(参看前引文)等。

其在东洋史学界的地位。[1] 3. 东洋史学的发展，可谓随着日本对大陆侵略政策的推进而成长。日本对亚洲的侵略，大致循着如下的方向：朝鲜→中国东北→中国内地→东南亚，其东洋史研究也大致沿着这一线上发展。易言之，战前东洋史研究是随着侵略范围的扩大，而增广其研究的领域。但是到战后则另有新发展，约而言之，有如下几项：1. 朝鲜独立及日本在中国东北之利权丧失后，对此等地区的研究，乃趋于低沉。但是对于东南亚及西亚的研究，因有战前的基础，则继续成长。2. 由于思想获得解放，包括精神史观、唯物史观在内的各种思潮，充斥于日本史学界。使学术研究空前地活泼，研究成果亦远超越战前。3. 重新检讨战前诸观点，例如亚洲诸国、诸民族（包含日本在内）的历史位置，亚洲社会停滞论的批判与克服。4. 强调以民众为历史发展之主体，克服过去唯重皇家系谱的历史观。因此，战后社会经济史的研究异常蓬勃。

四、附述战后日本东洋史学科的教育方法

战后日本的东洋史学研究，到目前为止，已有很高的水准，其研究成果每受世界各国的瞩目。基于此故，日本如何培养一位东洋史研究者，实在值得我们注意。如上所述，日本学术研究的中心是在大学，则大学东洋史学科的教育方法，以及学生毕业后的研究动向，亦当是我们关切的主题。兹以东京大学为例，略加说明于下。

学部方面：大学一、二年级学生是编在“教养部”，接受共同科教育。大三以后，方进行分科。分科办法依学生的志愿与成绩而定，东洋史学科每年通常招收十几名学生。学部之教学方式，一般以讲述为主，大四学生可参加大学院（相当我们的研究所）的专题研究课程。毕业论文为必修，论文口试甚严，因口试不及格而不能毕业者，其例甚多。

大学院方面：分修士（硕士）课程与博士课程两种。前者至少修读两年，最长三年；后者至少三年，最长五年。此处拟特别介绍者，为其专题研究课程之进行方式。通常每一专题研究课程，在教授指导之下，精读

---

〔1〕 旗田氏前引文，页 33。双方论战之经过，参看桥本氏前引文，页 413—414。

一种典籍，例如正史之食货志、选举志、礼仪志等，专著如顾炎武之《日知录》、陈立之《白虎通疏证》、黄六鸿之《福惠全书》等，古文书如敦煌所发现各种文献等。每次上课，均由同学轮流主讲，除解读文献本身外，并对近代学者有关此问题之研究成果，提出批判性的报告。这种专题研究的进行方式，即受德国的影响。归纳而言，其目的有四：一为训练学生寻找第一手史料的能力，亦即评判史料的能力。举凡典籍上所引用的文献，均须一一找出加以核对有无错误。二为训练学生之解读能力。对于典籍中之每一个字，均须彻底理解。有时为了一个难解的字，用上几小时仍无法解决者，是常见的事。《辞海》在这时候已派不上场，学生们经常翻阅的是《大汉和辞典》。三为强迫学生阅读近代学者的研究成果。在东洋史研究室，备有一部复印机，任由学生自行复印。此机器每天滚动不停，足见学生阅读风气之盛。四为实施师徒制。学生入学后，每年均选修指导教授的专题研究，直至离开学校为止。其所修的学分(单位)均获学校的承认。日本东洋史学科的学生，虽然在大三才开始接受专业训练，较台湾大学历史学系学生延迟两年，但由于受到专题研究课程的良好训练，使他们进入修士课程后，程度大为提高。《史学杂志》每年之“回顾与展望”的专号，大多由大学院院生执笔，其因在此。[1]这种扎实的训练方法，笔者以为很可作为我们大学及研究所教学的参考。

学生在“博士课程修了”之后，便步出校门，大多执教于大学。对于作一位学者而言，这时才是真正研究学问的开始。大学教师与学生们的共同研究风气很盛，课余之暇，形形色色的读书会遍布校园。或在白天，或在晚上，每天孜孜不倦地进行研究，令人佩服。例如东京大学的西嶋定生教授目前正主持《魏书》索引研究会，池田温教授主持唐律研究会、中国契约文书研究会等。教师们所组织的读书会，并非只限于本科系的教师，常常还

---

〔1〕《史学杂志》自1949年6月(58编1号)起，每年以特辑刊载“学界动向”，其特辑专号称为“回顾与展望”。例如1977年的专号(5月出版)，称为“一九七六年的历史学界—回顾与展望—”，即对上一年度的研究成果，作一检讨；对此后的研究方向，则作一展望。其专号之中国史部分，此次有两位院生分别执笔。每年在史学刊物上，以特辑方式作一“回顾与展望”，对历史研究者实有很大的刺激与鼓励作用。这种方式，战后已为韩国所仿效。

包括其他学校对此问题有专攻而且有兴趣的教师。例如上智大学栗原益男教授所主持的“唐史研究会”，包括明治大学堀敏一教授、东京大学池田温教授，以及名古屋大学谷川道雄教授等人。这种不分畛域、校别的研究精神，使古人所说“文人相轻”的病象，在彼邦打一很大的折扣。就其研究成果而言，例如东京大学食货志研究会出版了《宋史食货志译》。京都大学元史研究会出版了《元史语汇集成》(上、中、下三册)，教育大学元史研究会出版了《元史刑法志译注》，东洋文库出版了《宋代研究文献目录》、《宋代史年表》、《正史东夷传译注》，等等，均是其著者。

博士学位的授予，是由各大学自行决定。其资格主要有两种，一为博士课程修完者，一为未修博士课程者。两者均可提出学位论文，经审查、考试及格后，可获得博士学位。前者是战后的新规定，就笔者管见，在博士课程修完后，立即提出申请文学博士论文者，以其本国而言，似无其人。战后所授予的文学博士，多半属于后者，或博士课程修完后，经过一段时间，方提出申请。如果以大学毕业之年计起，通常在二三十年之后。也就是升任助教授或教授的职位以后。例如现任东洋文库库长、前任东京大学东洋史学科主任榎一雄教授，获得东京大学文学博士学位是在大学毕业二十五年后，现任东京大学东洋史学科主任西嶋定生教授是在十九年后，现任大阪大学教养部教授布目潮沨先生是在二十九年后。由于文学博士与其他学位不同，得来不易，因此很受日本以及国际人士的尊重。依东京大学的规定，学位论文自获得学位之日起，一年之内必须发表；其论文摘要与审查意见，则须在三个月之内公之于世，此事也很值得我们的参考。

一九七七年八月二十二日脱稿

（原载《食货》复刊第七卷第十期，一九七八年一月）

第一篇

日本对中国史研究的新发展

一、战后日本对中国史研究的发展

I

我们知道日本史学界，在战前已有东京学派与京都学派的对立，迄今仍无合流的迹象。这种学说的对立，表现特别明显者，是在中国史的时代区分论以及各时代的时代特质方面。例如对东京学派的西嶋定生、木村正雄、堀敏一、池田温等人所说的中国“古代”，若以为指春秋战国时代或者秦汉时代以前，那就错了，它指唐以前。对京都学派的宫崎市定、宇都宫清吉、佐伯富、谷川道雄等人所说的中国“近世”，若以为指鸦片战争以后，那也错了，它指宋代以后。宫崎市定、贝塚茂树、伊藤道治等人，对殷周国家的性质，称为“都市国家”，若依此说，遽而认为是日本学界的公论，那也错了，因为尚有中江丑吉、西嶋定生、松本光雄等人的“邑制国家”说。这种学说纷立的背后，其实常可追溯至东京学派与京都学派对立的本源。关于东京学派与京都学派之形成的种种问题，笔者在其他文章中已有简单的说明，[1]此

〔1〕 参看拙作《战后日本史学界对中国史时代区分的论战——以“古代”下限的争论为中心》(以下简称《时代区分的论战》)，《大陆杂志》52：2、3，1976 年 2、3 月。《日本东洋史学的成立与发展》，《食货月刊》复刊号，7：10，1978 年 1 月。本书第一篇之二、三节及导言。

处不拟赘述。本文所要探讨者，为战后日本对中国史研究的一般趋势以及若干实质问题。

Ⅱ

战后日本对中国史的研究，就可见的研究成果而言，辞书方面，如众所知之《大汉和辞典》(诸桥辙次主编，共十二卷，索引一卷，1955—1960年)可为代表。以中国史为主之历史辞典方面，《アジア历史事典》(共十卷，贝塚茂树、宫崎市定、铃木俊、森鹿三、仁井田陞、山本达郎等编，平凡社，1959年9月初版第1刷；1975年6月初版第7刷)最具特色。此部书显然主要是由京都大学与东京大学之学者们合力编撰而成的。以群策群力写成之中国历史方面，主要有三部，一为以京都大学出身之学者为中心而撰成的《东洋の历史》(共十三卷，人物往来社，1966年)；一为以东京大学与京都大学出身之学者为中心而撰成的《中国の历史》(共十卷，讲谈社，1974年)；一为最近正在刊行的《图说中国の历史》(共十二卷，讲谈社，1976年11月开始发行第一卷，预计到1978年可出完)，其策划委员及作者，仍以东大与京大出身的学者为主。其他各种个人专著，更是不胜枚举。战后日本人研究中国史的这种成绩，其他国家恐难出其右。

就战后三十年来，日人研究中国史的新发展而言，笔者以为主要有三大课题：

1. 批判并克服所谓"亚洲社会停滞论"
2. 将中国史纳入世界史，尤其是东亚史或亚洲史研究
3. 以民众作为历史变迁的主体

兹简单说明于下。关于第一项，所谓"亚洲社会停滞论"，本由孟德斯鸠首先提出，其后黑格尔、马克思、魏特夫(K. A. Wittfogel)、赖世和(E. O. Reischauer)等人陆续发挥此论。所谓"停滞"，是与"进步"相对的观念，其意非为一时或相对的停滞，而是本身绝对的停滞不动。析而言之，有以下几点特征：(一) 亚洲社会缺乏西欧社会那种自由，在专制君主严厉统治下，自古至今是处在无进步的停滞状态。自由与专制，进步与停

滞，便是西欧与亚洲社会基本不同之处。（二）亚洲社会本身是停滞社会，若无资本主义、帝国主义国家从外部作物理性（即军事）的破坏，其本身之统治体制是不会崩溃的，也无近代化的可能。这种停滞论，其实是近代帝国主义者借以作为侵略与支配亚洲的一种口实。对于这种论调的批判与克服，是战后日本史学界的共同课题。时代区分论战以及20世纪60年代对于近代化问题的讨论，就是其重要的成果。

关于第二项，将中国史纳入世界史，尤其东亚史或亚洲史的研究，是日本从1950年以来新的课题之一。按日本对东亚史的关心，自古已然。惟明治时代以后，为配合其侵略东亚的政策，对东亚诸民族之历史的研究，并无给予客观的、科学的求证。战后对于这种为帝国主义之侵略而服务的研究态度，大为批评与检讨，并提出科学的历史学，以作为学术研究的基本态度。1949年，历史学研究会大会以“世界史の基本法则”为题，提出报告。目的在究明如何将亚洲地区的历史纳入世界史的位置而加以研究，并对马克思之历史发展阶段论提出批判。1953年，历史学研究会大会进而以“世界史におけるアジア”为题，进行讨论。目的在究明亚洲诸民族之民众，在历史发展的过程中所呈现的力量，以及亚洲专制主义的特质等。1960年代，史学界呼吁重新检讨“东亚历史像”之声不绝于耳。这些讨论，对此后的中国史研究影响甚大。例如古代帝国成立论、东亚世界论、唐宋间的变革在世界史上的意义等学说的提出，均是其重要成果。

关于第三项，将民众视为历史变迁的主体。此问题之提出，是要改变过去研究历史唯重帝王系谱的史观。以日本史为例，就是要克服皇国史观转而注重以民众为主体的历史。1955年，历史学研究大会就是以“历史と民众”为题，进行讨论。因此，战后日本对社会经济史的研究风气异常兴盛，这方面的成果也最多。这种研究态度的转变，可能与批判唯物史观有关，以及受到时局影响的缘故。盖战后亚非民族纷纷脱离帝国主义之殖民统治而独立，向来以西欧为重心的世界史为之改观。日本在1953年亦恢复独立，1960年，爆发所谓“安保斗争”。[1]许多历史研究

---

〔1〕 所谓“安保斗争”，指群众发起反对日美新安全保障条约，主张维护民主主义，打倒岸信介内阁的运动。

者因而深深体会到群众在历史发展的过程中所具有的主体性位置，对其历史地位的变迁，更感到兴趣。例如对于历史上有关国家与地主、自耕农，地主与佃户的关系，以及由此而发生支配与被支配的生产关系应如何来把握，成为战后的主要课题之一。战后的时代区分论，亦以此课题为主要内容。此外，由此课题引发学者对历代土地赋役制度、社会良贱制度的变迁、乡绅对地方支配权的性质，以及历代"叛乱"集团的研究，等等。

Ⅲ

以上是战后日本对中国史研究的三大课题。在此三大课题之下，并引发出若干专题的研究。这些专题，也可说是战后日本对中国史研究的主要内容。兹略加说明如次。

1. 时代区分论战

战后的时代区分论战，有两大主题，一为中国"古代"社会的下限时期；一为资本主义的萌芽与"近代"社会的起始问题。关于前者的论战，笔者于去年(1976)曾撰文介绍，[1]此处拟再简单说明其要。

日本史学界对中国"古代"社会之下限时期的说法，归纳起来，约有西周末、汉末、唐末五代、明末清初等四说。其论战的学理依据，战前主要为内藤湖南氏的"文化史观"，战后则侧重于社会经济史观。

西周末说：此说以滨口重国氏为代表。滨口氏以为西周时代的生产样式为"总体的奴隶制"，春秋战国时代迄清代为止，演变为"总体农奴制"。因而主张西周末是"古代"社会的结束，春秋战国以后则为"中世"社会。

汉末说：此说以内藤湖南、宇都宫清吉、宫崎市定、川胜义雄、谷川道雄等京都学派以及藤家礼之助氏之新说为代表。内藤氏以为由远古至东汉中叶为"上古"，此期为中国文化由内向外发展的时代。从东汉后半到西晋时代，为中国文化向外发展暂停时期，是为过渡时代。宇都宫氏以为以里(当时的聚落)作为基盘的"父家长的三族制家族(父母妻子兄

---

〔1〕 参看前引拙作《时代区分的论战》，本书第一篇之二、三节。

弟为成员的范围)”社会,于汉末崩溃后,是为“古代”的终结。三国以后,形成“豪族共同体”社会,此乃“中世”社会的性质。宫崎氏亦以聚落形态之发展,来说明“古代”社会的特征。他以为中国在汉代以前的社会,是由无数的“城郭都市”(邑)集合而成的,与欧洲早期的都市国家相近。汉末以后的动乱,使古代社会为之变形,此后为“中世”社会。川胜氏、谷川氏以为秦汉帝国统一以后,由氏族共同体演变成为以“父老”为中心的“里共同体”社会。后来因里共同体无法克服其内部的矛盾而崩溃。共同体再编,形成以个人或家族为首长,以郡望为中心的“豪族共同体”社会。由“里共同体”演变成“豪族共同体”的关键,是东汉帝国的崩溃。所以汉末实为古代与中世社会的分水岭。藤家氏以批判唯物史观的态度,提出自己的看法,但不属于京都学派。他认为马克思的历史演进论,并不能用来说明中国历史的发展;在他看来,中国历史的发展,似可由以下诸阶段说明:

> (一)自然的、血缘的原始共同体时代→(二)农业共同体时代=殷周时代→(三)复合社会经济生产形态(即奴隶制与封建制并存之生产形态)之时代=战国秦汉迄隋唐时代→(四)封建制作为社会经济基本生产形态之时代=五代、宋以后

上列第(三)阶段,又可分为两期,前半期是奴隶制社会经济生产形态占优势的时代,此即战国、秦、西汉等时代。后半期是封建制社会经济生产形态占优势的时代,此即东汉魏晋以迄隋唐时代。前半期是中国“古代”社会,后半期为中国“中世”社会。易言之,藤家氏将西汉末期视为“古代”的下限,与京都学派的说法稍异。

唐末五代说:此说以前田直典、西嶋定生、仁井田陞、堀敏一、木村正雄等东京学派为代表。前田氏以为从战国到唐末,历史发展的动力为豪族。耕作豪族之大土地者,主要依赖奴隶,此乃“古代”社会的特征。西嶋氏以为自汉迄唐,直接从事生产劳动者,主要还是农民,非为奴隶。惟此一时代的农民,须负担甚重的徭役赋税,他们实是“不自由的劳动力”,与奴隶性质相近。这种“奴隶制”的性质,经唐末五代的动乱方告消失。

宋以后主要的生产关系，是在庄园耕作的佃户制。因此，唐末五代是“古代”社会的终结。仁井田氏以法制史的观点继续发挥前田氏的唐末五代为“古代”结束说。他以为中国“古代”的生产关系，是奴隶制社会；中世为封建制（农奴制）社会。所谓奴隶，在中国是属于“半人半物”的性质，他们无移转居住的自由，对主人须作无报酬、无定量、无限制的劳动。即受主人之直接支配，与主人之间，是一种“物”的所有关系。所谓农奴，指对主人作定量的服务，但有自己的生产手段与经营方式。因为附属于土地，仍无移转迁徙的自由。即以土地为媒介，受主人间接支配，与主人之间，非为“物”的所有关系，是对“人”的支配关系。堀氏以为秦汉与隋唐帝国之共同特征，即专制君主对小农民之一元（人头）的支配体制，但此支配体制随均田制的崩溃而消失。均田制崩溃，促使庄园制发达，均田农民因而发生阶层分化，产生新的地主与佃户、庄客的支配与保护关系。新的共同体再编成，此即“古代”社会的结束，“中世”社会的开始。木村氏以为古代专制主义的基本支配体制，在于人头的支配，与西嶋氏所谓“个别人身的支配”说类似。秦汉的赋制，魏晋的户调，以及北魏隋唐之均田制下的租庸调法，就是实施这种体制的证明。迨两税法实行后，推行征租不授田，这种一元的支配体制，才告崩溃，此即“古代”社会的结束。

由唐末经五代到宋代的变迁，在京都学派看来是“中世”社会的结束，“近世”社会的开始，也是内藤湖南之“文化史观”的精髓所在。但如上所述，在东京学派看来，却是“古代”社会的结束，“中世”社会的开始。是故，唐末五代究竟是古代的结束？抑或中世的结束？宋代究竟是“中世”的开始？抑或“近世”的开始？成为战后日本时代区分论战最激烈的一个焦点。对此问题的探讨，日本也是世界最早研究的国家。

明末清初说：此说以小山正明、重田德等人为代表。小山氏以为16、17世纪之长江三角洲一带的地主经营，仍是“家父长的奴隶制”。但此时由于木棉纺织业以及绢织业等农村手工业的发达，于是奴隶制性质的佃户，逐渐脱离地主自立，成为封建的农奴。是故，明末清初当是中国“古代”社会的结束。重田氏由明末清初乡绅对地方支配体制的出现，以及清初地丁银制的成立，而推论清政权实为封建地主支配制，即“中世”

社会。古代专制国家之“个别人身的支配”原理，至此方告崩溃。

关于时代区分论战的另一主题：资本主义之萌芽与“近代”社会之起始问题。京都学派将宋代以后的社会，规定为“近世”。此说亦以内藤湖南氏最先提出。不过内藤氏将“近世”又区分为近世前期、近世后期。前者指宋元时代，后者指明清时代。其代表作——《中国近世史》（弘文堂书房，1947 年）的内容，即属于近世前期史之作。自元以后的社会，在内藤氏看来，无大变化。〔1〕这种自宋迄清的“停滞论”，自然遭到东京学派严厉的抨击。例如佐伯有一氏以为内藤氏过分强调辛亥革命后，日本对中国之经济援助，甚至军事侵略，始为中国带来变革的说法，无异将日本帝国主义的侵略予以合理化。内藤氏强调历史“发展外因论”，实忽视中国在鸦片战争以前之主体发展的能力。〔2〕五井直弘、柳田节子等人亦以为内藤氏的中国观，是为日本侵略中国作“肯定论”。〔3〕

战后宫崎市定氏由社会经济史观对内藤的“近世”说加以补充。其最重要的论点之一，即以为宋代社会已有显著的资本主义倾向。例如将土地作为资本投资场所，而从事生产、买卖、交易。产业经营已商品化、分业化，合股经营之大企业（如纺织、制陶等业）发达。但东京学派的仁井田陞、柳田节子等人以为宫崎氏仅提出“商业资本”、“高利贷资本”的前期资本而已。至于近代资本主义之“产业资本”的发展情形，则未予说明。事实上，宋代产业的发展，并不具备近代资本主义的形式（即以产业资本为基轴而成立的生产样式）。〔4〕东京学派的西嶋定生、佐伯有一、田中正俊等人以为明末清初，即 16、17 世纪之际，中国方具有资本主义萌

---

〔1〕 参看内藤乾吉氏为此书所写之“跋”。关于内藤湖南氏以宋以后为“近世”的理论，前引拙作《时代区分的论战》在介绍“古代”下限之论战时，已有详述，读者可参照。

〔2〕 参看佐伯有一《日本の明清時代研究における商品生産評価をめぐって—その学説史的展望—》，页 255—259，收入铃木俊、西嶋定生编《中国史の時代区分》，东京大学出版会，1957 年。

〔3〕 参看五井直弘《近代日本と東洋史学》，页 135—138，青木书店，1976 年。柳田节子《宫崎史学と近世論》，页 138，收入《近代日本における歴史学の発達》（上），青木书店，1976 年。

〔4〕 关于仁井田氏之说，参看前引拙作《时代区分的论战》。柳田节子氏之说，参看前引氏著《宫崎史学と近世論》，页 154—155。

芽之契机。当时中国江南之农村手工业，已商品化、分业化，松江、苏州府的棉布，常州、镇江府的麻织品，苏州、杭州府的绢织品，湖州、嘉兴府的丝织品等手工业，是其佳例。这些产品，大致流通于全国各市场。[1]

16、17世纪之际，中国农村社会之商品手工业，所以特别发达的原因，在于(一) 自宋以来，对于围田、圩田等之开发，使水田面积扩大，生产力上升。(二) 宋室南渡，政治重心南移，江南田赋倍增，农民生活困苦。为补贴家计，遂以家庭手工业作为副业，进而发展商品生产。(三) 明中叶以后，租税银纳化，其后有一条鞭法之税制改革。农家为缴税，更将家庭手工业刻意商品化，以赚取货币。松江府为中心之棉布生产，即在此背景下发达起来。(四) 从16世纪起，日本、墨西哥、北美、欧洲、南洋等地，陆续输入大量的银，亦是中国产业界出现空前好景气的原因之一。[2]但是明末清初的农村商品手工业，始终无法发展成近代资本主义的体制，其因在于中央集权的专制权力，以土地制度为媒介而支配农村。当时生产结构的特征，仍是地主、商业资本(即商业高利贷资本)、官僚等三位一体；其劳动力主要为家族内的妇女，因而无法从事再生产，最多亦仅止于家内工业阶段。西方社会步入资本主义体制的过程中，其主要阶段之一的工厂制手工业经营，在鸦片战争以前遂无法在中国出现。中国之农村工业本身，也因此无法迈向近代化的里程。[3]

由上所述，可知中国在明末清初仅出现资本主义萌芽之契机，但终于无法主动步入近代资本主义体制。因此，以东京学派为中心的学者

---

〔1〕 参看西嶋定生《十六、十七世紀を中心とする中国農村工業の考察》，页734，收入氏著《中国経済史研究》，东京大学出版会，1966年；原载《历史学研究》137号，1949年1月。佐伯有一、田中正俊《十六七世紀の中国農村製糸、絹織業》，页240，收入上原专禄等监修《世界史講座》(Ⅰ)："東アジア世界の形成"，东洋经济新报社，1955年。田中正俊《十六、十七世紀の江南における農村手工業》，页79，收入氏著《中国近代経済史研究序説》，东京大学出版会，1973年。

〔2〕 参看西嶋定生《十六、十七世紀を中心とする中国農村工業の考察》，页733—738。佐伯富著、林茂松译《中国史的发展与银的问题》，页249—251，《台湾大学历史学系学报》第三期，1976年5月。小竹文夫《明清時代における外国銀の流入》，页37—75，收入氏著《近世支那経済史研究》，弘文堂，1942年。宫崎市定《中国近世銀問題略説》，页239—252，收入氏著《アジア史研究第三》，东洋史研究会，1963年。

〔3〕 西嶋定生：《十六、十七世紀を中心とする中国農村工業の考察》，页750—751。

们，认为中国"近代"社会之起始，当在 1840 年的鸦片战争爆发以后。其理由主要是站在世界史的观点，来看中国社会的变革：（一）19 世纪以后，人类的历史首次将各国、各地区之发展连成一气，形成一个世界史，此即"近代世界史"。（二）"近代世界史"的形成，是由于近代资本主义之"世界市场"的出现。后进诸国、诸民族，因开埠，即受到近代西方列强的冲击，而成为"近代世界"的一环。其形成的端绪，是他律的、外因的，中国"近代"社会的开始，也是如此。（三）中国在鸦片战争以前，有其自生的、内在的发展。另一方面，也有其自生的、内在的解体因素存在。鸦片战争以后，由于西方近代资本主义对传统中国社会的破坏，同时也因中国本身的变革，而产生一连串的抵抗，使中国社会再生。是故，中国"近代"社会的出现，可以说是自主发展的过程。〔1〕

另一方面，京都学派的重要代表人宫崎市定氏，对于鸦片战争以后的历史，则称为"最近世"，民国以后称为"现代"，〔2〕以补充内藤湖南氏"近世"说之不足。因此，就广义而言，自宋迄清，实是京都学派所谓的"近世"时期。关于"最近世"的特质，宫崎氏以为并非否定"近世"，而是对"近世的倾向"加速发展所产生的结果。〔3〕在欧洲史中，其中世的封建时代以后，便是近代的资本主义时代，这种时代区分法，并不能原原本本地套用于其他区域，尤其较欧洲具有若干先进的中国，在中世与近代之间，实有一中间阶段存在的必要。宫崎氏称此中间阶段，就是内藤氏所规定的"近世"。〔4〕由"近世"演变到"最近世"（近代），宫崎氏以为有几点特征：（一）它是"近世史"的继续延长，例如"近世"的特色，是由分裂走向统一，其动力为民族主义。到了"最近世"，则有超越民族主义，而走向新大一统的气运。（二）地球上的空间缩小，各个区域无法作单独行为。

---

〔1〕参看田中正俊《中国社会の解体とアヘン戦争》，页 101—104，收入氏著前引书；原载岩波讲座《世界歴史》(21)："近代世界の展開(Ⅴ)"，岩波书店，1971 年。佐伯有一《アジアにおける近代》，页 13，收入前引岩波讲座《世界歴史》(21)。近藤邦康《中国の近代と伝統》，页 487，收入前引岩波讲座《世界歴史》(21)。

〔2〕宫崎市定所著（新版）《アジア史概説》一书（学生社，1973 年），即采用这种区分法。

〔3〕宫崎市定：《アジア史論考》，上卷，"はしがき"，页 4，朝日新闻社，1976 年。

〔4〕宫崎氏评铃木俊、西嶋定生编《中国史の時代区分》，页 594，收入氏著《アジア史論考》，下卷；原载《历史学研究》214 号，1957 年 12 月。

易言之，过去的历史世界已消灭。这是“最近世”与过去历史诸阶段最显著的差异所在。[1]据此，则宫崎氏的“最近世”说，与东京学派的“近代”说，实有若干类似之处。例如双方同以1840年为起点，并以世界史的观点来看此一时代的特色。

总之，中国“近代”的起点，在日本学界主要有两说，一为始于宋代，一为始于1840年的鸦片战争，但似以后者为主流。战后国际历史学会议日本国内委员会编印的《日本における历史学の发达と现状》(东京大学出版会发行，已出至第四册。本书是网罗当时日本学界之硕学俊彦执笔，颇有代表性)一书，其“近代”即指鸦片战争以后，可为佐证。

2. 中国近代化的问题

以“近代化”论作为历史观，而跃登日本论坛，是在1961年以后。但其契机则导源于前一年8月由近代日本研究会议所主办的“日美箱根会议”。这个会议，主要是讨论日本“近代化”的种种问题(例如“近代化”的概念、价值意识与社会的变迁等)。最后并为“近代化”归纳出大家所能接受的定义。但是“近代化”论者，肯定“近代化”是进步的时代；“近代化”的动力及其典型，是西欧的先进国。易言之，后进国步入“近代化”的必要条件，是来自先进国的援助。此意等于说明帝国主义对后进国的侵略是合理的，亚洲国家若无西方的冲击(侵略)，依然是停滞社会。这种解释，在20世纪60年代的日本史学界，出现两种反应，一为借“近代化”论，发表“大东亚战争肯定论”，[2]以及“皇国史观”[3]的复活；一为对“近代化”论展开激烈的批判，谓其忽视亚洲国家本身之历史发展。

自1960年以后，谈论中国及日本“近代化”问题，最受瞩目者，为当时美国驻日大使赖世和氏。赖氏曾于1960年9月与中山伊知郎氏对谈《日本近代化の历史的评价》(刊于是月之《中央公论》)。1963年3月，又在《中央公论》发表《十九世纪の中国と日本の近代化》一文。[4]赖氏以

---

[1] 宫崎氏：《アジア史概説》，页366—367“结语”。

[2] 例如林房雄氏自1963年9月起，在《中央公论》杂志连载十六号。

[3] 指天皇中心主义的历史思想。

[4] 关于赖世和氏在战后的著作目录(含在日本发表者)，可参看伊藤康子氏在《ライシャワーの歴史観批判》一文(《历史评论》169号，1964年9月)的附录(到1964年5月为止)。

为日本德川时代的封建社会，与西欧中世有颇多类似之处，中国则一直处在中央集权制度之下。因此，日本较中国易于接受西欧“近代化”的观念与事务。此亦是日本“近代化”之速度较中国为快的关键所在。赖氏理论之背后，即将亚洲国家视为停滞社会。其论更进而美化帝国主义与殖民主义之侵略行为，因而在日本学界受到严厉的批判。例如后藤阳一氏指出日本能够幸运地保持独立国家体制，顺利地完成“近代化”过程，最重要的并不在于日本人较中国人优越，而能缔建以类似西欧的封建制度；相反地，幕府末期，日本经济发展并不如中国。后来日本能顺利走上“近代化”，在某种意义上，可以说是受到印度反殖民地主义战争(1857)，与中国太平天国运动(1850—1864)的“庇荫”。因这两处的事件，促使列强对印度与中国予以更大的关注。列强为避免再引起民族或群众的反抗，其对日本的强压态度，乃缓和下来。这是日本的“幸运”，也是维新时期的转折点。[1]又如田中正俊氏指出赖氏忽视中国社会的变迁与发展，以及历史的演进。[2]此外，另一些学者以为赖氏只注意到由欧洲之迈向近代的适应中，去理解“近代化”，而忽视由民众对封建制的抗争去理解“近代化”。其对中国、日本，以及亚洲各国的理解亦相同。事实上，日本在19世纪中叶，农民运动以及海外留学生的活动，对日本的明治维新以及“近代化”的贡献，均不可磨灭。亚洲诸国“近代化”速度所以缓慢，就是由于帝国主义、殖民主义者的压抑、摧残民众的反体制运动，使这些国家长期陷于殖民地或次殖民地状态。易言之，赖氏的历史观，是新帝国主义、新殖民地主义的论调。这种“近代化”论，无形中给予“大东亚战争肯定论”者一种合法的借口，亦为1885年福泽喻吉的“脱亚论”，[3]作一新的解释。[4]

---

〔1〕 参看后藤阳一著、伍木盛译《江户时代与日本的近代化——中日两国近代化之比较研究》，页50，《大陆杂志》54：1，1977年1月。

〔2〕 田中正俊：《東アジア近代史研究の課題》，页29，收入前引《中国近代経済史研究序説》；原载岩波讲座《世界歴史》(30)：“現代歴史学の課題”，岩波书店，1971年。

〔3〕 福泽谕吉的“脱亚论”，意指近代日本在地理上虽属于亚洲，但在精神上、实质上是属于西欧。日本当谢绝中国、朝鲜等东亚“恶友”，而与西欧文明国家亲善。

〔4〕 参看石岛纪之、山下米子《中国をめぐるライシャワーの“新しい歴史観”》，页27，《历史评论》169号，1964年9月。伊藤康子“前引文”，页10、16。

中国“近代化”之速度，何以迟缓？对此问题，日本学界见仁见智，迄今尚无定论。例如波多野善大氏以为欧美资本主义未移殖于中国之前，中国本身并不具备发展资本主义的倾向，列强入侵后，沦为次殖民地地位，是乃中国“近代化”速度迟缓的主因。[1]这种说法，小林一美氏、里井彦七郎氏等人以为与欧美“近代化”论者相同，是为帝国主义侵略寻找免罪的证据。[2]又如前述西嶋定生等人的说法，明末清初，即16、17世纪之际，中国小商品生产虽有划期的发展，惟当时的生产结构，是地主、商业资本、官僚等三位一体，加以未能发展大规模的工厂制手工业经营，致使农村工业无法步入“近代化”。[3]此外，今堀诚二氏以为近代以前的村落共同体，其功能不过是作为专制君主的统治工具，不易发展工厂制手工业以及民主作风，而阻断中国步入“近代化”之途。[4]东一夫氏以为学者们对此问题之探讨，过分强调以生产关系为中心的封建支配体制。其实，中国缺乏资本主义社会那种自由竞争、合理精神，以及促使资本主义发达之动力的技术革新等因素，方是中国“近代化”速度迟缓的要因。而中国所以缺乏这些因素，即受专制君主政体的国家形态，以及家父长制家族的影响所致。[5]

3. 国家成立论

自从20世纪50年代以后，学者们最关心的问题之一，即中国历代的国家结构及其形态，尤其是古代帝国的成立问题。例如1950年度历史学研究会大会，是以“国家权力の诸阶段”为题，进行讨论。在此会上，关于中国史部分，有两位学者提出报告：一是西嶋定生氏的《古代国家の

---

〔1〕 波多野善大：《中国近代史に関する三つの問題—中国近代化は何故おくれたか—》，页35，《名古屋大学文学部研究论集》20：《史学》7，1958年2月。

〔2〕 小林一美：《中国近代史研究の視点—戦後歴史学における方法論の批判と反省—》，页31，《史潮》101号，1967年11月。里井彦七郎：《中国近代化過程に関する三つのとらえ方について》，页1—2，《历史学研究》312号，1966年5月。

〔3〕 同本书22页注〔3〕。

〔4〕 今堀诚二：《中国の近代化と村落共同体の役割》，页114，《历史教育》16：1、2合辑，1968年2月。

〔5〕 东一夫：《中国社会の近代化阻止の要因—旧中国の相对的後進性について—》，页75—82，《东洋学术研究》5：6，1966年9月。

权力形态》;一是堀敏一氏的《中国における封建国家の形态》。1958 年度历史学研究大会,在"东洋"组,再以"中国古代ディスポティズムの诸条件"为题,进行讨论,主持人为木村正雄、增渊龙夫、西嶋定生、西顺藏等学者。西嶋定生之《中国古代帝国の形成と构造》(东京大学出版会,1961 年),谷川道雄之《隋唐帝国形成史论》(筑摩书房,1971 年)等书,即是在这种课题之下而完成的。

关于国家成立论之问题,争论最多者,主要有二：一为殷周国家的形态;一为秦汉统一帝国的结构。关于前者,在战前有中江丑吉氏的"邑土国家"说。在战后,有两说对立,一为以宫崎市定氏、贝塚茂树氏等人为代表的"都市国家"说;一为以宇都宫清吉、松本光雄、西嶋定生、松丸道雄等人为代表的"邑制国家"说。[1]关于后者,争论的主题是帝国的专制主义统治究竟建立在何种基础上？西嶋定生氏以为皇帝借二十等爵制作媒介,以人头税、田租、徭役等为手段,对人民作"个别人身的支配"。乡里因氏族制的解体而丧失其自律性秩序。木村正雄氏着重在生产关系,以为国家借治水的水利机构来控制人民。增渊龙夫氏不认为氏族制崩溃后,乡里的自律性消失。相反地,他认为官吏以及民间秩序,是由游侠的主客关保(即私的关系)所结合而成的。国家专制主义的统治,就是利用豪族在乡里的规制力而成立的。其后,好并隆司氏对西嶋氏、增渊氏之学说加以折中,而谓秦汉帝国的结构,建立在以皇帝为顶点的爵制秩序与民间之私的主客关系的基础之上。好并氏接着又补充说明,谓西汉帝国的结构,在于皇帝对人民之人头的支配体制与天子对家(户)之非人头的支配(指家产的支配)体制。此两种支配体制,是矛盾而又并存的双重结构。[2]另一方面,如前所述,宇都宫清吉、川胜义雄、谷川道雄等

---

〔1〕 关于殷周国家形态之争论,简明扼要的介绍,可参看：伊藤道治《殷周》,页 247—248,收入《日本における歴史学の発達と現状》(Ⅰ),东京大学出版会,1959 年。松丸道雄《殷周国家の構造》,页 51—53,收入岩波讲座《世界歴史》(4)："東アジア世界の形成(Ⅰ)",1970 年。

〔2〕 以上所述有关秦汉帝国的结构问题,简明扼要的介绍,可参看：木村正雄《秦汉》,页 235—238,收入《日本における歴史学の発達と現状》(Ⅱ),东京大学出版会,1966 年。鎌田重雄《秦汉》,页 292—294,收入《日本における歴史学の発達と現状》(Ⅲ),东京大学出版会,1969 年。

人，则以为秦汉帝国的基础，是建立在以“父老”为中心的“里共同体”的自律秩序上。以“共同体”论来探讨国家的成立，又是一种新的拓野。

至于中国史上之奴隶制与封建制的争论，可说是由国家成立论以及时代区分论所引发出来的另一场笔战。例如东京学派以为到唐末为止，国家之基本生产形态为奴隶制，或相当于奴隶制生产。宋以后迄清，佃户地位相当于农奴，是为封建制生产形态。但京都学派则以为六朝隋唐之生产形态为封建制，此时之部曲等相当于农奴。但到宋代以后，佃户地位上升为自由农，成为“近世”社会的重要特征之一。

4. 东亚世界论

战后对“东亚世界”历史的研究，亦有辉煌的成就。1954—1955年，上原专禄等监修之《世界史讲座》（东洋经济新报社）发行，共八卷分成三部。其第一部《历史的世界の形成》，即将“东亚世界”与印度世界、伊斯兰世界、欧洲世界等并立，而为独自发展的历史世界。1960年，筑摩书房编辑部出版的《世界の历史》，共十七卷别卷一（1968年再发行新版），亦将《东アジア文明の形成》与《东アジア世界の变貌》，各占一卷发行。最近岩波书店出版岩波讲座——《世界历史》，共三十一卷（1969—1971年第1刷，1974—1975年第2刷），在近代以前亦将“东亚世界”与古代近东世界、地中海世界、南亚世界、内陆亚洲世界、西亚世界以及中世欧洲世界等并立。自1977年11月起，岩波书店又将陆续发行一套《世界历史丛书》，计二十四册。其中以“东亚世界”为主题的，占有四册。

战后，首先将中国史的发展，放在“东亚世界”历史当中去研究者，是东京学派主要代表人之一的前田直典氏。[1]其次，为京都学派的重要代表人宫崎市定氏。宫崎氏甚至将中国史放在世界史之发展过程中，加以比较，使战后日本对中国史研究之视野——尤其是探讨唐宋间之变迁的

---

〔1〕 前田直典氏之代表作为：《東アジアにけ於ける古代の終末》，《历史》1：4，1948年。亦收入前引铃木俊、西嶋定生编《中国史の時代区分》，以及前田氏著《元朝史の研究》，东京大学出版会，1973年。

历史意义，大为增进。[1]将“东亚世界”之历史发展过程，予以理论化、体系化，则当首推东京学派主要代表人之一的西嶋定生氏。西嶋氏以为中国文化之汉字、儒教、佛教、律令及其制度等四要素，在近代以前之东亚地区，是具有普遍性的存在。此等共同因素的存在，便是“东亚世界”所赖以形成的骨干。[2]

如今，将中国史（日本史亦同）视为东亚史、亚洲史，甚至世界史之一环，已是日本学界的共同认识与努力的目标。

5. 关于土地税役等制度史的研究

战前日本对制度史的研究，多半停留于制度本身的探讨，少有由此制度去研究其时代意义。例如浅井虎夫氏对中国法制史的研究，和田清氏对中国官制以及地方自治史的研究，加藤繁氏对中国经济史的研究等，均是其代表。战后对制度史的研究，已超越考证史学，进而探讨其历史发展之主体性。盖制度充其量只不过是政府对群众的统治机构，或统治办法而已。如何由这些制度去研究当时百姓生活的实态，以及历史演进的动力，应是研究者的主要课题。战后日本对土地税役等制度史的研究特别兴盛，就是这种缘故。例如唐德宗年间，废租庸调法，实施两税法的原因，西嶋定生氏以为与华北农业生产力之飞跃的发达有关。尤其是小麦栽培量的增加，均田制度的崩溃与土地私有的发展，实是两税法出现的重要背景。[3]土地私有制出现后，均田农民之阶层分化加速进行，国家对人民一元化的统治（个别人身的支配）发生动摇。其后，宋有王安石的改革，明末有一条鞭法，清初有地丁银制度，均是学者们所关心的问题。

在社会经济史的领域里，宋代的地主佃户制、明清的乡绅问题，均是热门的题目。其因一方面就是学者们对于土地税役制度颇为关切的缘故。除此而外，尚有若干问题，迄今仍无结论，例如井田制度的实施问

〔1〕 有关宫崎氏之重要著作目录，参看前引拙作《时代区分的论战》文后之附录，以及《东洋史研究》第29卷4号末之附录（到1971年为止）。

〔2〕 西嶋定生：《東アジア世界の形成：総説》，页4，收入岩波讲座《世界歷史》(4)，岩波书店，1970年。又在岩波书店即将刊行之《世界歴史叢書》中，包括西嶋氏著《東アジア世界の形成と展開》一册，此书当是西嶋氏“东亚世界”论的精华所在。

〔3〕 西嶋定生：《碾磑の彼方—華北農業における二年三毛作の成立—》，页254—255，收入氏著《中国経済史研究》。

题，商鞅的“开阡陌”政策，曹魏时代的屯田、晋的占田课田法与北魏隋唐均田制度的渊源关系问题，隋唐均田制度有无实施于全国之问题，税役制度与地方基层组织之关系，等等。

6. 良贱制的研究

国家权力对于近代以前的社会，所采取的支配体制，也可由身份制来表现。中国社会所包含的基本身份，指良民（良人）与贱民（贱人）两个层次。良民包括士庶之人民，贱民指隶属于公家或私家之人民。中国自秦汉以来，身份意义之良贱观念便已出现，它与专制主义之支配体制，颇有密切的关系。惟目前日本学界对于良贱制问题，尚有许多争论：（一）良贱制成立于何时？对此问题，有秦汉说（西嶋定生氏）、三国说（堀敏一氏）、北魏说（尾形勇氏）等。（二）良民（良人）与贱民（贱人）之内涵为何？例如对于奴婢，有以为是贱民（西嶋定生氏、仁井田陞氏），有以为是良民（滨口重国氏）。又如部曲、客女，一般以为是私贱民，但也有以为是良民（草野靖氏、越智重明氏）。〔1〕（三）良贱制之性质为何？例如良贱制与国家统治秩序的关系，贱民在法律上的地位，良贱制在历史上之演变等问题，均是争论的主题。（四）良贱制废于何时？以宫崎市定氏为代表的京都学派，以为消灭于宋代；但东京学派的西嶋定生、仁井田陞、堀敏一、尾形勇等人，则以为废于清末，即宣统元年（1909）公布“禁革买卖人口条款”以后。〔2〕

7. 乡绅论

自从20世纪50年代以后，乡绅问题——例如乡绅阶层之形成、乡绅的土地所有、乡绅对地方的支配权等，便成为明清史研究的主要课题。当初提出此问题，目的想了解明末清初诸变动，在中国历史上的意义。60年代以后，对此问题的讨论，愈来愈热烈。惟到目前为止，学者们对于乡绅一词的概念，迄无被大家所能接受的定义。因此，对于乡绅论诸问题，亦无定说。

---

〔1〕以上参看堀敏一《均田制の研究》第七章“中国古代における良賤制の展開”，页363—365，岩波书店，1975年。

〔2〕关于良贱制研究诸问题的介绍，参看前引拙作《时代区分的论战》第四节“结语”。

乡绅阶层的出现，以拥有大土地，享有优免徭役之特权为前提，进而干预地方行政，成为国家推行地方政治的重要媒介者。就此前提而言，其渊源尚可追溯至宋代。明末清初的社会，学者所以特别强调乡绅特权的存在，是由于优免徭役特权之规定，到明初为止，只限于在职中的官吏；但到明末以后，演变为终身特权。这种特权，在社会上的意义，就是一种“身份的特权”。随着专制国家权力的强大，乡绅对地方支配权益形膨胀。于是国家与地主、自耕农，地主与佃户的关系，当如何作总体性的把握，成为学者们争论的对象。由此而产生的时代区分论亦不一，如前所述，有谓宋代以后为“近世”社会（宫崎市定等），有谓明末清初以后为“封建”（“中世”）社会（重田德等）。〔1〕

8. 历代诸“叛乱”性质的研究

战后，自秦汉迄清代的大小“叛乱”，亦为学者们所关心的问题之一。其目的在探究各“叛乱”之时代特质，因此对于其组织、规模、指导者与构成分子的关系等，均有详细的研究。以单行本而言，里井彦七郎氏之《近代中国における民众运动とその思想》（东京大学出版会，1972年）、铃木中正氏之《中国史における革命と宗教》（东京大学出版会，1974年）、青年中国研究者会议编《中国民众反乱の世界》（汲古书院，1974年）等书是其代表。至于研究论文，为数更夥。以岩波讲座《世界历史》（12）：“东のアジア世界の展开（Ⅱ）”一书（岩波书店，1971年）所收之十三篇论文而言，就有两篇属于研究农民“叛乱”的论文，日本学界重视农民“叛乱”问题，于此可见知一斑。

在中国史上的诸“叛乱”，似以明英宗正统年间在福建爆发之邓茂七之乱，最受日本学界重视。对于此问题，宫崎市定氏早在1947年便已发表有关邓茂七之乱的研究。他以为中国历代诸“叛乱”，邓茂七之乱算是保有较纯粹的农民运动性质。〔2〕其后，田中正俊、佐伯有一、谷口规矩雄

---

〔1〕 关于乡绅问题的介绍，可参看山本英史《明清》，页201—208，《史学杂志》86：5，《一九七六年の歴史学界—回顧と展望—》，1977年5月。森正夫《日本の明清時代史研究における郷紳論について（一）、（二）、（三）》，《历史评论》308、312、314号，1975年1月、1976年4月、6月。

〔2〕 参看宫崎市定《中国近世の農民暴動—特に鄧茂七の乱について—》，页226，收入氏著《アジア史研究》第三，东洋史研究会，1963年；原载《东洋史研究》10：1，1947年12月。

等人继续加以研究，使此乱之经纬，得以大白于世。[1]

Ⅳ

日本在1904年(明治三十七年)，首先于东京帝国大学成立“支那史学科”(1911年，改为东洋史学科)以后，其他公私立大学纷纷仿设。从此以后，研究中国史的专家，多出自大学之“东洋史学科”。两次大战期间，不少东洋史学者为日本帝国主义的侵略政策，提供学术上的服务，这是众所知晓的事。第二次世界大战后，学术研究脱离军国主义的桎梏，方较有客观性存在。从此以后，研究风气大开，人才辈出。其研究中国史的专家，亦济济乎多士。以最近由西嶋定生等人负责编撰之《中国の历史》(共十卷，讲谈社发行)来说，每一卷后面所附录的参考文献，绝大多数是日人从明治以来的研究成果。此事是否为日人的自大作风，姑且不谈。但日人依据其前人之既有研究成果，能写出一部具有高水准的学术作品，则为不争的事实。仅就此事而言，已足令我们警惕的了。

如上所述，战后日本对中国史的研究，主要有三大课题。这些课题的展开，笔者以为当与战后新帝国主义的兴起，所给予日本人的危机感有关。因此，日本学者努力克服并证明亚洲的历史发展，是有其主体性存在，它不能由欧洲史的观点来衡量。即连服膺唯物史观的学者们，对马克思的历史发展阶段论，亦持批判性的态度。[2]

战后日本对中国史研究的情形是如此，反观我们对日本的研究，很难看到鸿篇巨作。这种不成比率的对照，说明我们对日本之“知彼”工作的漠视。对重要邻国的认识不够，不论从国家或学术的观点来说，都是一种危机。如何克服这种危机，实是当前学术研究的一项重要课题。

战后日本对中国史研究的发展亦有其缺点，此即异说纷纭，导致玉石混淆，初学者莫不感到眼花缭乱，无所适从。其次，学术研究趋于细微化，遂常有见树不见林之讥。其三，战前，日本因侵略中国之故，日人多

---

〔1〕 关于邓茂七之乱的简单研究史，可参看谷口规矩雄《明代の農民反乱》，页94—97，收入岩波讲座《世界歷史》(12)："東アジア世界の展開"(Ⅱ)，岩波书店，1971年。

〔2〕 参看西嶋定生《東洋史入門》，页5—9，有斐阁，1967年。

精通汉语；战后，因时局的需要消失，即使从事中国史研究者，已多无法讲出流利的汉语。不过汉字已成为日本文化之一，一般的东洋史学者均能以训读法解读汉文(特别是文言文)，这是日本对近代以前的中国史研究，能有高水准之成就的主要原因。但是无法讲流利的汉语，研究中国史时，必将遭遇到两种困难：一是无法用朗读来领略汉文微妙之处，尤其是对诗词的解读；一是无法完全理解现代的白话文，尤其是在字典中无法查到的俗语、方言等。这恐怕是战后日本对现代中国史研究的成果不多的主要原因之一。讲汉语的能力与阅读白话文的能力一日不克服，研究现代中国史的盲点，恐怕将继续存在。其四，比较说来，日本在四十到六十岁之间的学者专家仍然不多，而且有接棒无人之势。这或许是二战的后遗症，也可能是世界性的问题。

一九七七年九月十二日脱稿

(原载《食货》复刊第七卷第十二期，一九七八年三月)

二、时代区分问题

1. 中国"古代"下限的时代区分论战

※拙文中○内的阿拉伯数字，指第三篇"相关文献目录"所揭载的论文或单行本的编号，以下均同。

Ⅰ 序

战后，日本学界脱离军阀的思想控制，研究风气蓬勃，研究成果斐然。仅以群策群力写成的世界历史丛书，可查知者即达十四种[1]之多，

---

〔1〕 此十四种是：《世界の歴史》，6卷，每日新闻社图书编辑部，1948年。《世界歴史事典》，25卷，平凡社，1951年。《世界史講座》，8卷，东洋经济新报社，1955年。《世界史の大系》，17卷别卷1，诚文堂新光社，1957年。《世界の歴史》，17卷别卷1，筑摩书房，1960年出版，1968年新版。《(図説)世界文化史大系》，26卷别卷1，角川书店，1960年。《世界の歴史》，16卷别卷1，中央公论社，1961年。《古代史講座》，13卷，学生社，1961年。《世界歴史》，7卷，人文书院，1965年。《世界の戦史》，10卷，人物往来社，1966年。《大世界歴史》，26卷，文艺春秋，1967年。《世界の歴史》，24卷，河出书房，1970年。《日本と世界の歴史》，23卷，学习研究社，1970年。《岩波講座・世界歴史》，31卷，岩波书店，1970—1971年第1刷，1974—1975年第2刷。

以中国历史为主的丛书,亦有四种[1]之多。此外,以个人之力写成有关中国历史之学术论著,更是不胜枚举。本文撰写之目的,便在说明:一、过去有股风气,以为东瀛研究成果不足以重视,此诚有商榷之必要;二、我们对战后日本史学界的中国史时代区分论战,常以京都学派对东京学派的二分法加以区分,严格而言,此说不太正确;三、迄至目前为止,我们对京都学派的介绍,似有偏颇的现象,对东京方面则鲜少涉及。本人不揣谫陋,介绍此文,祈有抛砖引玉之效,更望硕学先进之士不吝指正。

Ⅱ 战后日本史学界对中国史研究的课题以及时代区分论战的问题所在

从 20 世纪 10 年代以来,日本史学界最重要的课题,便是要将中国史纳入世界史的领域里,以寻求其普遍性与特殊性的原理原则,主要提倡人是内藤湖南(内藤虎次郎)氏。20 年代以后至 30 年代期间,有若干异说提出,并补发"亚洲生产样式的论战"。30 年代末至 40 年代前半,因战争关系,上述诸课题一时停顿,直至战后,才再提出重建"东洋史"的呼吁。

战后二十几年来,日本东洋史学界对中国史研究最重要的课题,便是在批判与克服所谓"亚洲社会停滞论"。[2]依时间之先后而言,约可分

---

〔1〕 此四种是:《東洋文化講座》,3 卷,东洋文化研究所,1948 年。《アジア歴史事典》,10 卷,平凡社,1959 年。《東洋の歴史》,13 卷,人物往来社,1966 年。《中国の歴史》,10 卷,讲谈社,1974 年。

〔2〕 "停滞"与"进步"是相对的概念,其意非为一时或相对的停滞,而是自身绝对的停滞不动。所谓"亚洲社会停滞论",由孟德斯鸠首先提出,其后黑格尔、马克思、魏特夫(K. A. Wittfogel)、赖世和(E. O. Reischauer)等人陆续发挥此论。此论之性质,主要有下述几点:一、亚洲社会缺乏西欧社会的那种自由,在专制君主严厉统治下,自古迄今是处在无进步的停滞状态。(参看西嶋定生《東洋史入門》,页 3,有斐阁,1967 年)。二、因亚洲社会本身是无发展的停滞社会,若无资本主义、帝国主义国家,从外部作物理性的(即军事的)破坏,其本身之支配体制是不会崩溃的,亦无近代化的可能。其意在以此"停滞论",作为帝国主义侵略与支配合理化的口实。三、亚洲被侵略的结果,依然"停滞化"。四、由于对资本主义、帝国主义之反动性,亚洲固有的近代化动力,遂无法出现(以上参看田中正俊《アジア社会停滞論批判の方法》,注 2,收入《中国近代経済史研究序説》,页 10,东京大学出版会,1973 年)。

为以下几个阶段：

一、1949年至1955年：时代区分论战。主要是讨论以10世纪为中心的中国社会如何变化与发展的问题。

二、1955年至1960年：中国古代专制主义性质的讨论。亦即研讨从春秋战国的变动到秦汉帝国的统一，这种统一国家的结构、形成过程以及历史意义为何。

三、20世纪60年代期间：中国社会如何进行近代化的问题。

四、20世纪60年代末至70年代初期：讨论共同体与专制权力、奴隶制生产样式的关系。本文主要介绍第一阶段所谓的“时代区分论”之问题。关于时代区分论，最主要的争论点有二：

一、中国“古代”社会的下限应置于何时？

二、中国资本主义的萌芽起于何时？

当然此两种问题，非属单独之问题，而系相互关联的。至于对中国封建社会如何理解的问题，则附随于此两种问题之内。以下兹以“古代”社会之下限为中心，介绍日本史学界的论战。

Ⅲ　关于中国“古代”下限问题的论战

关于中国史时代区分，在日本史学界向来都是以“内藤史学”之三分法为代表，此即由远古至汉末为“古代”；三国至唐代为“中世”；宋以后为“近世”。但是这种区分法，到了战后，受到激烈的批判，而纷纷提出新的学说，迄至20世纪70年代，以“古代”之下限而言，约有西周末、汉末、唐末五代、明末清初等诸说。兹分别介绍于下。

甲、西周末说（介绍滨口重国之学说）

此说以滨口重国氏为代表。其说可归为以下几点：

一、滨口氏以为西周时代的生产样式为“总体的奴隶制”，从西周以后，方脱离“原始共同体”的时代。至春秋战国时代，民众逐渐从“总体的奴隶制”中解放，而形成以君主为顶点的“总体农奴制”，此种体制，到清代以后才改变。故从西周末至春秋战国时代，实为中国古代与中世之界线。

二、春秋战国以后的政治形态是君主专制，而专制的基盘是建立在广大的农民层上，并对它作有效的支配，故农民实为君主之农奴或隶农。

三、秦汉时代大土地所有之增长，系由于秦汉帝国的矛盾，而非社会的矛盾，帝国之崩溃，为社会发展之正当结果，此社会进一层发展，即六朝门阀贵族社会。易言之，门阀贵族的成立，从春秋至中唐，乃是自然的结果。门阀社会之形成，又与私有奴隶之发展相互呼应，也就是说私有奴隶制在秦汉以后有增无已，至魏晋南北朝时代达于最高峰，但它与农民（君主之农奴或隶农）相较，仍是少数。故从春秋至中唐，亦可谓为"国家封建制"时代。

四、中唐以后，生产样式发生变化，过去直接从事生产之私有奴隶，逐渐演变成为佃户，中世社会遂发生动摇。[204]

西嶋定生氏对滨口氏所谓春秋战国以降至清代为"中世社会"之说法，提出以下几点批评：

一、奴隶既然比自耕农民层少，其数量之增高又在广大自耕农民层成立以后，如果此一时代之大地主又以奴隶来经营其产业时，其事态将如何评价？

二、在春秋战国时代，自耕农民层与君主之关系，既已形成封建关系，而奴隶的产生与展开又同时于春秋战国时代出现，至汉代渐增，迄魏晋南北朝时达于最高峰，此意谓在"国家封建制"社会之下，到达一定时期，奴隶制经营会出现上升期，在"法则的理解"上，不无矛盾之处。

三、滨口氏之学说，显然受马克思学说之影响，而以为皇帝是唯一最高的地主，一般农民为皇帝之农奴，所缴之租税为"封建地租"，以此观念来理解秦汉时代的皇帝与农民之关系，不无疑问之处。[92][100]〔1〕

乙、汉末说（介绍内藤湖南、宇都宫清吉、宫崎市定、川胜义雄、谷川道雄、冈本三郎、藤家礼之助等人之学说）

（一）内藤湖南之学说

内藤湖南为"京都学派"之开山始祖，其后有宇都宫清吉、宫崎市定

---

〔1〕按滨口氏此说，本在批评西嶋氏有关秦汉帝国的形成及其结构之学说，而西嶋氏的批评，即在答复滨口氏之说。

等人陆续发挥其学说。内藤氏将中国史之时代区分为：

第一期：从开天辟地到东汉中叶＝上古

此期是中国文化由内向外发展之时期，又可分为前后二期，前期为中国文化形成期，后期为向外发展期，亦即"东洋的变形时代"。

第一过渡期：从东汉后半到西晋

此期为中国文化向外发展之暂停时代。

第二期：从五胡十六国到唐代中叶＝中世

此期为中国周边种族之自觉期，其势力侵入到中国内部。

第二过渡期：从唐末到五代

此期为外来势力侵入中国达于顶点之时代

第三期：宋元时代＝近世前期

第四期：明清时代＝近世后期

关于中国之"上古"时代，他认为有如下几点特征：

一、它是种族的"历史自觉"时期。所谓历史的自觉，有两种，即传说上的自觉与记录上的自觉。对传说产生自觉时，即进行传说上的编纂，代表作为《诗经》。记录上的自觉，自然伴随着记录的编纂，如龟卜、金石文、简册，以至《史记》等。《史记》之作，相当于上古前期，即中国文化形成之时代，仍不免流于纯粹的记录与传说记录化的性质。真正由纯粹之记录变成历史著作的是《汉书》，所以东汉中叶是东洋文化史的变化期，也就是中国上古至中世的转型期。

二、在东汉时代，对外国关系已非如西汉时代之以政治上的统御，而是以文化对周围进行自然的传播。文化的扩散，促进各种族的自觉，各种族为教化自己而推行汉字。故西汉可谓为政治权力普及的时代，东汉为文化普及的时代。东汉以后，因各种族之自觉而产生反动，遂侵及中国内部，此为中世时代。[42]

（二）宇都宫清吉之学说

以上是所谓内藤氏的"文化史观"。其后继续补充"内藤史学"的是宇都宫清吉氏。他以为中国到秦汉时代，是"上古"发展的一大总结，亦即"古代帝国"之"时代格"的完成，这种时代格的特征是：

一、君主权与官僚制的确立。此是以古代氏族制为基础，经过"邑制国家”解体后成长而来的。

二、君主与官僚们的基盘，就经济上说来，是指自主、自立的一般农、工、商民层。

三、古代帝国所以走向解体，是因为农、工、商民层产生社会分化，而形成“上家下户制”。[1]“上家下户制”的佃作样式，是当时的主要生产形态，也就是奴隶制末期的象征。促成此项变化的原动力是豪族的出现。豪族社会——门阀社会的形成，是“古代”的终结，“中世”的开始。宇都宫氏的“上家下户制”说，主要在批判后述前田直典、西嶋定生等人之“古代”奴隶制社会的学说。惟宇都宫、前田、西嶋等人均重视豪族的支配形态，并由此特征来确认当时的时代性质。

四、中国的历史，大体上到春秋时代为止，是实行“都市国家制”。文献上的“邑”以及规模较大的“国”，均属都市国家。故都市国家又可谓之“邑制国家”。邑之支配者为贵族之“族共同体”，即所谓“人”者。邑指贵族共同体所据有的田土，住在邑郊外从事耕作者称为“民”，他们在“氏族共同体”(或谓“小宗的大家族制”)的组织下，从事集团的耕作劳动，他们是属于被支配阶级。其后，贵族共同体逐渐解体，支配阶级终为君主以及由“民”出身之官僚所取代。加以铁器的出现，促使邑制国家体制到春秋中期以后，发生历史性的变动。

五、铁器被运用于农耕以后，集团农耕形态已无此必要，氏族共同体遂走向分化，逐渐形成“父家长的三族制家族”。所谓“三族制家族”，是指父母、妻子、兄弟为成员的范围而言。父权是至上，它以“孝”的道德规范来履行家长权，父子关系因之成立。里(当时的聚落)是发挥三族制家族功能(＝共同体的原理)的基盘，帝国透过里的秩序来支配整个社会。⑳㉒㉕所以，先秦、秦汉社会的人际关系，可由以下两方面来说明：一

---

〔1〕 宇都宫氏所谓“上家下户制”，指秦汉时代地主与佃农的关系。“上家”为指使佃农的地主，“下户”是本身无田地、为谋生活而向地主提供劳动力的佃农，此种下户经常是父子世代相袭而为地主劳动。上家与下户的关系，是以当时“任侠的习俗”为背景，而作主客关系的结合。他们有伦理的感情与互助之情谊，亦有保护与被保护、利益与共的关系。这种主客关系是不对等的。3世纪以后，在文献上所出现的客、客户、佃客，即与“下户”之性质相同(以上参看宇都宫氏㉑文，页36—38)。

为“首领制”——以皇帝为首的官僚群；一为“家族制”——以全民为皇帝之家族成员。前者系支配从属关系，后者为自然的血缘关系，亦即非阶级的秩序原理。两者的关系是对立与矛盾的，其后两者互相变容，卒至丧失本来的性质与秩序结构，出现所谓“豪族共同体”社会，此乃为“中世”的性质，亦即三国以后的时代。[83]守屋美都雄氏对宇都宫氏所谓春秋中期以来的“三族制家族”说，极力反对，以为这是异例而非常态。事实上，汉代的家族结构是呈现多样性，但因家父长的权威与长子继承制已确立，汉代的家族形态乃以“单家族制”为最普遍。[77]

（三）宫崎市定之学说

集“内藤史学”之大成者为宫崎市定氏。宫崎氏于 1963 年 11 月 20 日在东洋文库秋期东洋学讲座，以“东洋的古代”[62]为题，作了一次学术讲演。他以为与其用“奴隶制度”来说明中国古代社会的性质，不如用“聚落形态之发展”来得确切。其说主要如下：

一、中国古代社会是由无数“城郭都市”（邑）集合而成的。所谓“都市”，是指“农业都市”而言，最初此等都市均享有主权，为一独立国家，与欧洲早期之都市国家相近。随着时代的演变，此等都市发生离合聚散的现象，大都市吞并小都市，最后出现秦汉帝国大一统的局面。惟迄至汉代为止，人民的聚落，依然不脱自古以来“城郭都市”的形态，住在城郭外的人为数极少。此种情景，当然不包括中国文化尚未波及的江南地方以及偏僻地区在内。汉代所谓的“乡”、“亭”，都是这种都市的化身，“里”则为其内部的区划。

二、广大的耕地，随着大邑之发达而产生。盖人口膨胀以后，出现了大都市，在大都市之居住者，除不事生产之官僚与军人外，大部分主要是农民，农民因从事生产，于是广大的耕地伴随而出现。大邑形成以后，与邻近小邑发生臣属关系，此种邑的集合体，称为“领土国家”。秦设四十一县的县，实际上就是将小邑或“乡聚”（＝城郭都市）的住民迁徙集中于某处，而创出的新县。

三、战国以后，随着大邑、大耕地之发展，而出现大土地所有的问题。中国古代社会经济之成长，到汉武帝时代达于顶点，以后出现停滞、衰退的现象。土地集中，实际就是以此种社会经济之转换为背景而急剧进行的。到东汉时，富者拥有广大的庄园已是极为普遍，晋代以后，土地问题更是严重。

四、古代社会农业经营的形态有三：(1) 雇工经营，此在土地集中尚未发达时最为普遍，即一般所谓的"庸"。他们逐渐脱离国家的掌握而隶属于主人之下，成为后世所谓的"客"、"部曲"等之一源流。庸耕到东汉时还继续存在。(2) 佃耕经营，此系于土地集中后出现的一种形态。佃户有为富豪的家田耕作，亦有为官田耕作，多时达数千家。他们与田主形成隶属关系，此亦为"中世"时代在庄园从事经营的"客"或"部曲"之一源流。(3) 奴隶耕作，战后日本学界因受到唯物史观之影响，主张唐末系古代奴隶制度时代的学者甚多，但考诸史实，奴隶并非古代农业劳动力的主流，故对于以古代为奴隶制度的说法，实碍难同意。在汉代的记录里，作为奴隶之意的奴婢，固然频频出现，但用以从事耕作之例则甚少，倒是从事其他的劳动较多。以农业的立场看来，汉代的奴婢，与其说是生产者，不如说是消费者。

五、庶民地位提高。主张中国古代为奴隶制社会的理论，是建立在把庶民当作奴隶，此种看法，在某些方面或可成立，但如以庶民与汉代的奴隶相比称，则是天大的谬误。盖奴婢是源自臣妾的系谱，而臣妾自古以来即与庶民有别。从春秋到战国时代，由于社会的变动，庶民地位上升，兹以古代罗马市民权最重要的四项：任官权、参政权、财政权、婚姻权，来说明当时庶民地位的变化。(1) 任官权：中国古代的庶民无此权。(2) 参政权：庶民拥有此机会甚微，有的话，系来自专制君主的赐予，非由庶民运动争取得来的。(3) 财产权：最重要的一项是土地所有权，就奴隶来说，动产所有权一般是被认许的，但不动产的所有权，普通则多加限制。中国古代所谓的井田法，若有实行的话，人民的土地所有权，实际上是被否定的。井田法的存在，迄今仍被怀疑，但类似的田法，亦即土地国有，将一定面积的田土班与庶民耕作的制度，可想象是存在的。这种田法废止后，人民方拥有土地所有权，惟在土地的处分权上仍受到制约，战国时代以后，方得自由买卖。(4) 婚姻权：此处之婚姻权，非仅指结婚之事实而已，而系谓其结婚能得到社会之公认，其婚生子毫无困难地获有"市民权"。古代的中国是个礼制的社会，在"礼不下庶人"的情况下，庶人只能与庶人结婚，与士以上通婚是不可能的。战国以后，贵族社会崩溃，这种士庶不婚之局面方被打破。总之，庶民在中国古代社会的地位，起初之境遇可能与奴隶相当，但后来逐渐上升，到秦汉时代，已非与奴婢同等，而完全拥有“市民权”了。尤其是汉代，皇帝屡屡将爵位颁赐予全体人民，庶民至此已完全享有昔日士者之待遇了。

通观中国古代史是一部发展的历史，从分立的都市国家到统一的古代帝国，从自给自足的经济到交换经济，从野蛮到文明，一步步地发展，尤其是经济方面，以今日的话来形容，则是高度成长，大好景气的时代。其后，因汉末的内战，社会的不安、混乱等因素之影响，使古代社会为之变形，此后便是“中世”之际了。

（四）川胜义雄、谷川道雄之学说

京都学派继起之秀当中，值得注目的是川胜义雄与谷川道雄两氏。他们不以国家专制的性质来解释中国史，而以“共同体”〔1〕的理论来说明当时的社会结构。他们以为中国史的展开，首先是血缘的“氏族共同体”，春秋以后，氏族共同体逐渐解体，至秦汉帝国统一后，形成以“父老”为中心的“里共同体”社会，此共同体之基本成员为小农民，透过当时的

〔1〕 谷川氏等所谓“共同体”，简单说指“人类存在的普遍样式”（谷川氏⑯文，页8），与“集团或团体同义语”（五井直弘㉘文，页88），但非狭义地指“无产阶级的原始共同组织之意的原始共产态”，而是广义地指“由自己内在的必然性引起阶级分化后，再转变支持其本身阶级关系的根基或骨干，以迄各种生产样式崩溃为止”。它是用来与商品生产以及流通为基础的资本主义生产样式相对比。简言之，共同体是资本主义产生以前的诸生产样式。（参看大塚久雄《共同体の基礎理論》，收入《大塚久雄著作集》第七卷，页7—8，岩波书店，1969年）。依谷川氏之意，阶级是因共同体内部的矛盾而产生的，在共同体内，对阶级关系之支持、否定、超脱等运行，便是历史发展的主体要因。共同体发展的结果，再产生与原来共同体原理相异的阶级关系（参看川胜氏⑧文），但西嶋氏以为共同体“并非人类在原始即被赋予的集团结构，亦非随着人类社会之发展而逐渐弛缓、解体；而是在前近代的社会里，为实现各个劳动力的再生产，所设定的各个人的集合形态。此形态之人物劳动，是以后天规定其劳动对象之参与方法”（西嶋氏㉒文，页250）。共同体在“达到某一生产力的阶段时，会在生产诸条件中自己显现出来”（同前引文）。易言之，共同体是“在自己完结的范围内，所实行的劳动力的再生产”（同前引文，页251）。以古代共同体为例，它并非仅在理解聚落的存在或族结合的存在而已，而是进一步要了解其机能——生产关系的建立，与各个劳动力再生产之可能性（同前引文）。据此知，有关共同体的定义，在日本学界亦迄未有定说。

聚落(里)与“三族制家族”来发挥其机能。但里共同体后来无法克服内部的矛盾(即阶级分化以及共同体原理之激烈冲突)而崩溃。共同体再编，形成以个人或家族为首长，以郡望为中心的“豪族共同体”社会。由里共同体演变至豪族共同体的关键是东汉帝国的崩溃，故汉末实为古代与中世社会的分水岭。[106][8][9]

以上京都学派的汉末古代下限说，是举内藤氏、宇都宫氏、川胜氏、谷川氏等人为代表，作一简单的介绍。除此以外，支持此说的京都学派，尚有内藤戊申、宫川尚志、西村元佑、佐伯富等人。京都学派的汉末古代下限说，遭到东京学派激烈的批判，此项批判拟于“唐末五代说”之处说明。

(五)冈本三郎之学说

同样主张汉末为古代下限，但非本于“内藤史学”的，则有冈本三郎之说。冈本氏系以唯物史观的论点，来说明中国古代社会的特色，其要点如下：

一、中国社会步向阶级社会，是在公元前12世纪，也就是殷末时期。在殷代，大体上是实行“原始共同体”的生产关系，土地为共同体(即种族)所有，由全氏族或者种族全员耕作，收获物分配给全部氏族成员。到殷代后半期，因战争掳来之俘虏流为奴隶，此等奴隶被充当军务以及产业等工作。某种程度之分业，在此时出现，社会逐渐分化成支配者与被支配者的阶级，加以生产力之发展，农耕渐居重要地位，导致原始共同体的崩溃，阶级社会于焉形成。

二、西周社会是“身份制”的阶级社会。社会上存在着阶级的压榨、财产的不均、土地的兼并等事态。因战争而捕虏的奴隶，依然是奴隶唯一的来源。奴隶主要的工作，也是从事军务与农耕。

三、春秋战国时代，由于社会经济的剧变，使阶级(奴隶与奴隶所有者)相互间的矛盾尖锐化。

四、秦汉帝国的崩溃，是由于未能解决阶级间的矛盾所致。例如秦亡于统治阶级(一方面又是大地主)间的斗争与被压抑阶级(奴隶、自耕农以及隶属于地主之耕作者)的反抗；汉亦因统治阶级内部(中央与地方、外戚与皇室)之斗争，奴隶所有者、大地主与奴隶以及农民间的斗争而亡。三国两晋以后，豪族出现，形成自给自足的封建社会经济，是为“中世”时代。[120]

对于上述冈本氏之说，西嶋氏提出以下几点批评：

一、冈本氏之文抽象难懂，以何种史实作为其论断之具体依据，则不易明了。

二、冈本氏谓“原始共同体”制之分解与奴隶制社会之发生的说法，以及所谓“一次赠予数百、数千家之奴隶”的集团奴隶制的说法等，在理解中国古代史的性质上，实碍难同意。盖东洋社会的古典奴隶制本不发达，欲了解原始共同体的生产关系，除须了解奴隶的典型形态，以及在某种生产力的情况下，必然出现的生产样式等自然的、历史的诸条件外，尚须了解特殊条件的存在。换言之，从古代社会的成立至崩溃的过程，必须了解奴隶制的多样性以及其形态，同时亦须理解政治的改革、权力的结构等，仅据战争、征服、政变等事件来说明奴隶的获得、奴隶的反抗是不够的。奴隶绝非仅为奴隶而存在，它有它历史条件的负荷，此点绝不能忽视。

三、以具体史实来说，殷周之集团的奴隶制社会——所谓的“亚洲共同体的土地所有形态”，到春秋战国时代随着农业生产力之发达，有何变化？又社会的结构到秦汉帝国形成时，又有何变动？冈本氏均无明确说明。

四、冈本氏所谓西汉时代自由农民以及半自由农民承租田地时，缴付收获量之半于地主的现象，绝不能用来说明封建关系的萌芽，此乃系生产力发展不均等的结果；另一方面系因“家父长的家内奴隶所有者”的成立，与“劳动奴隶制”发展的倾向，使小农民隶属于大地主。故至汉代，奴隶制的发展，并未完全成熟，冈本氏所谓“汉代时，拥有奴隶，依然极为显著，可看出新的社会诸关系——封建诸关系的发展”的见解，与西嶋氏本人的看法，显然有很大的差别。

五、冈本氏以为秦汉中央集权帝国缔造的动机在“促使农业经营的扩大、商业的发展，以及强有力之市场的开拓”，此与他一再强调秦汉帝国的结构系阶级支配的性质，相互矛盾。

六、秦汉帝国的支配体制，是以郡县制代替封建制，其支配性质系

“家父长的家内奴隶所有”。也就是说，国家以田租、算赋、口赋以及兵役等手段，直接收夺人民的劳动力，故秦汉帝国的支配性质，才是非常“奴隶制的”。

七、冈本氏以为汉代是封建性质的萌芽，汉末农民“暴动”更助长其势，至六朝出现门阀贵族，此等贵族为封建土地所有者，其系谱源自秦代的豪族。其实，六朝之贵族豪族，豢养为数甚多之部曲、奴婢从事耕作，他们的户籍隶属于主家，受家父长式的支配，其存在形同家内奴隶，断非封建的性质——主从关系。至于谓六朝贵族系渊源于汉代的豪族，不如谓源自古代的大地主（即“家父长的家内奴隶所有者”）。

八、从北魏到隋唐所实行的“均田法”，是殷周以来奴隶制长期发展的总结。均田法之崩溃，促成庄园制的普遍化与佃户制的成长，以门阀夸耀的贵族层消灭，由佃户代耕其地的新兴地主阶级出现，此地主层为新官僚制的母体。故唐末五代的变动，才是中国古代社会的结束。[88]

（六）藤家礼之助之学说

最近藤家礼之助氏对汉末古代结束说略加修正，提出西汉末古代结束说。他以为战国至西汉末的社会为“古代”，东汉至隋唐的社会为“中世”。其说要点如下：

一、西周末期，共同体的土地所有崩溃，土地私有发生，至春秋时代，私有土地的发展更加速进行。在这种变动的情况下，共同体内部产生“家内奴隶制”、阶级分化与共同体成员阶层间之格差，最后出现新共同体，此便是地缘的“乡共同体”（一般称为“里共同体”）。

二、在乡共同体内，绝大多数的成员是小农民，但他们自立性弱，对共同体的依存性强，共同体的机能实际为豪族、土豪所掌握，小农民与彼等之间产生隶从关系，共同体之“自律的秩序”乃告形成。在豪族的大土地从事耕作者，主要是“家内奴隶”，小农民则以佃耕方式参加大土地经营。东汉以后，豪族的大土地经营，逐渐以佃耕制为主，小农民由于丧失自己的土地而沦为“佃客”。

三、秦汉中央集权国家的形成，系建立在支配乡共同体的基础上，也就是利用乡共同体的自律秩序征发徭役、租税，进而对个人做制度的、个别的人身支配。

四、东汉以后，由于豪族大土地经营的变化，乡共同体逐渐演变为“豪族共同体”。乡共同体以至豪族共同体的生产样式，为奴隶制社会经济生产形态与封建制社会经济生产形态并存之制。

五、以唯物史观的观点看来，西欧社会史的演进分为原始共有制、奴隶制、封建制、资本制等四阶段，但此四阶段并不能用来说明亚洲历史的演进，尤其是中国。中国历史的发展，似可由以下诸阶段来说明：

> （一）自然的、血缘的原始共同体时代→（二）农业共同体时代（前古代之构成体的最后阶段）＝殷周时代→（三）复合社会经济生产形态（奴隶制与封建制并存之社会经济生产形态）之时代＝战国秦汉以迄隋唐时代→（四）以封建制作为社会经济基本生产形态之时代＝五代、宋以后

其中第三阶段，可再分为两期，前半期＝战国、秦、西汉，为奴隶制社会经济生产形态占优势之时代，此即“古代”；后半期＝东汉、魏晋以迄隋唐，为封建制社会经济生产形态占优势之时代，此即“中世”。[208]

丙、唐末五代说（介绍前田直典、西嶋定生、仁井田陞、堀敏一、木村正雄等人之学说）

此说之大本营，即所谓的东京学派，亦有谓“历史学研究会派”，简称“历研派”。〔1〕

（一）前田直典之学说

在战后，对“内藤史学”之批判，首张旗帜的是前田直典氏。他在《東アジアに於ける古代の终末》一文中[139]，一反“内藤史学”之汉末古代结束说，而主张唐末五代为古代终结。其说之要点如下：

一、东亚历史的发展，是一体的、相关的，并非其民族各自发展、各持其“时代格”。东亚历史的展开，以中国为最早，其后周边民族方相续展开。以古代统一国家之形成而言，日本、朝鲜与中国相差七八世纪以上（中国在

〔1〕“历研派”，为内藤戊申所命名。

公元前3世纪）；古代的结束，中世的开始，与中国相差三四世纪（中国在10世纪前后）；近代的开始，方差不多平行进行（在16、17世纪）。宇都宫清吉氏所谓的“东洋”，实际仅指中国，并不包括朝鲜、日本。

二、中国古代社会的下限是在唐宋五代，亦即10世纪前后的阶段。在此之前的社会，为古代社会，宇都宫氏所谓的“中世史”，其实即古代史。

三、从战国至唐末，推进历史之动力为豪族，耕作其大土地者，主要赖奴隶，此乃古代的特征。

前田氏的见解，主要是继承战前加藤繁氏的学说。加藤氏以为隋唐以前的中国社会，在大官豪族的大土地从事耕作者，主要是用奴隶，至均田法崩溃前后，以奴隶从事农耕方衰，转由佃户耕作，此现象至宋代尤为显著，是为古代与中世社会最主要之区别所在。

以上是前田氏主张唐末五代为古代结束之主要论点。其批评“内藤史学”之时代区分论的要点如下：

一、内藤氏对中国古代与中世有何显著差别，并未详细说明，尤其是社会之变化为何，几乎没指出。内藤氏虽未将中国中世时代与西欧之中世相互比较，但京都学派却多有此看法，例如：宇都宫氏以为此一时代为自给自足的庄园经济；宫崎氏与北山康夫氏以为中国的农民在中世是属农奴，宋以后为佃农；小竹文夫氏亦以为魏晋以后是自然经济。

二、宇都宫氏主张秦汉时代是古代的总结，是“政治性”的，至中世时代则为“自律性”的。自律性的例证，是豪族在社会经济方面的自立、自存性强化，此说实在很难理解古代与中世在本质上的差异。盖战国时代一样可看到豪族的“自立自存性”，至隋唐时代（即宇都宫氏所谓的中世时代），豪族的“自立自存性”反而弱化。至于说明隋唐时代的“自律性”，宇都宫氏以科举与两税法的制度为例证，此制度正是内藤氏所谓的“近世”现象，非为京都学派所谓的中世的特质。宇都宫氏又指出六朝时代为“自给自足的庄园经济”，至隋唐帝国统一后方消失，则所谓庄园经济的特征，并无法包括京都学派所谓“中世”整体的特质。其次，宇都宫氏谓秦汉、六朝时代，各拥有一“时代格”，而隋唐之时代格则为此二时代之融合，此种新史观又与京都学派向来之立场迥异。

三、京都学派的“中世论”当中，在内藤氏之后最为杰出的，当数宫崎市定氏。宫崎氏所谓的“中世”，是指曹魏以后至唐末的这一段期间，其特征与“近世”相较，大体有三点：(1) 中世实行全国皆兵的征兵制；(2) 社会之指导层为一方面又是官僚的豪族；(3) 豪族以农奴从事耕作。其实，(1) 以全国皆兵主义，原则上秦汉时代不是也实行过？西魏以后的府兵制与汉之“征兵制”(借用滨口重国氏之语)在本质上有何不同？此点实不能作为古代与中世之别。又，魏晋南北朝时代之豪族蓄有私兵，依加藤氏、滨口氏之见，此等兵卒是奴隶或半奴隶性，非为封建之主从关系，而是“古代”的性质。(2) 宫崎氏以为“豪族在秦汉交替之际，由封建的豪族变为财阀、地主的豪族，再渐次转变为官僚的豪族，王莽时代则尚未转变为纯官僚”。是故，中世与古代豪族的区别，在于是否为官僚的性质；易言之，中世的豪族是官僚的，而汉代的豪族则为财阀的、地主的性质。但宇都宫氏以为秦汉时代的“时代格”是“政治性”，六朝时代的豪族为“自立自存性”，则宇都宫氏之意似反对宫崎氏的说法。宫崎氏又以为近世的指导层为官僚、士大夫，在此之前的指导层为豪族，则宫崎氏岂非将古代与中世当作同一时代处理？(3) 豪族以农奴从事耕作之问题，此为宫崎氏之重要提示。但仁井田陞氏在《支那身份法史》的大作中，指出秦汉时代有为数甚多的奴隶，并举数多例子证明他们是被用以从事农耕的生产奴隶。从史料上所示，魏晋南北朝时代用奴隶耕作之风亦盛，惟另一方面大地主有用农奴从事耕作者。问题在于大地主之经营，是以奴隶为主体抑或以农奴为主体？宇都宫氏对此问题解答了一部分，他以为“西汉初，在私有田地上广泛施行奴隶耕作，东汉以后佃农增加，而遥遥凌驾在农地劳动的奴婢数目”[79]。关于东汉以后，从事农耕者系以佃农为主之说法，实难以无条件赞成。盖宇都宫氏有误读史料之嫌，同时从仁井田陞以及加藤繁两位之大作，以及若干史料当中，可证明到隋唐为止，为大地主从事耕作的，主要还是奴隶。又在均田法之下的农民，他们须负荷甚重的徭役、兵役，此情形已与奴隶性质差不多，或谓均田农民为“半奴隶性的存在”并不过分。故就世界史的古代立场看来，从战国至隋唐时代，实是古代的社会。唐末以至宋以后，大土地的经营，才改由自耕农与佃户为主的方式，此为中世时代的特征。[139]

以上是前田氏的唐末五代古代终结说，其说在战后的日本学界，引起极大的反响。惟不充分之处在所难免，例如：何以东亚的历史具有相互关联的性质？唐以前的中国社会是怎样的一种奴隶社会性质？唐末五代是古代到中世的转型期，宋代以后，佃户制普遍化，中国社会在此特殊的情形下，为何不实行封建领主的地方分权支配制，而依然推行君主独裁的中央集权官僚支配制？[100] 可惜在这些问题未解答之前，前田氏便去世。关于唐末五代至宋以后之社会的性质，后来由周藤吉之氏继续补充；唐以前之社会的性质，由西嶋定生氏继续补充。兹先介绍西嶋氏之学说。

（二）西嶋定生之学说

西嶋氏之学说，约而言之，可分为三部分：一是古代的国家论，一是东亚世界的一体论；一是生产关系论。兹分别介绍于下：

（1）古代的国家论

西嶋氏认为自秦汉至隋唐，为中国古代时期。但欲了解古代社会的特质，则必须先了解在中国首先出现的秦汉统一国家的结构以及其特质，其后隋唐帝国的特质方能理解，进而才能究明整个古代社会的特质。西嶋氏对古代国家论所提出的学说，前后有若干相异之处，即后期的学说对前期有若干修正，兹以"旧说"、"新说"分别说明于下：

旧说（1950 年左右）：探讨古代帝国的权力结构。

新说（1961 年以后）：修正前一阶段的学说，再提出新的古代国家结构论。

关于旧说，主要有两篇论文发表，一是《中国古代帝国形成の一考察——汉の高祖とその功臣——》[86]；一是《古代国家の权力构造》[87]。在前一论文中，他认为刘邦的初期集团，是从春秋战国时代的氏族制崩溃后，所产生的非血缘的结合，他们与刘邦的关系是"家父长的家内奴隶制"〔1〕的结合。

〔1〕 增渊龙夫氏以为西嶋氏所谓"家父长的家内奴隶所有制"的概念，与其说是唯物史观中生产关系的历史演进概念，不如说欲将中国固有制约性的生产关系作历史性的展开，与社会学之"家父长制"的概念相近（增渊氏⑱文，页 124）。

此集团之结构形态是：一、以国家权力为核心；二、以豪族集团为秦汉社会之基轴。在后一论文中，他指出殷周时代族的社会分解后，形成秦汉“家父长的家内奴隶制的支配”的社会。在此奴隶制的外延上，出现以自立之农民为对象的佃耕制。佃耕的产生，是基于生产力之不均等发展、共同体的残存，以及奴隶制之未完全展开。故当佃耕制与奴隶相结合时，乃出现特殊之奴隶制形态，但非农奴制，此即中国形态的奴隶制。其次，国家与豪族一样，是“家父长的家内奴隶”所有者，也就是说国家与豪族一样，同处于一层次。秦汉帝国的专制性质，便是建立在中国型奴隶制的结构上。

西嶋氏之中国型奴隶制及其专制权力说，主要在理解秦汉社会所具有的世界史之普遍性与中国的特殊性，其说显然受前田氏之影响。西嶋氏这种理论的背后，意图在克服所谓“亚洲的停滞论”，也就是在继承20世纪30年代的课题，欲以秦汉社会为例，来说明中国社会在亚洲甚至世界当中的特性。[108]

西嶋氏之旧说提出后，在战后的史学界激起极大的波纹，也遭到若干批判。首先要介绍的批判者是增渊龙夫氏。

增渊龙夫的批判

增渊氏承认西嶋氏以刘邦集团结构为拟制的家族隶属关系，也就是所谓的“家父长的家内奴隶制”。但“家内奴隶制”并非普遍的概念，也不能直接作一般化的运用，因当时中国社会里，存有一种固有的、具体的结合方式之任侠习俗，是不容忽视的。任侠（游侠）的精神是当时民间秩序的纽带，刘邦举兵以前与各游民之背后关系即赖此维系。[193]进而国家的秩序，即皇帝与官僚、官僚与人民之间的关系，亦赖此维持。[194]战国秦汉时代的集团，其内面就是靠任侠的精神维系，但外形的规制，则由“约”加以约束。[196]汉帝国的官僚制度，是以官僚作为皇帝的私人家臣集团，皇帝在此集团当中，是家父长的性质，他们之间有共通的任侠精神与恩爱的情感，皇帝以“德”（即赏赐具体的或物质的恩惠）——其后演变为“法”与“术”——之功能，与此等集团（官僚）结合，并非如西嶋氏所谓上对下单方向的专制支配关系，亦即非普遍地行使“家内奴隶制”的支配。

西嶋氏对增渊氏之批判，部分接受，惟对“家父长的家内奴隶制”支配说仍未放弃。

守屋美都雄的批判

守屋氏以为刘邦初期的集团，非拟制的家父长的家族成员与家内奴隶的关系，他们与刘邦之关系，实际上是平等的、互赖的结合。守屋氏之意，即支持增渊氏“任侠精神”之说法。守屋氏又强调此等集团与豪族集团并不关联，亦非生活集团的形态，而是具有“职阶身份”的政治、军事集团，他们对主人的关系，是凭其才能来发挥其职责，绝非供主人使役的家内奴隶。[74]

西嶋氏对守屋氏的批判，亦承认一部分，一部分仍固持己意。西嶋氏以为“家内奴隶制”并非指身份的关系，而系指阶级的关系，在中国史上属于身份性质的奴隶，是指奴婢、臧获、僮隶等，与庶人（即良民）的身份有别，他们是属于贱民。阶级性质的奴隶，不一定限于身份制上的奴隶，它基本上应由生产关系来把握其性质。据仁井田陞氏之研究，在身份制上的中国奴隶，是属于“半人半物”的性质，另一方面，从生产关系看来，又与希腊、罗马之古典的奴隶制度有别。惟守屋氏的批评，使西嶋氏注意到在前文中，未将身份与阶级关系的正当用法分别清楚，此后遂有依此角度再考察中国古代奴婢制度的大作发表[93]（其大要于后叙述）。其次，守屋氏否定刘邦集团为家父长的性格，而认为其集团成员相互间是对等之结合的说法，于皇帝权力之成立无适当的解释，对此问题，守屋氏后来补充说明，谓国家权力系透过里之“父老”的指导层来贯彻的。[75]西嶋氏以为守屋氏所补充的论点，仍不充分，盖当时的社会，所谓“父老”层是普遍存在的，得到父老层支持的集团，绝非刘邦一个集团而已，其他尚有无数集团存在。是故，国家权力形成的契机——系依据何者，仍未有合理的解答。[100]

滨口重国的批判

滨口氏以为春秋战国时代以后，因大土地所有制的发展而发生生产样式的变化，不能仅由奴隶与佃农两方面为主来说明，事实上应以为数更多的一般自立农民层为主来分析才对。这种主张，对西嶋氏以后的诸研究影响甚大。至于滨口氏论述中国“古代”、“中世”社会之特质，已介绍于前，此处略之。[204]

西嶋氏之新说

西嶋氏经过增渊氏、守屋氏、滨口氏等人之批判后，终于放弃原来的主张，于1961年再提出新的国家论。代表作即《中国古代帝国の形成と构造—二十等爵の研究—》[100]的巨著，以及若干篇论文。西嶋氏之旧说，所引起之争论的焦点，是秦汉帝国时代皇帝对人民统治的性质为何？在新说中，西嶋氏放弃秦汉帝国的结构在于豪族对小农民的支配说，而主张皇帝对人民的"个别人身的支配"说。这种支配关系的成立，一方面是皇帝权力的出现，另一方面是"个别的农民家族"的形成，两者相互沟通的桥梁，就是二十等爵制。皇帝借着赐爵制度对人民作"个别人身的支配"，这种支配方式，与春秋以前是绝大不同的，春秋以前的支配方式是以氏族支配氏族，即所谓"邑制国家"的支配结构，个人并非其直接支配的对象；春秋战国以后，氏族制解体，个别化的小农民出现，君主对人民的支配，形成家父长式的系谱，也就是个别化——"个别人身的支配"，或谓人头的支配，进而才有人头税的征收，徭役与兵役的征发。又，传统上以崇尚齿位(年龄)习俗为基础的里的自律秩序，亦随族制之解体而崩溃，形成以皇帝为顶点的爵制身份秩序；另一方面，皇帝以徙民之措施设置了人为的"初县"，此种新的里的秩序，代替了传统之里的体制。故郡县制的出现，实际上就是"邑制国家"的变质。若谓郡县制的成立与专制君主支配的形成是同义语，并不为过。至于豪族、任侠的存在，在秦汉国家权力的"个别人身的支配"秩序之下，是属于例外的、变则的现象。[100]后来，西嶋氏对豪族与任侠之问题，又作补充说明，他以为秦汉帝国统一以后，在地方是实行郡县制，但地方上同时亦出现新的豪族集团，他们一方面努力维持族制的结合，一方面则吸收氏族成员或者脱离国家权力控制的流民在其庇护下。他们是大地主，在地方上形成一股势力。又有一批从族制脱离出来，凭着信义之谊，相互结合，形成一种非血缘的集团，此即所谓游侠之徒，这种集团的存在，阻碍了皇帝权的行使，国家对他们有时采取压抑政策，有时则加以笼络，以维持地方秩序。故他们有时亦是国家权力向地方渗透的媒介，但因他们存在于国家权力之外部，因而无法完成其自律的秩序，此现象实为统一国家的一种潜在的矛盾。[96]

从以上的说明，可看出西嶋氏之新说，已采纳增渊氏一部分的批评。惟两位之说法，依然有别，西嶋氏以为豪族无自立性，非作为国家权力之媒介，即被压抑者；增渊氏则以为豪族是新共同体秩序之支持者，且是国

家权力所以成立的基本要素。㉙

其次，在西嶋氏的新说当中，又对中国古代奴婢、奴隶的性质作更进一步的考察，以明了古代帝国的特质。此系西嶋氏在接受守屋氏之批判后，所作的补充。他以为所谓奴婢，是指身份〔1〕而言，此身份是属于国家的身份，而非无媒介且为阶级性的奴隶，亦非指与主人所发生之阶级关系，而是存在于皇帝与小农民中间的一种阶级关系〔2〕的身份。单以奴婢的有无或多寡来判断唐代以前中国社会的性质是错误的。秦汉时代非为奴隶制社会，其社会的基本生产关系，非赖奴隶承担，而是由小农民。魏晋南北朝时代，此风不改，至隋唐时代，基本生产者依然是均田法实施下之小农民，绝非奴婢。唐末五代以后，如前田氏之学说所示，是中国古代转变至中世的时代，其生产关系之转移的基本形态，是由奴婢（奴隶）演变至佃户的图式。前田氏之说，即将中国的奴婢制与普遍概念的奴隶制同等视之，这种同等的看法，只能由"阶级"的关系去理解，而非指身份，此点甚为重要。易言之，中国古代社会的奴婢，就身份上而言是奴婢，就阶级上而言则为奴隶，此种观念，过去一直混淆不清。身份上的奴婢是属于贱民，后世之官户、杂户、部曲，均属于贱民，与士庶之良民身份成对比。中国社会之良贱两大身份层（"良贱制"），一直延续至清代，故良贱制实是历史的产物。秦汉以后，一反过去所谓"礼不下庶人"之习，而将庶民（良民）纳入礼的秩序内，但贱民依然被排斥在礼制秩序之外。唐末以后，佃户制形成，佃户当然是良民，惟此等良民，学者向来以为是奴隶地位的上升，而此等奴隶又是指奴婢，此种说法实有商榷之必要。盖就阶级性而言，奴隶并不等于奴婢，奴婢固然有被解放为主家之佃户的事例，但在佃户制形成当时，奴婢依然是国家的身份，也就是说，良贱

〔1〕身份的定义是："在一定的社会集团里，存在着或其存在是据有具体社会组织之各部门的地位，并赋予志向性的秩序表现；其社会集团是历史性的共同体，或者扩大为极限形态——国家。所以，身份常常是具体的，它由共同体的规律或者国家权力来维持。只要共同体或者国家的性质不变，其存续是无问题的。"（参看西嶋氏㉓文，页 145）

〔2〕所谓阶级，指"因生产过程而成立的人类相互间的生产关系。由于生产手段有所有与非所有之别，遂形成劳动力之榨取者与被榨取者。在同一生产关系内，逐渐出现被归属于富者层之情况，于是产生支配与被支配的关系"（西嶋氏㉓文，页 145）。

制并不因佃制之出现而消灭。[93]

总之，西嶋氏以为秦汉统一国家形成的特征有四：一、皇帝支配的出现；二、从“封建”制到“郡县”制的转型；三、官僚制的中央集权机构的完成；四、“个别人身之支配”的采用（[96]文，页5）。至隋唐时代，国家权力之支配原理，基本上仍与秦汉时代一样（[101]文，页284），故自秦汉迄隋唐，国家权力的结构，实有一贯的特质，此乃古代社会的特征。

以上为西嶋氏之新说，此说提出后，又受到学界热烈的批判，主要有增渊龙夫、宇都宫清吉、川胜义雄、谷川道雄、好并隆司、五井直弘、奥崎裕司、多田狷介等人。兹分别介绍于下。

增渊龙夫的批判

增渊氏不赞成西嶋氏将豪族的秩序置于爵制的秩序外，相反地，他强调此等豪族、土豪在国家秩序中所居之重要性。西嶋氏以为氏族共同体崩溃后，民间自律的秩序不易形成，乃由国家作他律的、传统的维持其秩序；但增渊氏则以为氏族共同体崩溃后，新的自律共同体再编成，此种新的自律共同体，是由父老、豪族等地方土豪来指导与维持，秦汉帝国的支配，就是借着土豪之支持来统治的。例如汉帝国郡县制支配之末端的郡县官僚（掾吏），固然是依乡里的舆论选拔出来，但此等舆论（或谓乡论）的形成，实以地方土豪集团之意志为中心，故秦汉帝国的国家权力与土豪对乡里之规制力，实相互依存。待此种相互利用的局面发生破绽，地方农民的“叛乱”，乃告爆发。[201][202]

从秦汉统一国家的形成及其结构来看中国古代社会的特质，就西嶋氏与增渊氏两人而言，其学说时时对立，但亦有共通之处，例如：一、增渊氏并不否认秦汉帝国的“个别人身的支配”原理；二、承认此原理形成于新辟的“初县”；三、承认从爵制的传统观念，赋予皇帝支配的正统性与公共性；四、承认初县以外，一般郡县的豪族们之自律秩序。问题在国家的秩序与豪族的秩序是在何种结构之下相互衔接？西嶋氏以为此两种秩序的存在，是秦汉统一国家内部的矛盾；增渊氏则以为两者系统一的、相互依存的。惟增渊氏又以为到魏晋南北朝时代，豪族势力强大，而逐渐脱离国家的秩序，其契机却始于秦汉帝国形成的过程中。[202]西嶋氏与增渊氏之论战当中，关于国家秩序与豪族秩序的对立问题，迄未能有适当的解释，为解决此问题，对其历史的展开与国家结构的变化，实有究明之必要。其后，遂有川胜义雄、谷川道雄等人致力于六朝史共同体的研究。[182]

宇都宫清吉的批判

宇都宫氏以为西嶋、增渊两氏分析汉代专制体制，仅侧重于皇帝方面的支配理论，此种学说只要正确地读中国史书，谁都可立即明了。因它仅是对史书的记述作表面的、机械式的理解而已，是相当单纯与硬化的历史见解。欲考察专制体制，必须了解与其矛盾对立的民间自由是否存在，也就是说皇帝与"民"之间自由存在的程度问题。基于此认识，宇都宫氏指出当时乡村共同体——"民"的世界，系赖"孝"的家庭伦理来维系，拥有相当自律性的秩序。易言之，它是一自由的天地，强权不易介入。此其一。自从汉武帝独尊儒术以后，儒学成为正统的学问，孝的伦理遂成为帝国秩序支配的基本原理，礼教的世界乃告实现。[84]此其二。由此知宇都宫氏以为帝国秩序的支配原理，是以儒家的伦理观来贯彻，与西嶋、增渊两氏之说，显然不同。

川胜义雄、谷川道雄两氏的批判

川胜、谷川两氏以为东汉帝国之崩溃，是古代与中世的分野。古代秦汉帝国的基础，建立在自立小农民无阶级等差的共同体关系上，其后由于里共同体生产力提高，内部出现豪族与贫农的阶层分化，前者对后者之支配逐渐增大，终于出现一元的领主化，尤其是东汉时代。另一方面，小农民之自立性亦相对地提高，先秦秦汉时代所用以维系人际关系的"首领制"与"家族制"发生动摇，里共同体内部的矛盾尖锐化，汉末的动乱就是此种矛盾所引起的冲突。[9]克服里共同体内部的矛盾而再编成的新共同体，即豪族共同体。新共同体的首长——豪族，是依郡望而产生的，其资格非单凭武力、财力等，而必须具有政治、文化的能力，他们一方面是官僚，另一方面又是贵族，是社会的主体，且是自律的性质，与宋以后的官僚不同。[8]以上是川胜、谷川两氏的共同体论。基于此观点，川胜氏批评西嶋氏将秦汉至隋唐视为古代专制国家，则六朝之分裂局面将如何解释？它不能仅由皇帝权力对"个别人身的支配"力之减退所能说明。易言之，非单由皇帝对人民之阶级关系所能解释的，即由"良贱制"的观点，亦不能十分有效地把握此一时代的特质。（⑨文，页 87）

以共同体论来发挥“内藤史学”的“中世”贵族制说，最有成绩的当数谷川道雄氏。谷川氏的共同体论有二前提：一、唯物史观所谓的奴隶制、农奴制、资本制的历史发展阶段说，并不能适用非欧洲世界的历史；二、人类的历史可分为原始共有制与第二次共有制，其中间即是阶级社会，此阶级社会的组织即共同体。（㉘文，页88—90）故对于中国“古代”社会的性质，谷川氏以为应当从阶级关系与共同体关系去理解，而中国有中国形态的共同体秩序存在，它随着历史的进步而展开与“变容”。社会的历史发展与共同体秩序的存在，绝非互相冲突，而是互相激励，最后形成一独特的文明社会。[108]西嶋氏的古代国家结构论，是建立在国家权力与自立小农民之间的上下两层关系，谷川氏则以为不然，而谓王朝的支配根源应该在包括所有自立小农民的共同体上，此自立小农民并非“共同体的遗制”，而是新编成的村落共同体，在此共同体中，含有大地主与小农民之阶层关系。[106]

川胜、谷川两氏的共同体论提出后，亦遭到东京学派的批判，主要有堀敏一[182]、五井直弘[28]、多田狷介[56]、重田德[151]、田中正俊[45]、太田幸男[29]、木全德雄[229]等人。他们最主要的批评，是指出谷川氏等所谓“里共同体”与“豪族共同体”之区别，未予明白交代。基于此故，谷川氏后来提出一综合性的回答，他说所谓“里共同体”与“豪族共同体”的区别，在于其组织原理之“质”的不同，两者虽同以自立小农民为支配要素，以村落共同体为共同之基盘，但里共同体是从殷周时代之“氏族共同体”崩溃后，所析出之自立小农民的再编，它是血缘与地缘要素的混合，由富有人生经验的“父老层”作指导与统制，其阶层结构仍是无阶级等差，帝国专制权力的支配，仅达于其外在的位置。其后，因内部阶级关系的成长，而产生大地主的豪族势力（出现大土地私有制）与无产农民之极端对立。阶级分化与共同体结合终究是矛盾的，遂因冲突而解体。解体的结果，共同体再编，而产生新的共同体，此即豪族共同体。豪族共同体依然以自立小农民为基干，只是指导阶级由父老层转移至豪族阶级。豪族共同体的首长（豪族），必须具备政治、文化、伦理的能力，在世论的要求下出任。豪族不一定就是大地主，也不一定是领主，惟必须是属于名望家族的支配阶级。易言之，豪族非土地贵族、财产贵族，而是文官贵族、教养贵族的文人性质。是故，里共同体与豪族共同体基本之差别，在于前者将王朝权力摆在外在位置，后者则豪族层本身即是王朝权力。从秦汉到六朝的过程中，共同体出现“质”的转变，此乃中国古代到中世社会最主要的变貌。（⑪文，页50—53）

最近太田幸男氏指出宇都宫氏所谓“专制权力”的存立基盘说，并不令人满意；所谓“人间自由”，语意亦不清楚；通读《中国中世史研究》一书，对国家权力之问题，并未明白交代，且从秦汉至隋唐的社会史发展，甚至前后有一贯的感觉。易言之，它仅在说明一个社会构成体向另一新的社会转化。所谓六朝隋唐时代为“中世”之性质者，在此书中并未很明白地刻画出来。（㉙文，页37—39）

总之，川胜氏、谷川氏之共同体论，与西嶋氏之说有相同者，亦有相异者。相同者，指他们均以为秦汉帝国的社会是里共同体，此共同体的基本成员为小农民，中心人物是“父老层”（最年长与富有人生经验者）；国家权力的成立，是在以里为基盘，对小农民支配与实行齿位秩序。相异者，为西嶋氏强调共同体的机能是由国家掌握，故里共同体非为自律的秩序。简言之，古代的豪族是寄生于国家权力之中，而川胜、谷川两氏则以为反是。（⑱文，页175）

好并隆司的批判

好并氏主要批判西嶋氏所谓秦汉时代的小农民，从氏族共同体脱离出来后，失去其主体性的说法。他以为汉代的小农民，是以“古典的共同体”〔1〕为基础，而作小经营的农民，他们对古代的帝国而言，是抵抗的主体。[71]

五井直弘的批判

五井氏的批判，主要有两点：一是乡里社会为自律性社会，豪族仍然在国家支配秩序以内；[232]一是汉帝国的郡县支配，仍有其地域差异，这是不能忽视的。[233]

---

〔1〕 好并氏所谓“古典的共同体”，是以土豪为中心，周围聚居小农民，各耕自己的旧土，一方面亦为土豪、豪族提供佣耕的聚落。按理此“古典的共同体”应包括好并氏所谓的“乡里共同体”，在此之前的共同体，称“东洋的共有制”（参看五井氏㉘文，页94）。

奥崎裕司的批判

奥崎氏在批判西嶋氏之学说时，亦批判增渊氏之学说。首先他不同意增渊氏之批评西嶋氏的说法。此即奥崎氏不同意增渊氏所谓国家秩序的说法。他以为果如增渊氏所主张时，则一般农民的位置将置于何处？又，增渊氏以为有土豪、豪族之协力，国家权力的“个别人身的支配”方得以实现；反过来说，如没土豪、豪族的支持时，则“个别人身的支配”就无法实现，其自律秩序之强化也就不可能，其因何在？关于后者，不得不说是增渊氏国家论的弱点，但奥崎氏对增渊氏的反批判，并不等于无条件赞成西嶋氏之说，他提出自己的看法，他以为由于生产力的发展，使农民从族制的结合中获得解放，但农民之间却形成贫富之差，为谋生计，不得不冀望于上级权力机构的适当保障，“个别人身的支配”因而出现。此种变化的主体在农民方面，属于农民的自律运动，或谓为农民的一元论。简言之，从春秋战国时代到秦汉帝国统一之间的变化是：

> 被支配之氏族解体（农民从氏族秩序中解放）→小农经营出现（被“个别人身支配”的人们出现）→家父长的君主出现→德治主义的意识形态成立

这种过程，亦承认爵制的支配，但与西嶋氏之学说正相反。⑲㉙

多田狷介的批判

西嶋氏以为马克思之“总体奴隶制”、“皇帝为唯一最高封建领主”的国家封建论，并不能用来理解秦汉时代的社会。（⑩文，页473）而多田氏则以为“总体的奴隶制”与“亚洲的生产样式”的理论，对于研究中国古代社会结构仍可适用，虽然他并不主张唯物史观的理论毫无保留地适用于中国古代史。西嶋氏的新说，将皇帝与人民之间的关系，设定于基本的阶级关系与生产关系上；多田氏则以为以此理论来理解次一个时代，或者新的生产样式之展开，将感到很困难。又，西嶋氏新说主张皇帝对人民作“个别人身的支配”，此项理念是于何种场合下形成，尤其设置“初县”当时，并无明确说明。多田氏以为“个别人身的支配”体制，并非仅是理念的“表象面”而已，实际尚应进一步了解当时社会全体的生产关系所反映出来的阶级支配结构。基于此故，多田氏对秦汉社会的结构提出一新说，他以为秦汉社会的基础，是建立在共同体内的个别经营尚未成熟，以及小农民尚未达自立化之上。因此，共同体基本上是停留在“亚洲共同体”的阶段，其上部即专制国家。秦汉时代的农民，与其说是“古典共同体”的成员，不如说是“亚洲共同体”的成员。秦汉时代是“总体奴隶制”的社会，其后在此社会内逐渐出现豪族的“封建式经营”，而将此社会的结构改变。到唐末以前，豪族的经营体制仍依存于专制权力的统治，对所谓“总体奴隶制”迄无法完全克服。[56]

前面所介绍藤家礼之助氏之学说，其谓共同体自律秩序性格的理论，即在批判多田氏的“总体奴隶制”的学说。惟多田氏对藤家氏所谓共同体之性格，系见于豪族、土豪之私有大土地经营的生产关系的说法，仍表示疑义。[97]

以上介绍的是西嶋氏的古代国家论，以及学者们对他的批判。

(2) 东亚世界的一体论

西嶋氏对前田氏学说之另一项补充，是所谓东亚世界的一体性。东亚世界（指以中国为中心，包括周边之朝鲜、日本、越南等地区）在近代以前的历史发展，有其自律的完结性，它有别于世界史当中之其他地区的发展。所谓东亚世界之历史发展的自律完结性，是指它拥有共同的“历史文明圈”，此文明圈的共同因素有四：汉字文化、儒教、律令制、佛教。它形成于公元三四世纪以后，但其胎动则始于周代；至隋唐之际，此特征大为显著。就政治、文化方面而言，此一时代（指隋唐以前），已完成自律的自我完结。但10世纪以后，东亚世界的结构发生极大的变动，唐帝国、渤海、新罗，相继灭亡，日本之律令制社会亦发生动摇，继之而起的是中国五代的分裂以及宋的统一与辽、西夏的建国，日本“国风文化”的形成，东亚世界遂失去政治面（“册封体制”）的整体性。惟东亚世界并未因而解体，代之而出现的是经济与文化的一体性，例如宋钱在此世界广泛地流通，中国向周边国家输出陶瓷器、绢织物、药物、书籍等，输入若干药物、香料、毛皮、黄金等。元帝国统治时期，东亚世界的自我完结性一时动摇，但至明清时代，又更深一层地实现政治、经济、文化的一体性。[97]

(3) 生产关系论

西嶋氏对中国“古代”社会的生产关系论，可包括以下三方面：一、生产力发展之特质；二、土地制度；三、直接从事生产劳动者之性质。兹分别说明于下。

一、生产力发展之特质：就时代而言，中国农业生产力显著之发展，系在唐末五代之际。按中国农作地区概可分为二：一为华北的陆田农业，以小麦为主，此地区是中国文明发生的摇篮；一为江淮水田农业，以水稻为主。此两地带的农作至2世纪为止，华北犹是先进地带，3世纪以后，江南地带生产力逐渐提高，此时正是三国鼎立的时代。从南北朝至隋唐时代，南北生产力形成均衡状态，此由首都一直置于华北，以及隋之开凿运河与唐以江南米上供之事可见知。但到唐末，尤其是宋以后，江南水田农业的生产力，已绝对地超于华北的陆田农业。随着唐末江南水田的开发，华北也出现“二年三毛作”（按，指二年三收），使整个中国农业生产诸关系的结构发生变化。宋以后，除南北的生产力作历史性的转变外，其生产经营方式也发生变化。盖唐以前的诸生产关系，如租庸调所示，农业与工业并未分开，农村的经济是自给自足的完结性，商品生产并不发达；到唐末以后，商业资本导入农村，使自给自足的农村经济发生解体，农村手工业逐渐走向商品生产的特质。就时代而言，商品化生产的手工业于13、14世纪（宋末元初）出现，到16、17世纪（明末清初）大为发展，其著者莫若棉工业、绢织业等。这种商品化生产，在唐以前不易实现。盖当时生产劳动是赖有如奴隶性质的“不自由劳动”，此即古代社会的一种特征。[101]

二、土地制度：唐代均田法之有效地实施（土地收授之施行），说明古代帝国之国家权力对民田统制力之强化。按，中国最早有所谓井田制度的传说，但此制度的施行，迄今仍被怀疑，不过可断定的是当时的土地制度，绝非如后世之均田法，以国家强权为背景，而推行全国性的土地支配制度。战国时代，秦之商鞅曾推行“开阡陌”之策，此项措施并非如向来所谓废井田后，就其地开辟阡陌，而系对新开辟之地实行新的土地制度，此种新的土地制度，可想象是对土地持有者作某种程度的限制。此制似为西汉董仲舒限田策之滥觞。惟一般而言，到秦汉时代，对土地私有的扩大，迄未能有效遏止。曹魏时代有所谓屯田制，晋有占田课田法，北魏迄隋唐则有均田法，均在一步步限制土地私有而达于国有化。均田法的施行，可谓土地国有制之实现。关于唐代均田法之施行，曾有学者提出否定论[189]，惟吐鲁番文书之发见，为均田法之实施提供有力之佐证。就土地发展史而言，自秦汉迄隋唐，实有一脉相承之效，而曹魏之屯田制即为其过渡形态。唐代中叶，均田法崩溃后，土地所有者发生阶层分化，中国土地制度的发展，遂再步入另一纪元。[101]

三、直接从事生产劳动者的性质：自秦汉迄隋唐，直接从事生产劳动者，主要是农民，而非奴隶，惟农民的性质是“奴隶制的”、“不自由劳动的”（西嶋氏新说提出以后，已不用“奴隶制社会”之名称）。盖秦汉时代的农民，须负担甚重之田租、算赋、口赋，以及兵役等，北魏隋唐时代的均田农民，亦须负担甚重之徭役赋税等，他们实是“不自由的劳动力”，与奴隶性质相近，故称为“奴隶制的”。这种“奴隶制的”性质，也是殷商以来奴隶制长期发展的总结。此性质经唐末五代之动乱而消失，代之而起的是在庄园耕作的佃户制。故唐末五代实为古代社会的终结。[88]

（三）仁井田陞之学说

以法制史的观点继续发挥前田氏唐末五代为“古代”结束说的是仁井田陞氏，他一方面也由生产关系论来分析社会经济史的演进。仁井田氏认为中国古代社会为“奴隶制”，中世为“封建制”（农奴制）。从奴隶制演变到农奴制社会的关键，在于唐宋间的变革，也就是 8 至 10 世纪的时代。所谓古代奴隶社会，是以奴隶制生产作为生产关系的基轴，奴隶为大地主（右姓大族）所有。惟中国古代的奴隶制，一方面又是“家父长制的奴隶”（家内奴隶），而非全面从事农业生产的“劳动奴隶”。从事生产工作者，除奴隶外，还有奴隶化的“不完全佃客”。奴隶在中国是属于“半人半物”，他们无移转居住之自由，对主人作无报偿、无定量、无限制的劳动，此特征在汉法与唐法是相同的。

两晋南北朝时代，贱民身份层产生阶层分化，在上级贱民中出现“部曲”，此部曲到唐末宋初消失，代之而起的是佃户，此等佃户为农奴性质。盖唐代中叶（8 世纪前后）之际，农业生产力上升，集约性增大，奴隶制生产遂逐渐蜕变至农奴制生产。农奴的来源，为古代奴隶身份的上升，或自立农民身份的降低，他们与奴隶不同，是对主人作一定量的服务，生产手段、经营方式，则由自己决定，但仍无居住移转之自由，随土地之买卖而转移。简言之，是"随田佃客"。以地主的立场说来，他们对农奴的支配权力，已从对奴隶之"物"的所有支配关系，转为以土地作媒介而对"人"之支配关系。易言之，对佃户之身体非直接支配，而系间接支配。"中世"时代的支配势力，已非"古代"之右姓大族，而是新兴的官僚层，他们亦是新兴的大地主层（即所谓的"客户"），与佃户形成"主仆之分"的不对等关系，此亦是封建社会的特征之一。[17]佃户之法的地位，在12、13世纪最低，17、18世纪则有显著的上升。这种法的变动，与当时社会在质方面的变化有密切的关联。仁井田氏的学说，一方面实际在批评所谓"东洋停滞社会"的亚洲观。[16]

（四）堀敏一之学说

同样以生产关系的转变，来说明唐宋间为古代至中世变革的是堀敏一氏。堀氏认为中国古代社会有两个高峰时期，此即秦汉帝国与隋唐帝国时代。两时代之共同特征，在于专制君主对小农民作一元的统治体制，即所谓"齐民制"或者"个别人身的支配"体制；不同的是秦汉时代以父老、豪族为中心，以农民作其基本成员的共同体为基础，北朝隋唐时代则以国家直接规制小农民的生产为基础。均田法便是北朝隋唐时代，国家用以直接支配小农民最重要的手段。它是一种强制的村落团体，共同体的再建，其土地与劳动人口则由国家直接掌握。[180]唐代中叶以后，均田农民产生分解，一方面是地主、富豪层的抬头，一方面是一般农民层的没落，此实为唐帝国崩溃之基本要因。两税法的施行，系建立在容忍此种阶层分化的历史过程，进而促使土地集中与小农民没落之加速发展。故唐帝国的崩溃，有如下几点特征：一、国家对小农民的人头支配，随均田制之崩溃而消失；二、均田制崩溃后，促使庄园制发达，均田农民因阶层分化，而产生新的地主与佃户、庄客的支配保护关系；三、统治阶级的门阀贵族，在唐末五代的动乱中没落，代之而起的是宋代的文臣官僚层，他们一方面是有文化的读书人，另一方面又是经济上的地主、富商；四、君主独裁权力强化；五、地主、士大夫层，为防卫自己，而组织同族集落，设置族产，民间亦有所谓乡约、社仓等自治组织，新的共同体再编成，此即古代社会的结束，中世社会的开始。[180]

（五）木村正雄之学说

木村氏以为中国古代专制主义之基本统治体制，在于人头的支配[30]，与西嶋氏所谓“个别人身的支配”说相类似。此种统治体制，亦可谓完全以人民劳动力为基准之“齐民制”，秦汉之赋制，魏晋之户调，以及北魏隋唐均田制下之租庸调制，是为此种体制之最显著者。当两税法实行后，此种以土地所有与户等为基准之体制，亦告终结。所谓“齐民”，指国家劳动力的一种特殊生产关系，齐民无“单婚家族”，但有私田，此与古代之奴隶性质不同；它亦无经济的独立性，劳动力属于国家，则又与奴隶性质相似。这种生产关系的成立，在中国古代社会（指唐末以前之社会），以华北之自然地理条件——干燥、洪水——为最显著。木村氏以为邑以及“邑制国家”的存在，是春秋中期以前社会体制的地理特征，起初邑是出现在干燥的荒地与低平的薮泽上，它们自己独立施行治水，发展水利，但当时生产用具、治水技术低劣，欲求其大发展是不可能的。渐渐地，出现若干邑的合并，而成邑国家。在邑国家内的农民，依然是属于氏族的结合，从事小规模与自立的耕作。此为春秋中期以前的现象，木村氏名之为“第一次农地”。春秋中期以后，铁器普及，以单婚家族为单位之分割耕作开始实行，同时因水利技术进步，给予君主权力发展之契机，它将铁器收归国营，由国家设置大规模的治水机构，逐渐进行开垦荒地，尤其是黄河下游之低平广阔的沼泽地区，于是广大的耕地随着君主权力之膨胀而产生。此为“第二次农地”。起初，在淮河中游、汉水流域等较温湿的陂、隰等第二次农地，开始进行水利灌溉事业，其后逐渐在黄河流域发展人工的渠，公元前5世纪以后，更急速发展。这种在第二次农地出现的水利事业，亦归国家掌握，国家并以徙民措施，设置了“初县”，此即古代郡县制的基础。其后，农民因单婚家族之分解，对国家之依赖性增强，形成一种奴隶状态的劳动力，此即“齐民”的形态。国家利用这种水利规制，对齐民作“个别人身的支配”。尤其是田租的征收，在本籍主义与人头的赋役制度下，将农民个别地隶属于国家。故第二次农地的出现，实是中国古代专制国家形成的基本条件。以《汉书·地理志》来说，所有县的废置，大致可划分为两大区域：一为对中央依存性高，一为自立性高。自立性高的县，就属于前述第一次农地，其生产关系为豪族所把持。对中央依存性高的县，就是属于第二次农地，其生产关系，是依赖国家的水利机构。[234][235]县之设置以及水利灌溉事业，随着王朝之盛衰而兴废，中国古代大规模的农民"叛乱"，均与此有关。又在齐民制之下，必然发生民田（名田）不均等的现象，此种矛盾随着商业的发展，农耕技术之进步而剧烈化，遂有限田策之施行。其后又有计口授田之均田制的实施，但仍无法克服齐民制内部的矛盾，此种矛盾至唐末随着均田制之崩溃而消灭，是为中国古代社会的结束。中世以后的社会，乃由齐民制演变为"地主佃户制"。[31][32]

木村氏之理论，显然受到魏特夫之东洋社会理论之影响，而以为农民若不依存于国家之灌溉，就无法自立与再生产。其后，天野元之助氏从农耕技术之观点批判木村氏之学说，其说主要有二：一、华北农耕不一定以灌溉为必要条件，天水耕作亦有可能；二、在陂之地区，是以小规模的、私行的灌溉，不需要受国家管理。[38]增渊龙夫氏亦从别的角度加以批判，他以为战国时代以来，专制君主权力逐渐强化，从山林薮泽的开垦，使公田扩大；因而扩大国家大规模的灌溉，并非君主一开始即采取全面的治水灌溉。[200]

丁、明末清初说（介绍小山正明、重田德等人之学说）

（一）小山正明之学说

小山氏在分析16世纪至17世纪之间，长江三角洲地带的地主经营以后，发现明代尤其是前半期，地主直营地以及佃作地（间接经营地）是由"家父长的奴隶制"经营的，它隶属于"拟制的家族关系"之下。后来由于地方之木棉纺织业以及绢织业等农村手工业发达，此等手工业一方面被用作家庭副业，一方面则生产商品化，确立了"自己完结之再生产结构"的可能性。于是奴隶性质之佃户，逐渐脱离地主而自立，成为封建的农奴，中国特殊的封建土地所有制，即出现于此时，亦即16世纪，则明末清初实为中国古代社会之结束。[1][2]

安野省三氏对小山氏之说，提出以下的批判：他以为明末清初长江中游一带，地主所拥有的土地是散在的形态，佃户与复数之地主形成佃作关系，其田租泰半以货币支付，对小山氏之说，实难以同意。安野氏之意，在进一步阐明周藤氏等人所主张的宋代为中国封建土地制的成立时期；明末清初，因社会发生变化，是为封建解体之时期。[53]

（二）**重田德之学说**

重田氏认为清初"地丁银制"的成立，乃"丁银"消失之意。丁银消失，表示中国古代专制国家"个别人身的支配"原理——人头税的收夺体系的消灭，此后国家权力结构完全建立在以地主与佃户之关系为基轴的封建支配上。[148][149]中国自古以来，赋（土地税）与役（人头税）是税制的两大支柱，而"役"为"一君万民"之统治理念的实现。清初废除丁银，一改过去国家与地主对佃户共同争夺之关系，而为基本上利害一致的共存关系。换言之，国家的税制成为单一的土地税，地主成为国家课税之主要对象，其意等于公然承认地主对佃户支配的合法化。故清代实为历朝集权国家当中，最为封建的国家，亦最含有地主制阶级支配性格的国家。[150][152]明清时代的乡绅，与汉代的豪族，六朝隋唐的贵族，宋代的形势户有类似的社会功能，它处于皇帝与人民之间，是为中间支配层，或谓"有力者群"。乡绅支配体制的特色，一方面是国家权力的媒介，另一方面则是在乡地主支配体制的强化者。是故，乡绅支配体制的完成，也就是封建地主制支配的形成。此种情势，发生在明末清初之际，则明末清初实为古代与中世社会之转型期。[152]

重田氏以清初为中国封建权力的确立、地主政权的形成之学说，在20世纪60年代后半，引起另一场论战，此即中国"封建制"之成立时期及其性质问题的论战，迄今未已。参加此论战者，依时间之先后，主要有菊池英夫[184][185]、谷川道雄[110][111]、河地重造[121][122][216]、川胜义雄[10]、五井直弘[28]，以及伊原弘介[73]等人。争论的焦点，在于谷川、川胜、河地等人以为中国"封建制"之成立当在六朝之际，菊池、五井、伊原等人则以为在宋以后。

Ⅳ 结　　语

战后三十年来，日本史学界对中国史的时代区分，仍墨守着古代（上古）、中世（中古）、近世（近代）的三分法。惟迄今对每一阶断之结束时代仍无定说，古代之下限亦不例外。因对古代下限之争辩，使唐宋间历史变迁之性质（详参下节所述），成为问题焦点之所在，所谓“内藤史学”或谓京都学派，以及东京学派或谓历研派，即由此问题之争论而形成。

一般人谈到日本的史学界，辄以京都学派与东京学派（历研派）相对立之二分法加以区分，严格而言，并不太正确，盖此二分法并不能概括整个日本史学界之真相，例如谷川道雄氏曾经是属于历研派，滨口重国氏之《唐王朝の贱人制度》一书系在京都大学出版；又同属于一学派，其学说不见得都相同，例如宇都宫清吉氏之与内藤湖南氏，滨口重国氏、小山正明氏、重田德氏等之与前田直典氏，西嶋定生氏之与仁井田陞氏等皆是。惟如要勉强分别出京都学派与东京学派，则以师承关系区分较以出身地域区分为妥当。京都学派之学说，原则上均本之于内藤氏，东京学派则本之于加藤氏与前田氏，惟京都学派较有脉络可循，东京学派则趋于多样化。若要指出其代表人物，可如下所示：

京都学派：内藤湖南（1866 年生），宫崎市定（1925 年），宇都宫清吉（1931 年），川胜义雄（1948 年），谷川道雄（1948 年），河地重造（1951 年）。

东京学派：加藤繁（1880 年生），仁井田陞（1928 年），周藤吉之（1933 年），西嶋定生（1942 年），堀敏一（1948 年），尾形勇（1960 年）。[1]

从战前到战后，学者们对中国史时代区分所用以立论之重点，要而言之，可谓由文化史观演变为社会经济史观。从古代下限之争论，引发出以下几项问题，它亦可谓为战后时代区分论战中极为重要之主题，惟此等问题，迄今仍未解决。

（一）良贱制之问题

所谓良贱制，良指良民（或良人），包含士庶之人民；贱指贱民（或贱人），隶属于国家（即官贱民，以唐代而言，指官奴婢、官户、杂户等），或私家（即私贱民，以唐代而言，指私奴婢、部曲等）之一部分人民。中国的社会，自秦汉以来，便出现此二大身份制的秩序，以支持中央集权的皇帝统治[93]。目前争论未决之问题有二：一、良贱制废于何时？二、

---

〔1〕 自宫崎氏、仁井田氏以下各人所附之年代，系其大学毕业年代。

良贱制之性质为何？两者均为学者用以作为时代区分论争之主要根据。就第一问题而言，良贱制出现于秦汉时期，大致为学者们所公认，但以宫崎氏为代表之京都学派，则主张良贱制（即身份制社会）至宋已消灭[163]。东京学派如仁井田氏[23]、西嶋氏[93]、堀氏[181]、尾形氏[117]等，则主张良贱制完备于唐代，废于清末，即宣统元年（1909）公布“禁革买卖人口条款”以后。

其次，关于良贱制之性质问题，其争论之点，要而言之有三：

一、良贱制与国家秩序之关系：就“法”之秩序而言，良民系受国家法令规制之主体，此为不争之论。至于贱民是否亦为法令规制之主体，则颇有争论，以唐律所规定之基本诸秩序（如君臣大义、人道大伦、人生大义等）而言，有谓不问良贱，均普遍适用[206]；有谓只以良民为对象[117]。就“礼”之秩序而言，有谓仅良民参加礼之秩序，贱民则被排除于其秩序之外，但在古典之礼制，则连属于良民之庶人亦被屏除于礼之秩序[93]；亦有谓贱民仍在礼之秩序内而为臣民之一[206]。

二、唐法上，贱民之性格：有谓为“半人半物”之性格[23]；有谓在“国家的伦理规定”（“礼”的规范）下，仍具有“人”之性格[206]；亦有谓贱民与良民同为“国家身份”[93]。后两者之说法，实际上类似。

三、贱民之奴婢、部曲问题：奴婢与奴隶之名称，常被混淆使用，事实上两者有区别，前者指一种身份（属于社会、政治的范畴），后者指一种阶级（属于经济之范畴）[93]。至于部曲，主张唐末古代结束说者，以为它是奴隶性质；主张唐末中世结束说者，以为是隶农或者农奴性质。

四、唐宋间之变革对良贱制之影响：主张宋代以后良贱制消失者，以为在独裁君主之下，已树立万民平民之原则，从此再无奴婢、部曲等贱民身份之存在[163]。此即宋以后为近世说的主要理论根据之一。但另一派则以为宋以后，官贱民之官户、杂户，以及私贱民之部曲、客女虽消失，但官私奴婢犹存续着；另一方面，良民亦起分化作用。良贱制之身份秩序在宋以后，实际上仍存在[93][181]。又，唐帝国崩溃后，东亚世界亦发生极大的变动，然此变动并未意味东亚国际秩序亦随之崩溃。此时北方之民族，固然陆续建立所谓辽、西夏、金、元等征服王朝，然而它们与中原之关系，仍不外依据册封、盟、朝贡等天下秩序原理，此等身份秩序正与中原所施行之上下尊卑的身份秩序有相同之意识存在⑱。[1]

（二）均田制之问题

所谓均田制，指北魏至唐代约三百年间（5 至 8 世纪）所实行之土地制度。此项制度，系由国家将一定规模之土地授予农民，其后又将之收回。此种土地制度，是建立在“普天之下，莫非王土”之观念上。均田制实际实行与否，以及实行程度为何，关系时代区分学说之成立与否至大，故学者们对均田制实施情况有颇多之争论，其问题点，举其要可归纳为以下几项[2]：

一、均田制之土地收授制究竟有无实行？（1）从敦煌发现之唐代户籍而论，主张所谓土地收授制系有名无实＝否定论者，有玉井是博、铃木俊等人；肯定论者，有仁井田陞、山本达郎、西嶋定生等人。（2）从大谷探险队所带回之吐鲁番文书研究结果，对均田法之土地收授制提出肯定论者，主要有西嶋定生、西村元佑两位。他们于研究吐鲁番文书（包括欠田文书、退田文书、给田文书、田籍文书等）以后，提出报告，谓至少可肯定唐代之吐鲁番地区，确实曾实施过土地收授制度。惟宫崎市定氏对此提出怀疑，以为这些文书系屯田文书而非均田文书，池田温氏谓宫崎氏之指摘有误。川胜义雄与稻叶一郎两位亦同意池田氏之看法，惟他们以为吐鲁番系属特殊地区，能否因吐鲁番确实曾实施田土之收授而推论中国内地亦曾实施，实感怀疑。他们进而对西嶋氏所谓古代专制国家之农民支配理论，亦以为有再检讨之必要。㉔按西嶋氏于研究吐鲁番文书以后，除证明吐鲁番之地确曾实施土地之授还外，亦推论敦煌甚至中国内地曾实施土地收授制度，且

---

〔1〕就北方游牧民族看来，护雅夫氏以为其国家结构在 9 至 10 世纪间发生极大的变化，此即由游牧国家（或谓“部族联合国家”）演变为“征服王朝”，其社会亦由游牧社会演变为牧农社会。故护氏以为 9 至 10 世纪间，为北方游牧国家之“上古”与“中世”社会的分水岭。而中原社会已于 8 至 10 世纪发生极大的变动，日本、朝鲜之社会在 11 至 13 世纪亦起变化；西亚史于 11、12 世纪也有很大之转换；此等变化，就世界史来说，并非全无关联。至少就北亚游牧民族史而言，在 9 至 10 世纪以前的社会，与中原一样，仍是“古代”的特质（参看护氏㉑文、㉒文），护氏此说，显然是“东京学派”的区分法，与宫崎氏的说法，截然有别。

〔2〕关于谈论均田制问题之近代人著作，可参看《东洋文化》第 37 号（1964 年 3 月）所载《均田制をどう見るか》一文所附录之目录（由堀敏一、池田温两位所辑），以及堀敏一著《均田制の研究》一书所附录之“参考文献目录”㉒。

谓均田制之实施，正显示唐王朝之国家权力性质。[101]

二、均田制与佃作制之关系：在吐鲁番所实行之均田制，其特征除严密地实施土地收授制度外，亦盛行所谓“佃人制”。向来以为佃作制系于均田制崩溃后，与庄园制之发达而同时出现。则此处之均田制与“佃人制”，究竟有何关系，实是问题。据周藤吉之氏之解释，佃人制是农民间之土地贷借关系（即田主佃人关系），惟佃人属于奴隶身份（即后世之佃奴），有如无土地之“客户”。西嶋氏则以为佃人制与吐鲁番之给田状况（尤其给田之地系零细且距离遥远之分散状态）有不可分之关系，它系为补充均田农民之再生产而出现之制度，并非象征均田制之崩溃。此外，堀氏、仁井田氏、池田氏均以为与后世之佃户制有别，惟他们各人之看法亦不尽相同。

三、均田制之土地收授制，就地域而言，究竟实施到何种程度？关于此问题，基本史料缺乏，故众论纷纭，目前仍限于假设阶段。例如前述西嶋氏主张土地收授制在中国内地亦曾实行。[101]铃木俊氏虽否定均田制之收授制度，但主张它系一种土地登记制度，即将农民之土地登记于户籍，以便实施租庸调制；依此而言，铃木氏亦主张均田制实施于全国。惟一般而言，仍以主张实施于局部地区者多，例如冈崎文夫、宫崎市定、滨口重国、仁井田陞、堀敏一、日野开三郎、池田温、古贺登等人。

均田制问题之争论，最重要即在证明究竟均田制之土地收授制度有无实行，因它的背后代表国家权力与贵族、豪族势力之消长问题。若均田制确实曾实行于全国，则专制帝国之皇帝权力对均田农民即可作有效之“个别人身的支配”；若均田制仅系有名无实，或系一种土地所有之限制政策，则说明国家权力与贵族、豪族之势力，在某种程度上，有相互依存之关系。

（三）佃户制问题

均田制崩溃后，形成土地集中、农民没落之现象。到宋代，在大土地所出现之基本生产关系为地主佃户制，此为学者们所公认。问题在于佃户之性质为何？佃户与地主之关系为何？由此可反映出唐宋间社会经济之变化。故佃户制之问题，亦成为时代区分论争当中极为重要之一项。问题之对立，在于争论佃户对地主之关系，究竟系奴隶制还是农奴制之身份隶属关系？或者法律上“主仆之分”的关系？或者近代意义之经济、契约的平等关系，等等。

总之，因时代区分之论战，使日本学界在战后研究之风气，显得异常活泼，成就辉煌，尤其是在社会经济史方面。无可置疑地，其研究成果，已颇受世界之瞩目。真理是越辩越明的，学术惟有批评才有进步，时代区分论战或可视为迈向此目标之一端。

附注：本文之完成，承蒙西嶋师定生、池田师温教示甚多，特此致谢。

一九七五年四月廿一日写于东京，八月卅一日补正，
一九八一年三月廿日再补。

（原载《大陆杂志》第五十二卷第二、三期，一九七六年二、三月）

2. 唐宋间历史变革之时代性质的论战

此论战的中心课题是：唐末五代是“古代”社会的结束或是“中世”社会的结束？宋代是“中世”社会的开始或是“近世”社会的开始？

从唐帝国中叶爆发安史之乱以后，社会的结构逐渐变形，到宋统一以后，产生另一新的社会形态，对此一阶段的转变，其特质为何，日本学界争论得极为热烈，尤其在时代区分的论战，此一阶段更是重要的一环，京都学派所以成立，东京学派（或谓“历研派”）所以形成，主要的学说，也都是建立在究明此一变动的真相上。从唐末（或者早至中唐）经五代至宋，即从 8 至 10 世纪的社会变迁，京都学派以为此乃是中国中世社会的结束，近世社会的开始；东京学派则以为此乃是中国古代社会的结束，中世社会的开始，双方之主张差距甚大，但对此一时期之社会曾发生巨大的变动，则无异议。关于东京学派的“古代说”，主要的已介绍于前，此处要补述的是京都学派的“近世说”，以及东京学派所提出的若干反驳。

京都学派之“内藤史学”的奠立，主要是在分析此一阶段的性质，故于陈述此阶段之论战时，仍须由内藤湖南氏之学说说起。内藤氏以为唐宋之间，在文化上有显著的差异，故他以为唐代为中世社会之结束，宋代

为近世社会之始，唐末至五代为过渡时期。其理由如下：

一、贵族政治的衰废，君主独裁的代兴。贵族政治以六朝至唐代中期为最盛，至唐末始式微，君主独裁政治为之代兴，宋以后，此制渐次发达，至明清时代，独裁政治乃告完成。所谓贵族政治，指当时的政治为贵族全体所有，君主不过是贵族的代表而已，政治是君主与贵族的协议体。所谓独裁政治，指国家权力完全归君主一人所有，政治责任亦由君主一人所负。

二、君位的变化。在贵族政治的时代，君主为贵族阶级之共有物，其政治必须在承认贵族特权的前提下方得实行。君主亦是一族（含外戚从仆在内）、一家的专有物，故其地位颇为不稳定，从六朝至隋唐，常发生弑逆废立之事，而此事与百姓几乎无关。近世以后，贵族没落，君主成为臣民全体之公有物，君主地位较贵族政治时代稳定，除元代因蒙古文化的缘故，其帝室统治犹有贵族政治形骸遗留之外，宋以后的历史，弑逆废立之事，已几乎不见于史册。

三、君主权力的确立。贵族政治时代，政治是君主与贵族的协议体，唐代的三省制度充分地说明此制。到了宋以后，门下省所掌之封驳权衰退，明清以后，此权近乎不见。又，君主对臣下章奏的批答，在唐代犹极为客气，到明清时代，已形同奴仆，完全是命令式。宰相地位亦发生变化，宋代承唐制，是为君主的辅佐，但明以后，罢宰相，由君主独揽其权，君权更为膨胀。至如宦官，本是天子的从仆，唐代为帝室有力之一部分，对君位常操之左右；明代的宦官虽跋扈，但其权力则视皇帝之恩宠与否而定。故唐代与明代宦官权力之差别，亦可视为贵族政治与独裁政治不同之写照。

四、人民地位的变化。贵族时代，人民被视如贵族的奴隶，隋唐之际，人民从贵族手中得到解放，而直辖于国家，成为国家之佃客，国家对之制定新的土地制度，以及租庸调制度。唐代中叶以后，此项制度崩溃，代以两税法，人民之居住权在制度上获得自由，地租亦改以钱纳，此是人民从奴隶、佃客的地位获得解放。宋代王安石新法，更确立人民土地私有制、低利贷款，以及自由处分其土地收获物的权力，又将差役改成雇役等措施，可知贵族阶级消灭后，人民与君主之关系，已变得直接、相对，此即近世政治的象征。

五、官吏任用法的变化。六朝时代，官吏是由九品中正法来选举，但选举之权为贵族所左右。隋唐以后，为矫正此弊而改用考试，即实行科举制度，但迄至唐代为止，所考选出来者，依然以贵族居多；至宋王安石新法，考试改试以经义策论后，此项考试才由人格主义转为实务主义；录取人数，从明代以后大量增加，应试者每次均在上万，此即说明君主独裁时代，将官位开放于一般百姓，大家机会均等的事实。

六、朋党性质的变化。唐代之朋党系以贵族为中心，专事权力斗争，宋以后则以政治上主义之不同而互争，明代以师弟之出身别而互结朋党，清代因厌恶臣下结党，而将君主权力更加绝对化。

七、经济上的变化。唐代虽有"开元通宝"之铸造，但流通不广，货币之流通要到宋以后。唐代是"实物经济"时代，当时许多物价多用绢布来表示，至宋改用铜钱，纸币亦发达。元代铸铜钱之事，几乎没有，仅通行纸币，明清时代则通行银币。总之，唐宋之交，为实物经济之终结，货币经济之起始。

八、文化性质的变化。就经学而言，唐初犹墨守汉魏六朝之风，重师法，著述概以义疏为主，说经则以疏不破注为原则。然自中唐以后，怀疑古来经书注疏之说渐兴，遂以己意解经，尤其是春秋学。宋以后，此风更盛。文学方面，由注重形式的四六文体演变为注重自由表现的散文体。诗、词、曲等，亦都由注重形式的表现转为自由发挥。易言之，贵族式的文学，一变而为庶民式的文学。此外，音乐、艺术等，亦莫不如此。[41][43]

以上即所谓内藤氏的"文化史观"。无可讳言，其于社会经济方面之论点，仍嫌微弱，此方面后来亦由宫崎市定氏补充。

宫崎氏对"内藤史学"最重要的补充是：一、将东洋史平等地而非附属地纳入世界史当中加以比较；二、从佃户制的性质、近代资本主义的萌芽、都市的发达、知识的普及等社会经济方面，阐明宋代为近世之始。兹将其说略加说明于下：

一、以古代、中世、近世的三分法来划分历史年代，首先确立于西洋史，惟此三分法在东洋史同样亦可适用。欧洲史之古代、中世、近世三时期，最大的特征是统一、分裂、再统一，此现象在东洋史上亦有类似的发展，例如东洋古代之发展，是由春秋时代之割据经战国时代至秦汉帝国的统一；中世以后，则形成三国魏晋南北分裂时代，隋唐帝国时代为表面之大一统时代,中唐以后割据势力再抬头,至五代分裂更甚;宋王朝统一以后迄明清时代,大致维持统一之局,是为近世。以世界史的观点看来,最早进入近世的是西亚,其次是以中国为中心的东亚,最后才是西洋。东亚受西亚的影响,西洋受西亚、东亚的影响,才进入近世。

二、宋以后,中世庄园之隶农(部曲)获得解放,代之而起的是佃户制。所谓佃户制,其本质是自由农民与地主间所缔结之自由的佃耕契约关系。

三、经过唐代三百年较和平的统治,人民私有权逐渐发达;从汉代以来之庄园制,亦因子孙之继承而细分化,另一方面属于政府庄园的"均田地",亦逐渐私有化,有不少自由民没落为佃户。两税法实行以后,人民土地私有遂获得国家正式的承认,人民劳动力亦获得自由。简言之,从唐代中叶以后,土地倾向于私有化、贷借化。

四、入宋以后,因科举制度而新兴出一批官僚层,就文化上而言,他们属于读书人;就政治上而言,他们是官僚;就经济上而言,他们是地主、资本家。他们对土地之经营已不再墨守过去之"封锁经济",而是以土地作为资本投资之场所,从事生产、买卖、交易。其次,产业之经营已商品化、分业化。故宋代以后,经济之发展已脱离家内工业的阶段,而走向近世资本主义式的大企业经营。[154][158]

五、中国所谓庄园,实际上是中世的土地经营方式。它起源于汉,盛行于南朝,继之于唐。但此种私家经营的庄园,随均田制之崩溃而衰,继之而起的是近世资本主义的大土地经营,绝非一般所谓均田制崩溃、庄园制继之代起。[157][158]

六、中世庄园崩溃以后,近世资本主义式的农业经营发达,都市的形态亦为之一变。宋代的都市,已几乎成为"商业都市"——以分业为基础的大企业(例如纺织业、制陶业等)与合股经营的大企业发达,科学知识亦进步。[156][159]

七、从经济观点来看中国历史,宋代可谓是运河中心时代。所谓运河中心时代,是以运河从事交通、搬运的事业发达,故运河时代亦可谓商业时代。中国的商业,到宋代以后,面目一新,对农业生产商品化有重大影响。[154]

八、唐玄宗时代，改府兵制为募兵制，实为近世兵制的特色。盖募兵制系将军人当作一种职业，兵员系从农民分化而来，此与近世产业分工的发展，同为近世社会的特征之一。征兵制则为世界史之中世的普遍特色，亦为北方游牧民族的通念，中国中世时代，正是受北方体制强化的时代，征兵制遂成为中国特征之一。[164]

九、宋代在哲学、文学、自然科学、美术、工艺等各部门都有显著的进步，而成为近世的文化。例如火药、印刷术、罗盘针等的发明，犹较西洋早数世纪。[223]又如煤的使用（含用于制铁），无疑是燃料革命。煤、铁的大量使用，亦是近世文化发展的重要特征之一。因此，中国在世界史上，实有先进性的地位。[225][226]此外，宋代已有独立的逮捕、讯问、裁判犯人的机构，加以讼学发达，凡此皆在保护人民的权利。则裁判机构的进步，又是宋代近世文化的特征之一。[224]

十、世界近世史上另一共同的特征，即民族主义的勃兴。以中国为中心的东亚世界，于唐末之际，周边诸民族之民族意识逐渐高昂，例如唐朝晚期之突厥与回鹘，在西方影响之下，制作自己的文字，此为游牧民族民族自觉的先声，东亚世界近世史发展的起点。其后能将中原文明之长短优劣加以比较而发见自己之优点者，是为五代之际兴起的契丹。[154][164]

以上是为宫崎氏的宋代近世说。其说提出后，立即引起东京学派的批判，主要有周藤吉之、柳田节子、仁井田陞等人。周藤氏早在战前即跟随东京学派之泰斗加藤繁氏研究庄园制与佃户制[124]，战后其研究成果辉煌。周藤氏是从社会经济方面批判宫崎氏的学说，其说的大要如下：

一、佃户的身份隶属于主户，无移转自由，或谓为“随田佃客”。

二、地主对一般佃户的生活，作某种程度的保证，但佃户对地主须负担重租、重役，双方形成一种经济上的依存关系。

三、宋代的佃户与农耕奴隶不同，农耕的奴隶完全依存于主家，而佃户可独立经营生计，故佃户与“佃仆”（奴隶当中可离开主家独立生活者）、“地客”（佃仆有时亦称地客）类似。宋代的生产关系，可说是从奴隶耕作转移至佃户耕作的阶段。[125]

四、宋代以后，豪族（即官户，或谓形势户）的土地增扩，而从事庄园的经营。在庄园耕作的，即佃户与奴隶或雇佣。此种庄园，从唐末至宋代之间，大为发达。

五、综上所论，宋以后实为中国之中世社会。[126][127]

对于上述周藤氏的佃户制、庄园制说，宫崎氏提出以下几点反批判：

一、从唐至宋，地主所有地倾向于细分化，欲其建置庄园是不可能的。

二、土地已成为地主投资之对象，地主与独立自由的佃户系依契约关系而从事资本主义式的经营。

三、周藤氏所谓的佃户身份不自由，不过是“封建的残渣”，事实上，一般的佃户已从中世的束缚得到解放。北宋以来，地主与佃户之间，已形成一种名义上的地主（田主）与形式上的佃户（业主，亦即土地经营者）、实质上的佃户（种户，亦即实际耕作者）的双重佃作关系。佃户（自由民，亦是社会的中层阶级），他们在农村扮演业主，在商业上扮演经纪，在政治上扮演胥吏。此三项角色，实是中国近世的士大夫所以成为士大夫的三大支柱，也是中国近世社会的主要特征。[157]

周藤氏对宫崎氏所谓宋初以后，双重的佃作关系已普遍化的说法，提出疑问，而再重申佃户无移转自由之说。[128]并谓双重佃作（一田两主制）实发展于明清之际，而非始于宋。[129]

后来，试图将两说折中统一的是柳田节子。柳田氏强调宋以后“地域差”之重要性，而主张假如土地私有的形态属于集中性、一元性时，则佃户身份的隶属性强，此亦为“后进地带”的共通现象；假如土地私有的形态属于零细性、分散性，则常是一田数主，佃户地位上升，此亦为“先进地带”的共通现象。所谓“先进地带”，指以浙东、浙西为中心的长江下游地区；“后进地带”，指荆湖南北路、四川等地区。[141]

此外，仁井田陞氏对宫崎氏的近世论，亦提出批判。他以为宫崎氏所谓“宋代社会有显著的资本主义倾向”的资本主义之定义为何，并没说明。宫崎氏所用以说明资本的，仅提出“商业资本”、“高利贷资本”的“前期资本”而已，至于“产业资本”的存在以及其运用，并没触到。盖资本主义是以产业资本为基轴而构成的生产样式。其次，宫崎氏以为唐代的部曲是“隶农”（农奴），此似无根据，如滨口氏所指出，部曲是附属于土地，与土地共同被买卖。五代宋初,佃户制发达,部曲获得解放,但其地位与地主相比,仍无自由平等独立的地位,非法律上之主体者;易言之非对等的。此种情形,系“资本主义”以前的农奴制状态。宋代的农奴制,建立在佃户与土地的紧缚关系上,一方面为地主对佃户的身份支配,另一方面地主以其他的手段来实现其身份的支配,例如收取高额的田租等。因此,所谓契约,实是社会之强者对佃户之强制行为,亦可谓为地主的“恣意性”。主佃关系,为“主仆之分”的不对等关系,就法的立场而言,是物权与债权之未分离状态,此乃封建社会(农奴制社会)之共通现象,亦为此后农奴逃亡、抗租与“暴动”之基本因素。其三,宫崎氏谓宋代以后,“中世”社会解体,进入自由竞争的时代,此与史实适相反。盖 11 世纪以后,是中国“同族共同体”的再编成,“基尔特”体制(帮会)发达,故宋代以后,才是“稳固的中世社会”的展开。其四,宫崎氏谓“宋代以后,个人土地所有权确立”,此与中国法制史矛盾。盖当时并未从“村共同体”——尤其是同族关系的制约、以及家族共产制的制约中解放。其五,宫崎以为唐末五代以后,出现自由平等的新社会,此亦值得商榷。盖宋以后固然脱离“古代”社会之不平等现象,但在“中世”社会却产生新的不平等,尤其所谓伦理的、法的范畴之自由,在宋代并未奠立。例如朱子学的宇宙原理与人伦关系说,否定革命说,“严格主义”论等,对人类自由有极大的否定。至谓“官吏职位因科举而向万民作公平的开放”,亦令人感到莫大的疑问。⑱

宫崎氏后来对佃户制之问题再作整理,而提出综合性的回答,此即新近发表的《部曲から佃户へ—唐宋间社会变革の一面—》的大作。其立论之要点如下:

一、从唐到宋,最重要的社会变迁之一即贱民的解放。在唐代,贱民是指奴婢与部曲,奴婢也就是奴隶,部曲则居于奴婢与自由民之间的地位,有如西欧中世之农奴。奴婢为“家内奴隶”,并非用于从事生产劳动,汉末以后,大土地所有制发达,在此大土地(庄园)耕作的是“隶民”,或谓“客”,或称“部曲”。到唐代为止(即在中世时代),在此大土地从事耕作的,实际仍是此等部曲(农奴)。唐末五代之动乱,部曲获得解放,而上升为佃户,或谓“佃人”。

二、从部曲到佃户的变化，反映出唐宋间之社会，发生极大的变化。宋以后，佃户完全变为自由人，他们与地主之关系是平等的，尤其于订立租田契约之际，完全具有选择权。因此，宋以后，新的劳动形态出现，以前之庄园闭锁经济已告消失。——此为驳仁井田氏之地主佃户不对等说。

三、宋代的治政，最大的特色之一，是独裁君主之下，万民平等，打破了古来所谓的“身份制”。易言之，前代用以和良民区别的贱民层（如奴婢、部曲等），到宋以后已不存在，此无疑是项重大的“人权宣言”。——此说似驳西嶋氏所谓社会良贱二大身份层的区别一直延续至清代的说法。[92]宫崎氏以为宋代的佃户，在法律上的地位不如地主，此为事实，但对第三者而言，并未失去对等的地位，此与唐代的部曲对主人以外之良民仍处劣势的情况是不同的。宋代的佃户固然是一种“身份”，但此种身份等差为临时性，如佃户将田地退还给地主，佃户立即可恢复本来自由民的地位。是故，宋代佃户身份的构成，完全凭其自由意志决定，与唐代之奴婢、部曲的解放须赖地主开恩者不同。

四、宫崎氏承认宋代的荆湖南北路、四川等地区是“后进地带”，在大地主庇护下之佃户，仍不脱中世部曲的特质——此系接受柳田氏之说，而其特质恰如周藤氏对宋代佃户制所描述的一样：1. 佃户无移转自由；2. 地主不仅役使佃户，亦役使其家属妇女；3. 地主干涉佃户妇女之结婚。宫崎氏之意，谓周藤氏所说的宋代佃户制，只能适用于“后进地带”，此“后进地带”的佃户性质，实际为“中世”的部曲，而非“近世”的佃户。

五、加藤繁氏以为宋以后，广大的庄园制流行；土地增广，必然易于助长农奴制的推行，所以宋以后的社会，是农奴制时代。加藤氏此说至今犹有影响力。宫崎氏以为在均田制时代，中国确曾出现过如西洋之庄园制，中国若有所谓农奴制，便是在此时代。但宋以后的庄园，与西洋之庄园完全不同，故其佃户亦不得视为农奴。

六、中国的社会，在宋以后，贵族、官僚、富豪之家族，无法持续长久，不若六朝隋唐的中世贵族社会，绵延不绝。所谓“社会流动”，在宋以后已广泛地实行着。因此，宋以后的社会，实为唯才是用的时代，此乃近世社会的特征，绝非所谓“封建”的固定社会。

从思想史来发挥“内藤史学”的，可以岛田虔次氏为代表。内藤氏所谓中国的近世（宋元明清时代），简言之，有两大基本特征，此即平民之发展与政治之重要性减退。从学术思想之发展来看中国的近世，岛田氏以为宋代以后，最大的特征是自由研究、自由批判，或可谓个人理性对社会理性之独立化、自律化，此与西欧近世所谓“文化形式”之细分化以及倾向自律性之要求（例如为学问而学问，为艺术而艺术等）类似。[166]对岛田氏学说的批判，主要有两位，此即山下龙二与岩间一雄。山下氏主要是批评岛田氏谓反儒教即是近代（近世）的说法系不正确。[3][4]岩间氏则以为在中国思想史上，佛教代表古代奴隶支配之意识形态，朱子学否定佛教之理论，但却提出中世农奴制支配之意识形态的理论，而阳明学于封建制发生危机时，对朱子学所作的补充学说，并非“近代”（近世）的思想。[123]岩间氏之说，显然受守本顺一郎氏的影响，守本氏以为佛教的思维，一方面对现实作彻底的否定（甚至否定自己），另一方面对现实又绝对地、盲目地肯定。此与奴隶社会之支配者否定奴隶的人性，以及奴隶本身对现实又绝对地、盲目地服从（＝肯定）的奴隶制意识形态相类似。[78]另一方面，守本氏以为朱子学严辨上下身份秩序，亦给予地主与佃户（＝农奴）之不对等关系的正当化，进而强化中世的封建秩序。易言之，守本氏是以佛教代表古代的思维，以朱子学代表中世（封建）的思维。[236]

以上是将唐宋间社会变迁之性质的论战，作一简单的介绍。至于京都学派与东京学派共同的论点，有如下几点：

一、承认唐宋之际发生极大的社会变迁。

二、唐宋间的社会，最显著的变动是门阀贵族之没落与科举官僚之代兴。

三、大土地的耕作形态，由部曲制至佃户制的移行。

四、唐帝国的崩溃，促成周边诸民族的自立化。

（原载《大陆杂志》第五十二卷第二期，一九七六年二月）

3. 译谷川道雄著：中国史时代区分问题

——由现在的情况来省察

一、前　言

看到本稿的标题，大概读者或将以为现在并无时代区分问题。如众所知，日本学界关于中国史时代区分存有两种有力的学说（此外还有诸说），这个情形从战后以来有如铁路的铁轨那样的平行线，延续至今日。因此，今后恐怕也仍然沿着同样的状态进行，是可以想见的。而且两说间的激烈交战，现在已不会再进行。其理由有几点可考虑：第一，战后不久，是以掌握历史如何发展作为重要主题，因此，时代区分问题大受议论；这种情形，在对所谓历史主义关心淡薄的今日，当然对时代区分论的热情低降下来。第二，对各个历史事象作细微的观察、记述，已较时代区分那样透视整个时代所作的宏观问题而来得关心，这种倾向说明历史学学风已告转变。第三，两说对中国史时代区分虽然在个别点上有相互影响，但是对其原则坚持不让，因而各自形成其体系与学派。基于此故，论战陷入一种胶着状态，于是产生了避免接触这个问题的倾向。总之，谈到关于中国史时代区分问题的这种情况，其实对我而言，也是心情沉重的作业。虽是如此，我仍敢于执笔，是依据如下所述的理由。

从正面来论时代区分问题，可说很少；但根据某些时代区分来理解中国史，在今日我想各个研究者间还进行着。不仅如此，即连在研究者面前所呈现对于某些时代区分论的共同理解，也还不少。下面的事例或许稍早，我自己是某共同研究的一员，其成果以《中国中世史研究—六朝、隋唐の社会と文化—》（东海大学出版会，1970 年）的标题刊行。最近，正由学生社刊行的《中世史讲座》全十二卷（在此之前有《古代史讲座》），网罗了世界各地区的中世史，此处当然也收入有关中国中世史的论考。这里的“中世”，便是采用宋以后作为中世的一种说法。又，《史学杂志》在每卷末所附载的文献目录，也用同样的说法，而中国史关系论文分类为“中国一般”、“中国古代”、“中国中世”、“中国近现代”等四项，其古代与中世的切割，是在唐宋之间，这是周知的事实。总之，时代区分在中国史研究者之间，我以为是潜在地或显在地存在着。

时代区分是把历史作整体的、或普遍性掌握的一种方法。不论人们对个别的事象如何地集中关心，只要同时有将它作为全部历史之一环而赋予意义的意识时，这个意识就绝非与时代区分的意识无缘。又，不论如何排除历史主义的立场，若同时也无视于诸事象自然流露出来的时代性格的历史学家，似乎也没有。因此，各个研究者的存在，绝非与时代区分无缘，毋宁说是将它放置背后而意识着，然后从事各种研究。

但是其实情已如上面所述，试就日本史、西洋史的场合加以考察。即使这些分野，实际上在时代区分方面也有诸说，要达到一致恐怕不容易；但是无论就“古代”或“中世”而言，若无予特别加以注释，仍然可想定大致有其共同的时代观念。这个情形在中国史则否。如后所述，“中世”说不定就是“古代”，又，“中世”说不定就是“近世”。因此在中国史方面，例如要发挥中世论时，自始便非经常以二说并存不可。[1]这种情形并不是单只名称上的不同与处置；又，中国史上的“古代”、“中世”，等等，也不是仅止于何时开始、何时终结的问题，而是牵涉到对中国史的学问方法问题，乃至现代日本人对中国的理解方法问题。从这种学问根本上的差异，我想才能发现作为时代区分上的龟裂所在。

根据以上所说，可知时代区分论到今日还是呈现凝固状态，这个事情对各个研究的进展似无影响吧？原因是在这种情况下，各个研究者要来自由地、通盘地考虑事象时，并不踌躇、不恐惧。当然对既成的学说也有可能采取不采纳的立场，再由此立场扩大而希望获得学问的进展。但是与此同时，若追问到既成诸说对立所在的根据，不是也要打通这种凝固状态中活生生的血脉吗？很抱歉，我无意统一或妥协两说，也无意解决这场论争，只想对两说相异处尽可能作深入的探究。对我而言，因为是属于两说之一方的成员，要使这个作业公平进行，实至难之事；但仍敢

---

〔1〕 前引《中世史講座》“中世世界の成立”，此处共收堀敏一题作《東アジアの中世》、《中国における中世世界の形成》的两篇论考。这两篇均同时介绍了这两说。

试图朝着这个方向,更进一步去努力。

二、两种六朝论

两种时代区分说之一,不用说是在20世纪初,由内藤湖南所提倡,时至今日由其后继者继续支持的学说。湖南认为向来对中国史时代区分或曰唐宋、或曰明清,这种朝代分法,在史学上是不正确的;而主张宜由"形成(某一)时代的内容"(《支那近世史》)来区分,是为众所周知。中国史的时代区分法,由于内藤氏一举而提高到原理上的水准,逐渐成为历史学的一个分野。现在另一学说,是战后针对内藤说而提出的,此说的形成,是历史学研究会指导下的成果。他们以反省大战中的历史学作为契机,方法上是以生产样式的继起发展作为时代区分的原则。以下拟用A说代表前者(译者按,指内藤等说),B说代表后者(译者按,指历史学研究会之学说),两说对古代、中世、近世等时代名称如何用来区分中国史,若以大略对照表示,可如下图:

	殷 前12世纪 周、秦汉	3世纪 六朝、隋唐	10世纪 宋元明清	20世纪
A说	古代(上古)	中世(中古)	近　世	(最近世)
B说	古	代	中　世	近　代

据此明显可知两说之间,有两项极大的差异:一是A说将10世纪以后称为近世,B说则视为中世。10世纪前后,是中国史上决定性的社会变化,这一点湖南早就有强调;B说也接受此说,但是其内容有很大的差距。为理解从10世纪前后以来所盛行的所谓佃户制的性格,两说之间展开激烈的论战:A说认为这是近世的佃作制,B说认为具有中世的封建农奴制本质。另一项差异,是关于3至10世纪六朝、隋唐时代处于何种位置问题。A说将它设定为中世时代,B说则以为是到此时代为止均是古代以来的延续。也就是说,3世纪前后的时期,可否设定为中国史上的划期?两说对于此点见解不同。关于这个问题,与前述第一项一致认为10世纪无论如何都是划期的看法相比

较，可说出现更深一层的对立。以下将此部分作为焦点，试探两说的差异及其根据。

A说所以将六朝、隋唐时代规定为中国的中世，不用说是着眼于此时代盛行贵族政治的结果。所谓贵族政治，是用来作为与近世君主独裁政治对立的概念，由内藤湖南所设定。这个意思是说贵族时代是包括从殷周到隋唐，但是贵族政治最盛行的时代，是六朝、隋唐时代，这个时代的贵族政治与其前的贵族政治，是有阶段性的差别。〔1〕就湖南看来，周代是第一次达到贵族政治的顶点，到秦汉统一帝国时代，带有一种君主独裁政治的倾向。〔2〕也就是说，贯穿中国史全部的贵族政治→君主独裁政治的这种循环，在"古代"的阶段，可见到已先行经过了。但是古代的君主独裁政治本身无法贯彻，从东汉中期以来，强化了第二次的贵族政治阶段。易言之，古代社会经验到某种僵局与挫折，湖南将此事态称为"学问的中毒"。〔3〕经过这样的时代转变，汉代官僚阶级成为地方的名望家。为支持这个阶层，中世贵族政治于焉成立。〔4〕

以上是有关A说的中世论，其对古代社会的发展，是由无可避免的挫折出发。这个观点，对于A说的理解是不可欠缺的。

湖南的中世说，由其后继者们继续发展，呈现了各色各样的成果。首先是冈崎文夫，究明六朝政治史底流的复杂性，得知贵族阶级与军阀

〔1〕 湖南的《支那论》(收入《内藤湖南全集》五)，叙述了中国贵族政治诸形态，并举出周代的封建制，西汉的外戚政治，六朝、隋唐的名族政治。根据《概括的唐宋時代觀》(全集八)有云："贵族政治是以六朝到唐代中期为最盛的时代。当然此处的贵族政治，与上古的氏族政治是完全不同的，与周代的封建政治也无关系，而是一种特别的事态。此一时代的中国贵族，就制度而言，并非由天子授予领土、人民，而是其家世自然地作为地方的名望家，一直持续下来的关系而产生，所谓郡望的本质，就是这样。"在《支那近世史》(全集十)对于前引"与上古……事态"，是说："与上古的宗教性氏族政治是完全不同，与武人为中心的封建政治也有别。"

〔2〕 "但是秦汉以后，对于这个贵族政治(谷川按，指周代的封建制度)，多少含有君主独裁，甚至平民政治的意义，此为事实。但这是受到战国以后实力本位时代的余波，以及对当时所产生的政治理想的附会；实际上不论何时，其权力仍在贵族手中。"(《支那论》)

〔3〕 《支那中古の文化》(全集十)。

〔4〕 参看注〔1〕所引《概括的唐宋時代觀》。

势力的二元性是其主要动力所在。[1]根据冈崎的说法，此两者相互结合而形成贵族制国家。此处冈崎所要强调的，是对于贵族阶级的军阀帝王所具有的优势性。关于这一点，湖南也指出六朝的天子是贵族阶级的共有物而存在。[2]冈崎可说是对湖南的这个见解，在历史的发展中予以立证。冈崎又对有关六朝时代的社会、经济制度作了先驱的研究工作，以后由宇都宫清吉、宫崎市定等继续对作为贵族（或者作为其阶级起点的豪族）经济基础的大土地所有进行研究；[3]另一方面，由那波利贞、宫川尚志及宫崎市定等人之手，探明了作为中世集落的坞与村的实态。[4]宫崎对九品官人法的分析，[5]给予学界甚大的影响，这也是由实情方面实证了六朝官僚制是为贵族制。除此而外，乃至思想史、宗教史的分野，湖南的六朝中世说，也给予广泛而且深刻的影响。此处拟省略一一说明，但是关于思想史、宗教史有一言要说的话，就是担任其要角的是为贵族阶级；并且在这些方面，贵族阶级掌握、体现了当时的价值体系，此事是透过各种的论考而提出来的。[6]总之，这些多彩多姿的研究，是继承了湖南说而指出汉至六朝时期是中国史上的一大转折点，这个转折点的主体被认为是贵族阶级。宇都宫、宫崎等人论述了这个时代转变诸事。宇都宫将各时代的性格比拟为人格，而提出

---

〔1〕《魏晋南北朝通史》（弘文堂，1932年初版），即用此主题书写。

〔2〕“这样说来，君主地位云者，并非在各阶级上拥有超越的绝大权力，以统治各阶级。易言之，不过是处在贵族之间，而与贵族共有天下。因此，君主，就大的说来，是贵族阶级的私有物；就小的说来，是其一家族的私有物，这样的地位而已。……”（《支那论》）“贵族政治时代君主的位置，虽有时具有实力，也超越了阶级，成为君主，但不能免除贵族阶级中某一机构之事。也就是君主是为贵族阶级的共有物，其政治是在承认贵族特权上始得实行，一个人不能拥有绝对的权力。”（《概括的唐宋時代観》）

〔3〕宇都宫清吉《僮約研究》，收入《漢代社会経済史研究》（弘文堂，1955年）。宫崎市定《部曲から佃户へ——唐宋間社会変革の一面》，收入《宮崎市定アジア史論考》中卷（朝日新闻社，1976年）、《中国史上の荘園》，收入《アジア史研究第四》（东洋史研究会，1964年）等。

〔4〕那波利贞《坞主考》（《东亚人文学报》2—4）。宫川尚志《六朝時代の村について》，收入《六朝史研究：政治社会篇》（学术振兴会，1956年）。宫崎市定《中国における村制の成立——古代帝国崩壊の一面》，收入前引《アジア史論考》。

〔5〕《九品官人法の研究：科挙前史》（东洋史研究会，1956年）。

〔6〕村上嘉实《六朝思想史研究》，（平乐寺书店，1974年）。吉川忠夫《六朝精神史研究》（同朋舍，1984年）。

“时代格”的独特用语，并以政治性作为秦汉时代格，以自律性作为六朝时代格的特征。[1]也有认为这个时期是由秦汉的外向性时代转变到内向性的精神的时代，宫崎将这个转变的本质，用经济学上所谓景气变动的术语来说明，而主张此时期是从好的景气时代进入不景气时代的挫折所引起。[2]

其次，必须再说明B说。

B说认为此时代是秦汉时代的延续，皆属古代，其所据为何？最初提倡到唐代为止是古代的说法，是为众所周知的前田直典。[3]前田的根据，主要有两点，一是六朝期的大土地所有制主要是基于奴隶制经营（此据加藤繁说），一是唐代均田农民所负担的课役中，其徭役过重。也就是将六朝、隋唐时期看作奴隶制时代，并将此时期规定为古代，此说由西嶋定生继承。但是西嶋的奴隶制说，并不像前田说那么单纯，而认为是“家父长的家内奴隶制（奴婢制）”与来自共同体农民的佃作制，两者复合而成的生产关系，汉代豪族的大土地所有的经营形态，就是这种类型，乃定名曰“中国型奴隶制”。此后佃作制转化为属于国家奴隶制的均田制，豪族阶级成为官僚而寄生于国家权力。[4]但是不久西嶋撤回这种奴隶制说，再提出新说，以为专制皇权与小农民间所结合而成的直接关系，是为汉代基本的阶级关系。[5]两者透过皇帝所赐予的民爵而结合，农民方面也保留某种自由，因此不能单纯视为奴隶。但是在庶民方面，因是透过国家权力而成为共同体的成员，并非为纯粹的自由民。于是皇权与人民

〔1〕《東洋中世史の領域》，收入前引《漢代社会経済史研究》。

〔2〕《六朝隋唐の社会》，收入前引《アジア史論考》中卷；《中国史》上（岩波全书，1977年）。

〔3〕《東アジアに於ける古代の終末》，收入《元朝史の研究》（东京大学出版会，1973年）。

〔4〕《古代国家の権力構造》，收入历史学研究会编《国家権力の諸段階》（岩波书店，1950年）。

〔5〕《中国古代帝国の形成と構造—二十等爵制の研究—》（东京大学出版会，1961年）。又，根据西嶋的册封体制论，此新说可认为包含了与周边民族的关系。这样看来，时代区分论当然直接影响到东亚世界论。我一方面根据西嶋的册封体制，一方面根据A说的立场，论述了汉与六朝间册封关系的变化。参看《東アジア世界形成期の史的構造—册封体制を中心として—》，收入唐代史研究史编《隋唐帝国と東アジア世界》（汲古书院，1979年）。

的统属关系，用"个别人身的支配"一词来表现。此意即皇帝权力并无任何物介在，而直接对人民一个、一个进行人身统治。

那么，六朝以后"个别人身的支配"又如何呢？对于这个问题，时至今日堀敏一已有许多论文发表。[1]堀氏对北魏以后的均田体制赋予意义，以为国家权力自秦汉以来，再编成了"个别人身的支配"。因此，唐朝中期以后，出现以两税法、佃户制等以土地作为媒介的新征税关系，在民间因为确立了阶层性的统属体制，"个别人身的支配"时代乃告结束。[2]

如此一来，作为B说古代的指标，到此为止，若综合扮演指导任务的西嶋、堀两氏学说，可确认为国家对小农民的"个别人身的支配"这一事。对于此事的深入检讨，暂时搁置；兹先讨论A说将重点设置于汉至六朝的时代转变，B说对于此事如何解释的课题。

如据堀氏一连串的论考，在汉代，豪族阶级产生，其与乡里社会的小农民之间，结合为密切的关系（就这一点而言，此说与A说是一致的）。豪族的性格，一方面是大土地所有者；同时也是乡里社会共同体秩序的维持者。到六朝时期，后者这一面的性格脱落，其为地主的收夺性质露骨化。这个事态结果促使小农民的没落，为缓和矛盾，国家出面抑制地主支配，掌握乡里社会的共同体诸机能（山泽管理等），乃至再对小农民进行直接统治。这就是均田制、三长制等所谓的均田体制。因此，在这种体制下，豪族（贵族）阶级转身变为寄生官僚。

若将以上的理解，予以图式化，似是：个别人身的支配（Ⅰ）→地主制→个别人身的支配（Ⅱ）。地主制的盛行，的确是"个别人身的支配"（Ⅰ）进入到（Ⅱ）的一个媒介，但是其体制本身并不变。作为地主阶级的豪族（贵族）层，终究没有逾越国家官僚的框框。基于这样的理解，自汉至六朝间的时代进展，所谓"个别人身的支配"体制的原理，

---

〔1〕这些事，在《均田制の研究—中国古代国家の土地対策と土地所有制—》（岩波书店，1975年）的第一篇有整理。

〔2〕《中国の律令制と農民支配》（历史学研究会编《一九七八年度歴史学研究会大会報告》）。

仍无变革。

三、国家权力与贵族制

从汉到六朝的过程，就其中心加以考察时，如上所述，A、B两说的理解有如此显著的差异，但是用来作为两说考察的历史事象并不是那样分离；而宁可说是对同一事象的不同见解，此与时代区分上的差异是有关联的。以下就这一点加以考察，以期直探两说相异的本质所在。

A说将六朝时代定为贵族政治时代与性格，其最大的线索，不用说便是九品官人法。对于此事，B说是如何来理解这个制度？关于这方面，堀氏有若干的论考，若加以综合的话，可要约如下。

九品官人法，如宫崎所解明的，是以乡品与官品的对应关系为基础而加以运用，属于贵族主义的官吏登用法。乡品是依据同乡人士的评价以决定等级，再据此来规定登官后的官品与升进途径。家世良好的出身者，由此可获得高阶的乡品，进而保证高阶的官品，因此，贵族在官界的地位所获得的保证，并非皇帝权力，而是彼等在乡里社会的实力。当时的政权，面临在汉帝国基础上的共同体崩坏后的现实，有意强化中央集权。九品中正制度，一方面便是在这种意义下产生，但是另一方面"并非不顾虑在地方上握有实力的豪族势力。于是利用豪族势力的意见以进行官人候补者的选举，这就是九品中正制度的一面"。（堀氏：《九品中正制度の成立をめぐって》，《东洋文化研究所纪要》45）

以上是堀氏对九品官人法的理解，究竟与A说有何不同？此处试举宫崎的九品官人法主张于下，以作为对比。

> 此立法之旨趣（谷川按，指为精选官吏候补者，乃施行严厉的资格审查）甚佳，但因当时的社会弥漫着贵族式的气氛，此新法突然去其精髓，反而拥护贵族制好像成为防波堤。（岩波全书版《中国史》上，页225）
>
> 由于登用人才时不能左右逢源，而丧失当初的目的，若将地方与中央连结，则可收其效果。但是其结果，导致混同了中央与地方，成立了一团的贵族群，这时候自然要订定全国性的家格等级。（同

前引书）

足见堀氏与宫崎氏均以国家意志与贵族势力间的关系作为主题，但其内容则有微妙的差异。宫崎方面，对此两者的分别，是用“反而”或者“但是其结果”之语来表现。堀氏方面，以为国家意志在对抗贵族势力，或者将它立为制度而成立了九品官人法。宫崎的场合，是说当时的社会整体，因为沾染了贵族主义，即使是国家的政策，反而也有意贵族化的倾向。若将此事加以引申的话，当时社会的本质是贵族主义；国家权力与其相较时，是处于相对的位置，而不得不受其规定。宫崎说似乎就是这样。堀氏这边，相反地不是这样说。虽然承认贵族势力的实力，但其主体彻底是在国家这一方，不仅是九品官人法，即连当时作为公认私有地意义的所谓占田、课田法，或者作为表示国家承认私的从属关系的给客制等，堀氏一方面承认此等事有这样的一面，另一方面强调国家权力可介入、规制土地私有制与给客制度。若把这个论法给予比较单纯化的话，就是一个新的历史事态得到国家权力的承认；也就是国家权力介入这个新事态，使其统治深刻化、扩大化。

由此看来，A、B两说的位置关系，可相当明白了。A说以诸事象作为划定汉代到六朝的时代特征；B说一方面承认此事实，另一方面则将它们解释为从汉代以来一直存续着而由国家权力强化的实相。率直地说，A说的中世论，在B说是表现在古代国家再编论。

这样一来，A、B两说若限于有关的六朝史，是极为接近的。其原因之一，是B说吸取A说的成果，并将此成果从B说的立场予以消化，此功我想非归堀氏的努力不可。虽是如此，两说终究仅止于接近关系，根本上仍在平行线上，一如到目前所见的事实。若问及无法一致的终极点为何？似是对六朝国家的理解迥异的缘故吧。六朝的国家权力与贵族势力是来源不同的两个力量，此事A说也承认，但是其结果归于一元化，而成为贵族阶级的国家权力。也就是说国家是指涵盖社会全部而成为贵族制的政治性功能。但是在B说方面，并非如此。如西嶋所主张的，在汉代的基本阶级关系，是皇帝权力与小农民间“个别人身的支配”的关系，也就是说皇帝权力可视为阶级关系之一方的当事者。六朝时代若是继承了这个关系，则六朝的皇帝权力乃至国家权力，似可用相同的观点来掌握。易言之，它非为贵族权力的集中形式，而是由此自立起来，成为阶级关系之一方的当事者。

那么国家是由社会阶级（此处指贵族阶级）自立起来，而作为其阶级本身的根据在何处？关于这一点，我们想起堀氏有如下的说法：

> 西嶋氏首先将汉代视为家父长的家内奴隶制的社会，但是在上面所说的著作里（谷川按，指《中国古代帝国の形成と构造》），以为主要的直接生产者并非为奴隶，而是小农民，于是皇帝与小农民间有了基本上的阶级关系。此事并非只有西嶋氏这样说而已，这个构想的转换，我想多少受马克思的草稿《资本主义生产的先行诸形态》的影响。只是要将此处所推述的亚细亚式的形态，照样在中国史上寻求的话，除了殷周社会以外别无其他。问题是作为殷周社会基础的氏族共同体解体后，无法展开古典古代式的奴隶制，于是产生由小规模家族实施小规模经营的农民，为统治这些农民，形成了秦汉以降的专制国家。（《均田制》，岩波书店，1975年，“前言”）

此处所说的亚细亚式的形态，就是马克思所说的“总体式奴隶制”，堀氏将它比定为中国史上的殷周时代。[1]因此，这个社会结构，经由春秋战国的变动而崩坏，但是此后所缔建的秦汉帝国，也未进入古典古代式的奴隶制社会，结果成为专制国家对小农民的“个别人身的支配”关系。就此文脉而言，所谓“个别人身的支配”，显然可视为亚细亚式的形态＝总体式的奴隶制所化身的形态。就此而言，自亦可适用于“个别人身的支配”的第二阶段，即六朝时代。

B说将六朝的国家权力，当作由贵族阶级自立起来的权力，并认为是与小农民对比的一种阶级，显然是以六朝社会定为亚细亚式结构作根据。所谓“亚细亚式”者，诚如前面所述，是“古典的＝希腊、罗马的”古代，也就是用来作为与欧洲的古代对置的概念，这种情形，可理解是对于

---

〔1〕 此事在页八一注一所引《中国における中世世界の形成》，已有叙述。

包括"日耳曼式"结构在内的欧洲史全部结构中,占有特异的位置。率直地说,是根据与欧洲对比所导出的观念。B说经常具有欧洲史发展过程的念头,而展开其学说,自是毋庸置疑。

另一方面,A说也是如此,自湖南以来便用一种世界史的眼光,试图作为中国史的时代区分。但是此处要考虑的地方,是与欧洲史的类比意识,要比较其差异的意识,并不那么强烈。如众所周知,湖南将中国史的发展比喻为"一棵树",〔1〕其意是她自身可形成一个世界史。就此立场而言,中国与欧洲在文明的进步方面,大致是并驾齐驱。贵族政治、君主独裁政治等概念,是从这个观点引发出来,不外是属于文化史的概念。

是故,如果在贵族政治上被刻印着专制的性格,虽是奇怪,却非为其本质上的问题。即使是宫崎的都市国家论,似也可说是同一事。可是以具有强烈意识要和欧洲相对比的B说而言,不轻易放过其专制的性格,那就有问题。湖南指斥近代"轻视西方的冲击",〔2〕也是基于同样的理由,其当否姑且不论,但因对中国史的见解有如此差异,可牵涉到对近代史的理解问题。

这样一来,若对A、B两说的六朝论加以检讨的话,如何在世界史中看中国史,便成大问题。若就其差异而在六朝史加以考察的话,则要归结到国家权力与贵族制关系的问题。这个问题又与九品官人法、给客法、占田课田制,以及其他诸事象的理解问题有牵连。对于这些问题而

---

〔1〕《支那上古史》(全集十)。

〔2〕参看页80注〔1〕所引堀《東アジアの中世》。堀氏又在《均田制の研究》的"前言"中说:"博士(谷川按,指湖南)在晚年强调中国的传统文化,对于未来的世界可负起指导的任务。这是时代的错误(anachronism)。现在我们对传统中国所谓的西欧冲击,由此再考虑其革命苦难的过程,则不得不问革命中国对世界有何贡献?因此,已到了对于传统中国的关系非予重新考虑不可的时候。"我对于上面湖南的主张,不以为是"时代错误"。关于这一点,必须另稿说明,但是此处对于前引"博士在晚年",以下尚有一节,兹揭录于下:"当然,从来我们对中国的改革这事情,有种种的看法,数十年来,关于中国所采取的方针,即使非采用外国的长处不可时,其改革论逐渐发展的结果,并不是只有从外国移植其物在中国发芽生长而已,而是可发现到若不是从中国自己孕育出来的思想以及社会组织,那就不可能在中国发芽生长……。"(内藤湖南《支那に還れ》,收入《東洋文化史研究》全集八,1926年)此处别说是"轻视西方的冲击",就连由此而认为"迷失方向的中国"的看法,如何予以正确地矫正,则请真挚地考量湖南的形象吧!

作各个实证的研究，与上述那种大课题，是相互关联；即个别的研究关联到大局而论，相对地，从大局的看法入手，也要自觉到个别研究是有其意义。结合这两极，就是时代区分论，其意义在今日，犹见重要。

余　论

以上本稿所述诸事端，大致告一段落。但是在今日，如何地呈现着固定且平行运作？此事仍残留着，兹借此余白，试述于下。对于这个问题，多少掺杂着私见，此事敬请宽容。

谈到B说，其对六朝国家以为是由贵族阶级超越出来的独自的阶级权力，即使对A说的立场有所偏袒，对于此事也不可虚妄地冷漠或加以否定。若将此时代规定为中世，大部分的人仍认为并未成立封建领主制，而是出现官僚贵族制，此事主张A说的人也承认。在这种事态的背景下，若无想定带有强烈的统一倾向的国家权力存在是不可以的。但是如何来考虑这个国家权力的特质？自始便强烈地意识到专制权力存在的B说，若以此前提来思考，也不易回答。[1]若要解开此问题，我想宁可用A说的立场较为有效，可是到目前为止，A说方面也无充分意识到要解决这个问题。

例如以官僚制与贵族制来思考，形式上是官僚制，但实质上是贵族制。用形式与实质这样的二元论来说明的方法，是常见的。这个方法本身绝非错误，只是要将形式与实质的关系，进而统一的说明，似乎不可能。

大体上，贵族势力的实体本身，便具有官僚制的性质。易言之，它似不具有向权力集中的性格。就湖南而言，其家世或代代出官僚，自然成为地方的名望家，这便是六朝贵族的由来。论其来源，汉代官僚制提示某些与六朝贵族有关的性质，但并非仅止于此。这些望族支配的实体，除一方面是大土地经营者以外，还包含在宗族、乡党的各家族（大小土地所有者）的宗主地位。汉代社会崩坏后，同姓、异姓各家族感到有重新互

---

〔1〕 B说有将国家作为“先验的存在”来处理的倾向，拙稿《隋唐政治史に関する二三の問題—とくに古代末期説をめぐって—》（《东洋史研究》34—3），对于此事已有说明。

相结合的必要，其结合的纽带，并非在于家族外侧的神异力量，而是家族群中的特定家族。以家族＝土地所有者的观点而言，特定之家与其他家族处于相同地位，其能成为家族群全部的统辖者，是因该家族（其家族成员）有出类拔萃的人物。这种统辖，是以自立的诸家族为对象，在这一点，就是管理的，也就是具有官僚制的性质。但是由特定而卓越的家族来执行这一点，正是贵族制的一面。依此看来，贵族势力本来的结构中，已使官僚制与贵族制结为不可分割的关系。

在地方上的结构，一方面是九品官人法乡评的发源地，另一方面成为地方政府据以辟召名望家的背景，此事似尚无论及。透过这种制度，地方名族与政权结合，此时他们相互间的联系，经由人物评论或舆论那样地交流，已成为全国性，此事川胜义雄已有解明。[1]我们在此处对于中央与地方社会结合的重要契机在于卓越人物这一点上，是可以认许的。

但是经由这样形成的各色各样的结合体，为要使其在一个统一意志下结合，强制力（gewalt）是必需的。承担这个角色的是中央集权，尤其是军事力。此事确实可知与贵族势力异质，但仍由汉人社会解体中所形成的新集团来发挥势力，或由望族集团走向军阀化的例子，绝非稀奇。平时的望族，到了战时进一步强化其内部的结合而为之军事化。所以构成中央政府核心的军事集团，是当时普遍发展的诸集团之一，并且是以唯一特殊集团统合其他集团而成为他们的中枢。[2]皇帝权力对一般贵族阶级，有其压抑的场合，另一方面也有施行同化的场合，其因我想掌握皇帝权力，似为要发挥普遍与特殊这两面的功能。

总之，国家权力云者、贵族势力云者，若探寻其本源，绝非个别之事，而不外是统合诸家族的多样性变化（variation）而已。就因为在这样的统合方式下，时代的特质不是才被发现吗？

---

〔1〕《六朝貴族制社会の研究》（岩波书店，1982年），第一部第三章“魏、西晋的贵族层与乡论”。

〔2〕川胜前引书第二部第一章“曹操军团的构成”。拙稿《試論隋唐国家の歴史的構造》（《新しい歴史学のために》171号）。

对于这个问题作深入的考察，有待来日；惟今若转视时代区分问题时，在那里缠绕着许多不可忽视的课题，可获得再认识。因此，这些课题终究要面对着用普遍史的观点，如何来理解中国史的问题。时代区分论战，在战后日本成为中国史研究最大的话题，所以能呈现那样热络的理由，似就是根植在这一点上的缘故。时代区分问题一事若暂时搁置，横摆在其根底的课题的重要性，至今仍不丧失。但为解开这个课题，进一步超越与欧洲史比较论的框框，而对中国社会这些课题，在探讨“人类存在论”的结构方面，似非下手去做不可。

（原文《中国の時代区分問題をめぐって—現時点からの省察—》载于《史林》六八卷六号，一九八五年十一月。拙译载于《大陆杂志》第七三卷五期，一九八六年十一月）

三、日本唐代史研究会

——兼为台湾地区的唐史研究会催生

日本的唐代史研究会，最近十年来总共出版了四种研究论文集，每一种均有其研究主题，仅凭这一点，就值得我们重视了。

按学术研究会的组织在战后日本是非常普遍的，几乎每一断代史或每一学术分野，都有其研究会的活动。当然这些研究会的活动都是定期举行，经常活动的研究会（例如每周相聚一次），大多以研读某种基本史料为主；较长时间相聚一次的研究会（例如年会），则以报告研究心得为主。无可否认地，这些研究会的活动，都是促使战后日本学术研究有辉煌成果的重要因素之一。

日本唐代史研究会是由已故中央大学名誉教授铃木俊先生所发起，于1970年成立，至今已有十几年的历史了。此研究会因为没有向政府立案，所以没有一定的组织章程，也就是不具备法人性质。其成立的旨趣，完全是集海内外对唐史以及东亚古代有兴趣者，共同讨论、研究，互相切磋，俾便增进见闻。因此，它可说是民间私自组成的学术研究团体，但对成员并无一定的约束力，只要有兴趣者即可参加，亦可随时退出。在这样的前提下，此一研究会目前共拥有会员（含外国学者）达六七十位。

由于唐代史研究会是民间自发组合而成的，所以没有一定的财源。平时的研究费用，均自行解决。但也可以特殊专题的共同研究，向政府(文部省)申请补助。据笔者所知，其1977年的“中国律令制及其展开”的共同研究、1978年的“中国聚落史的研究”并于翌年刊行的费用等，均在“科学研究补助金”项下获得补助。

唐代史研究会的研究活动，原则上每年聚会两次，一在暑假，一在秋季。暑假的研究活动，通常是选择在高山气候宜人之地(如箱根)，聚会讨论两三天，秋季则一宿，用以听演讲。共同的研究计划以及个人的研究题目，均在聚会时决定。此研究会的宗旨，并非只着重隋唐史的研究，而是以隋唐史为中心来看中国史，进而探讨“东亚世界”诸国、诸民族之间的历史发展。[1]易言之，唐代史研究会非以研究“唐代”为满足，此由最近两集的研究成果包含中国近现代史的论文可见知；下列基本会员一览表，也可见知。[2]

姓　　名	现　　　　职	研究范围	备　　注
菊池英夫	北海道大学文学部教授	总论、隋唐史	
中村治兵卫	中央大学文学部教授	总论	
大庭脩	关西大学文学部教授	秦汉史	
古贺登	早稻田大学文学部教授	秦汉史	
永田英正	滋贺大学教育学部教授	秦汉史	
池田雄一	中央大学文学部助教授	秦汉史	
堀敏一	明治大学文学部教授	魏晋南北朝史	
川胜义雄	京都大学人文科学研究所教授	魏晋南北朝史	
谷川道雄	京都大学文学部教授	魏晋南北朝史	

〔1〕 参看栗原益男氏在《隋唐帝国と東アジア世界》(东京，汲古书院，1979年)的“序”(页3)。

〔2〕 此表系依据《唐代研究会研究报告》第一至第四集所开列之名单而制。“基本会员”一词，为笔者自拟，指见于该名单诸会员而言，此外无特别意义。

续　表

姓　名	现　职	研究范围	备　注
日野开三郎	久留米大学商学部教授	隋唐史	
栗原益男	上智大学文学部教授	隋唐史	
西村元佑	爱知学院大学文学部教授	隋唐史	
布目潮沨	摄南大学教养部教授	隋唐史	
池田温	东京大学东洋文化研究所教授	隋唐史	
船越泰次	山形大学人文学部教授	隋唐史	
砺波护	京都大学人文科学研究所助教授	隋唐史	
爱宕元	京都大学教养部助教授	隋唐史	
土肥义和	国学院大学文学部助教授	隋唐史	
小田义久	龙谷大学文学部助教授	隋唐史	
上山大峻	龙谷大学文学部助教授	隋唐史	
气贺泽保规	富山大学教养部助教授	隋唐史	
冈野诚	明治大学法学部讲师	隋唐史	
中村裕一	武库川女子大学文学部讲师	隋唐史	
柳田节子	学习院大学文学部教授	宋元史	
佐竹靖彦	东京都立大学人文学部助教授	宋元史	
滨岛敦俊	北海道大学文学部助教授	明清史	
细野浩二	早稻田大学文学部助教授	明清史	
井上秀雄	东北大学文学部教授	朝鲜史	
山口瑞凤	东京大学文学部教授	西藏(吐蕃)史	
吉田孝	山梨大学教育学部助教授	日本史	
量博满	上智大学文学部教授	考古学	非为会员，而赞助执笔者。
坂野良吉	埼玉大学教养部助教授	中国近现代史	同上

隋唐这一段历史的研究，在日本学界最感困惑的地方，便是它的"时代格"，也就是说，隋唐史在中国史上，甚至世界史上应居何种地位？这个问题，牵涉到时代区分论。就时代区分论而言，日本史学界是最早指出唐到宋之间产生了大变革，只是这些变革的内涵及其意义，迄今仍无

定论。大要而言，其争论所在可分为二，一是以京都大学出身以及其影响地区为代表，主张唐到宋的变革，是“中世”进入“近世”时期；一是以东京大学出身以及其影响地区为代表，主张唐到宋的变革，是“古代”进入“中世”时期。[1]目前这个争论，虽然已趋于沉寂，但学者们撰文立说，仍然各持自己的“时代格”，这是我们参考日人著作时格外要留意的地方。例如1970年岩波书店编辑出版讲座《世界历史》（共三十一卷）时，就很清楚可看到各种不同时代格并陈，但其各卷题称，则采用东京方面的区分法。唐代史研究会网罗了全国各地的学者，其时代区分论自然看法不一，但从其已出版的研究成果看来，似乎无意讨论这个问题。不过他们似有一项共识，即人文科学本来就应当有不同的见解并立，有时甚至无须让步。在这样的前提下，他们不断地从事各种共同研究。池田温教授（东大）告诉笔者说，见解不同，并无碍于他们的共同研究；谷川道雄教授（京大）亦告诉笔者说，他在时代区分论上与堀敏一教授（东大）是对立的，但堀氏来到京都时，仍以好友接待。这就是一种“有容乃大”的团队精神，很值得我们借镜。

唐代史研究会到现在（1982年）为止，共出版下列四种研究报告：

第一集：《東アジア文化圏の成立をめぐって》（1978年）（此集所收之报告经增补后，以《隋唐帝国と東アジア世界》之书名于1979年正式出版发行）

第二集：《中国律令制とその展開—周辺諸国への影響を含めて—》（1979年）

第三集：《中国聚落史の研究—周辺諸地域の比較を含めて—》（1980年）

第四集：《中国歴史学界の新動向—新石器から現代まで—》（1982年）

据此可知唐代史研究会从1970年成立后，经过数年不断研究、讨论，自1978年后便不断有研究成果呈献。今后的动向，自然令人瞩目。

中国大陆在1980年10月也已成立“唐史研究会”，会长为唐长孺

---

〔1〕 有关日本的中国史时代区分论战，扼要地介绍，可参看本书第一篇。

氏。美国亦不落人后，今年（1982）也成立了"唐代学会"（T'ang Studies Society），日本曾派遣大庭脩氏为代表参加此一盛会。依此看来，唐史研究的问题，已日渐成为国际性的学术。

日本唐代史研究会到目前为止所刊行的四集研究报告，除最近的第四集已印成专书发售外，其余一至三集可说是论文摘要集。另外，1979年发行的《隋唐帝国と東アジア世界》一书，就篇目而言，虽然与第一集有若干差异，大致可说是第一集诸论文增补而成的。严格说来，唐代史研究会正式发行的学术论著只有两种，一是《隋唐帝国と東アジア世界》，一是第四集《中国歴史学界の新動向》。这两种均公开发售，其余则列为"非卖品"。以下简单介绍各集的内容。

第一集　《東アジア文化圏の成立をめぐって》（1978 年）（以下简称前书）《隋唐帝国と東アジア世界》（1979 年）（以下简称后书）

前书分三大部分，第一部分由菊池英夫氏执笔将"东亚文化圈的成立"的学说史，作一总整理，并附录"东亚文化圈论关系文献略目"（1948—1977 年）（限日文文献），对初学而言，实是方便。第二部分是讨论，讨论之前，先由砺波护、井上秀雄、山口瑞凤等人，分别就中国史、朝鲜史、吐蕃史等角度探讨"东亚世界"，以作为引言。讨论的问题，包括"文化圈"与"历史上的世界"的概念应如何掌握？"东亚文化圈"、"东亚世界"应如何设定？这种设定理论的缺点如何？"东亚历史世界（即文化圈）"成立于何时？有何历史意义？诸民族间的"文化触变（变容）"（或谓"涵化"、"濡化"）应如何掌握？"东亚史"应如何作"统一的叙述"？这些问题的结论，简单而言，"东亚世界"在先进的中国文化，尤其是隋唐文明的影响之下，以汉字、儒教、汉译佛典、律令法等四要素构筑了文化圈。东亚诸国及其民族文化，即在以中国为中心而作了卫星式的存在，其形成时机，是在 7 至 8 世纪前半叶。惟"东亚世界"的形成，并不能单以中国作为一元的中心来处理，对于各民族的固有文化，以及中国文化以外的要素，也须一并考虑。关于第三部分是为各论，共收下列十五篇论文：

1. 川胜义雄：《東アジア世界（または文化圏）の形成に関する二、三の問題》

2. 谷川道雄:《六朝、隋唐社会の史的性格より見た"東アジア世界"の問題》

3. 堀敏一:《隋代東アジアの国際関係》

4. 栗原益男:《七—八世紀の東アジア——東アジア世界の第一次変貌》

5. 布目潮沨:《隋唐世界帝国の構造——羈縻政策を中心として》

6. 西村元佑:《中国律令制国家における農業土地政策の消長と東アジア農耕諸国への影響について》

7. 池田温:《隋唐時代の社会経済史的研究》

8. 小田义久:《隋唐時代の歴史考古学的研究——吐魯番地域の均田制施行をめぐる二、三の問題について》

9. 土肥义和:《敦煌寺領の直接生産者の性格をめぐる一、二の問題》

10. 菊池英夫:《日唐軍制比較研究上の若干の問題——軍防令と西域出土文書》

11 砺波护:《制誥、壁記からみた唐の三省六部》

12. 吉田孝:《中国律令と日本の律令国家》

13. 井上秀雄:《周辺民族(朝鮮)に対する隋唐文化の影響に関する研究——元號の変遷、都城制の変遷》

14. 山口瑞凤:《吐蕃と唐の関係》

15. 上山大峻:《周辺民族に対する隋唐文化の影響》

后书分两部分,第一部分为"总说",仍由菊池英夫执笔,叙述"研究史的回顾与展望"。此文大致可说是前书第一、二部分的总整理,要了解战后日本的"东亚史"论,此文可说是必读的入门作品。另外,鬼头清明氏的《日本古代国家の形成と東アジア》(东京,校仓书房,1976 年)一书,其第一部第二章也有学说史的整理,仍宜并读参阅。"研究史"文长 84 页,拙文因篇幅关系,其内容的介绍从略。此处要补充说明的是,台湾地区学者以"东亚"当作一历史世界来处理,管见所及,较早有杨鸿烈的《中国法律在东亚各国之影响》(上海,商务印书馆,1937 年)一书,此书于 1971 年由商务印书馆在台北重印出版。朱云影氏虽然没有采用"东亚"

一词，而径用日、韩、越作为地理范围，战后近二十年间，写了二十来篇有关中国文化对这些地区的影响的论文。其后，朱氏将所发表诸论文中，汇集二十篇而成一专书，于 1981 年在台北黎明文化事业公司出版，这是台湾地区学者探讨“中国文化圈”（朱氏用语，见其书“自序”）的第一本专著。徐先尧氏则由“中华世界帝国”的观点，探讨隋与倭、突厥等关系。（见氏著：《隋倭国交の対等性について》，《文化》29：2，1965 年。又，《倭国赠呈隋朝国书之商榷》，《华学月刊》15，1973 年）由于菊池氏提及台湾地区学者，只介绍罗香林氏诸论文，特补充如上。第二部分共收十五篇论文，根据这些论文的性质，再分为三章。第一章定名为“东亚世界的结构”，共收下列三篇论文：

1. 谷川道雄：《東アジア世界形成期の史的構造——冊封体制を中心として》

2. 堀敏一：《隋代東アジアの国際関係》

3. 栗原益男：《七、八世紀の東アジア世界》

第二章定名为“隋唐帝国的支配体制与对外政策”，共收下列六篇论文：

4. 砺波护：《唐の三省六部》

5. 西村元佑：《東トルキスタン（西州）における唐の直轄支配と均田制——貞観十四年九月安苦呦延手実と貞観年中巡撫高昌詔の意義を中心として》

6. 土肥义和：《唐代均田制の給田基準考——とくに吐魯番盆地の実例を中心に》

7. 池田温：《唐朝処遇外族官制略考》

8. 布目潮沨：《隋の大義公主について——隋唐世界帝国の指標としての“和蕃公主”》

9. 日野开三郎：《唐代和蕃公主の真假制と資装費》

第三章定名为“东亚世界中的制度、文化交流”，共收六篇论文：

10. 井上秀雄：《隋唐文化の影響をうけた朝鮮諸国文化》

11. 吉田孝：《隋唐帝国と日本の律令国家》

12. 菊池英夫：《日唐軍制比較研究上の若干の問題——特に“行

軍"制を中心に》

13. 中村裕一:《渤海国咸和十一年中台省牒に就いて——古代東アジア国際文書の一形式》

14. 上山大峻:《唐代佛典の西域流伝の一面——"法華玄贊"の出土写本をめぐって》

15. 山口瑞凤:《ソンツェン・ガムポの"十六条法"の虚構性と吐蕃の刑法》

以上十五篇,除少数几篇(如日野、中村等)不见于前书(但前书也有少数几篇不及收入后书,如川胜、小田等)外,其余大致可说是以前书之论文为基础加以增补而成的。这些论文,均有其独到的见解,虽然有些论点不一定令人赞同(例如主张摆脱"中华思想"、采用"国际关系史"的观点、隋唐"世界帝国"的"支配构造"论等),但无可置疑的,执笔撰写论文的学者均是一时之选,可读性极高。

第二集　《中国律令制とその展開——周辺諸国への影響を含めて》(1979年)

唐代史研究会从1977年度以后,实际上已将研究的重点转移到律令制研究。这项研究本来计划三年完成,但在文部省研究费的限制下,只完成这个年度(1979年)的研究报告。

按过去从事东亚史研究,都侧重在文化交流,但从中国周边诸国的立场看来,各国的统治者为强化其王权,壮大其国家组织,积极摄取中国先进的律令法才是其目的所在。因此,近年来有关律令法的研究,除了日本史研究者以外,日本的中国史研究者也抱以极大的关心。易言之,律令法的研究,不能只限于日本律令,其母法的中国律令更要深入地去研究。尤其最近湖北云梦睡虎地出土了秦律,为中国法制史研究呈献一片新园地,更激发日本学者研究律令法的兴趣。本集的诸成果报告,可谓是在上述背景下完成的。其目录如下:

序章

1. 菊池英夫:《律令法体系の基本性格に関する分析視角について》

第一部　中国律令制の展開

2. 古贺登:《雲夢睡虎地某喜墓の秦律等法律文書副葬事情をめぐって》

3. 堀敏一:《魏晋南北朝における律令法体系の成立過程》

4. 中村裕一:《〈太平御覧〉所引の唐令、特に鹵簿令に就いて》

5. 冈野诚:《中国古代法の基本的性格——いわゆる"罪刑法定主義的制度"をめぐって》

第二部　中国周辺諸国の律令

6. 吉田孝:《日本における唐賦役令の継受——雑徭条を中心として》

7. 井上秀雄:《古代朝鮮における唐律令制の影響》

8. 山口瑞凤:《吐蕃王国の成立と法令、制度》

第三集　《中国聚落史の研究——周辺諸地域の比較を含めて》(1980年)

唐代史研究会对中国聚落史的研究,本来也是提出三年计划,结果与上年度一样,只获得一年度的补助,也就是本集的成果报告。本集既然名曰"聚落",其内容自然包括了都市史与村落史,但显然偏向村落史,尤其是村落之史的研究。其内容如下:

序章

1. 中村治兵卫:《中国聚落史研究の回顧と展望——とくに村落史を中心として》

第一部　中国聚落史の諸問題

2. 池田雄一:《石器時代の聚落》

3. 谷川道雄:《六朝時代の都市と農村の分化に関する試論》

4. 砺波护:《太倉と含嘉倉》

5. 爱宕元:《唐两京乡、里、村考》

6. 佐竹靖彦:《〈太平寰宇記〉における統計的諸事項の覚え書——近世的"共同体"論へのアプローチのための素材の集成》

7. 柳田节子:《宋代の村》

8. 细野浩二:《里甲制と太祖の政治的工作——方巾御史の創出をめぐって》

9. 滨岛敦俊：《江南の圩に関する考察》

第二部　中国周辺地域の聚落

10. 西村元佑：《高昌国および唐代西州の諸契約文書にみえる郷名記載とその消長の意義について》

第四集　《中国歴史学界の新動向——新石器から現代まで》(1982年)

唐代史研究会所以编撰此书，是由于中国的历史学界在"文革"以后表现活跃，出版刊物大量出笼，而引起日本学界的注意。日本学界承认过去研究中国史不免有所偏颇；另外，时至今日，其研究学问方法，仍不免有"问题意识"浅薄、甚至忘却学问出发点的缺点，介绍"中国"历史学界的新动向，实寓有取他山之石可以攻错之意。中村治兵卫与堀敏一共同执笔的"前言"指出，希望"日、中"两国借着严密的科学方法"相互批判"，并由此促进两国的学问研究交流。事实上，本书所收各篇，对中国大陆学界的研究除介绍之文以外，亦有批评，同时也兼介绍日本学界的相关研究成果。本集的一大遗憾，是台湾地区学界的作品极少收入。另一缺憾，是缺少明史部分的介绍；至于量博满、坂野良吉两氏之文，则为特约稿，两位并非为会员。本集之内容如下：

1. 量博满：《新石器時代研究の展開》

2. 池田雄一：《出土文物による最近の先秦史研究》

3. 堀敏一：《近年の時代区分論争》

4. 大庭脩：《出土文物による最近の秦漢史研究》

5. 砺波护：《出土文物による最近の魏晋南北朝史研究》

6. 谷川道雄：《六朝社会史をめぐる最近の研究動向——分期問題と共同体論》

7. 气贺泽保规：《最近の農民戦争史研究の動向——隋末唐初期を中心にして》

8. 池田温：《出土文物による最近の唐代史研究》

9. 冈野诚：《唐代法制史研究の現状》

10. 船越泰次：《唐末農民反乱と唐宋間社会変革に関する諸問題》

11. 柳田节子：《一九七〇年代における宋代農民戦争研究——方

朧起義を中心として》

12. 菊池英夫:《中国封建社会理論の新展開》

13. 坂野良吉:《"文革"後における近、現代史研究の新展開》

附,古贺登:《中国歴史学界の近况を知るために([一] 杂志类、[二] 单行本)》

1983年7月,笔者承蒙日本唐代史研究会的邀请,参加了在箱根所举行的夏季年会。此次的会期是7月2日至5日,地点在箱根强罗的静云庄,约有近四十位会员参加。年会为此研究会一年一度的例行学术研讨会,并非为国际会议,因此,笔者只是以海外准会员的身份列席而已。

强罗(Gōra)约在海拔四五百米之高山地方,须由箱根汤本(Hakoneyumoto)再搭乘"箱根登山铁道"前往,约四十分钟可达。箱根为日本有名的风景及古迹地区,近世在地理上有关东、关西之分,即以箱根为界,而有"天下之险"之称。德川幕府在此地设置"关所",以控制诸"大名"及往来之人。从箱根汤本搭乘电车上山,有如台湾乘火车上阿里山一样,是用"之"形的方法往上爬,沿途景色宜人,尤其紫阳花(八仙花)盛开,令人迷恋。强罗气温凉爽,约为摄氏十二三度,当时东京约为二十度左右,而台北正是三十四五度的酷热时候。显然强罗是一个避暑胜地,看到此地别墅林立,也就不足为奇了。静云庄是文部省所建的旅馆,实是避暑开会的好地方。

笔者此次出席唐代史研究会,实际上是由东京大学池田温教授所促成。池田教授为笔者1973年留学东大时的恩师,此次赴会时,又承蒙恩师陪同前往,实感荣幸。7月2日下午,全国各地的会员分别来到静云庄报到,6时左右会餐。会餐通常是在大客厅的榻榻米上围成"冂"字形,边用餐边开会。此次会餐,因为是分别一年或半载的重聚,同时也有新会员加入,所以先进行自我介绍。自我介绍时,最大的特色是各人还须报告近况,尤其是研究方向以及正在进行的研究计划,报告时间大约在一二十分钟。当天晚上的议程,只有自我介绍,时间非常充裕,彼此可获得充分的理解。

7月3日与4日两天,是本次年会的重心所在,所有的论文发表,均集中在这两天。其实,除池田雄一氏用幻灯报告在中国访问研究之情形以外，共发表四篇论文。每篇发表时间，含讨论时，长达二三小时，即有一个半天，可谓相当充分，发言也相当热烈。其程序如下：

7月3日　上午10时至12时

1. 布目潮沨：機密漏泄罪の歴史——漢律から唐律へ

主持者：池田温

下午2时至5时

2. 中村治兵卫：唐代の村落と隣保

主持者：爱宕元

晚餐后

3. 池田雄一：中国における在外研究を終える

7月4日　上午10时至12时

4. 气贺泽保规：隋唐兵制をめぐる二、三の問題

主持者：菊池英夫

下午2时至5时

5. 堀敏一：中国古代における身份制の変遷に関して——若干問題点と素描

主持者：山根清志

晚餐

堀敏一主持：总会(即会务报告)

7月5日　早餐后解散

一般说来，本次会议气氛融洽，虽然讨论时屡有争议，但无伤感情。日本史学界，学派分立，是众所周知的事，讨论时，各据所见而论，可使真理愈辩愈明。人文科学本来就不应有统一的学说，成立学会的意义，就是要让各说并陈，相互沟通而已。日本唐代史研究会的会员，除中国史学者以外，也有日本史学者参加，各种专家多，讨论愈见彻底，这是此会的特色之一；就会员年龄而言，老少皆有，年轻者尤多，显然后继有人，这是此会的特色之二。

在此次会议所见，同时也常见于其他日本学术会议的特质，至少还有下述两点：一是报告方式，都出示史料(证据)，这一点与台湾地区报告方式常只提供“大纲”者有别。一是合宿的会议(含国际会议)，在晚上会

后的自由活动时间，会员们仍愿聚集在某一寝室闲聊、喝酒、吃点心，直至深夜，团体生活的乐趣，在此时表露无遗。这种乐趣，是否也可解释为一种团队精神的表现？笔者不敢断定。若与台湾地区的学风相较，显然吾人对于这种集体式的闲聊，兴致并不高，这是否也可反映出吾人团队精神的缺乏？凡此祈望专家有以教之。

唐代史研究会有关律令制的共同研究，将持续至明年度，预计到1985年要出版一本前述《隋唐帝国と东アジア世界》的续集，主题仍以律令制为中心，正式书名现在还没确定。

由于台湾地区目前正筹组“唐代学会”（详见后述），日本唐代史研究会的活动情形，或许有值得我们借镜的地方。就我个人而言，收获最多的地方，是会见了诸会员先生。其次，住宿房间被安排与谷川道雄、东晋次、气贺泽保规等先生同室，大家相处融洽、愉快。尤其谷川先生健谈、幽默、学识渊博，使笔者获益不少。

以上所介绍的，是日本唐代史研究会自1970年以后直至今年（1983）7月为止其学术研究活动的梗概。其有关资料，主要是由池田温教授提供，即连笔者此次参加其年会，也是由池田先生先预为安排，笔者于此谨表由衷谢忱，惟文责仍在笔者。由上文粗浅的介绍中，可知日本唐代史研究会愈来愈见活跃，除在其国内不断呈献其共同研究成果外，也积极与海外相关的研究机构进行交流。在中国史研究当中，日本唐代史研究会的诸成果，已不容我们忽视。

笔者“上篇”于今年年初刊出后不久，台湾大学中文学系罗联添教授致电笔者，谓他们几位好友早就有筹组类似这种研究会的意思，但是过去仅止谈谈而已，现在看到拙文后，想积极进行而征询鄙意，笔者当然乐见其成。接着罗先生委由同系杨承祖教授进行联络。杨先生是一位热心又内行的前辈学者，经过杨先生辛勤地联络，包含法规的请教，以及数次的“研拟小组”会议，终于在今年5月28日下午3时假台湾师范大学夜间部三楼会议室召开台湾地区“中国唐代学会”发起人座谈会。成立这个座谈会有四十二名连署，二十六位出席，会中决定成立台湾地区“中国唐代学会”，并通过台湾地区“中国唐代学会组织章程草案”。其成立的宗旨，在于：

促进有关唐代研究之学术活动，提高学术水准，弘扬中华文化为宗旨。（见“草案”第二条）

基于这个宗旨，其学术活动并不限于唐史，举凡与唐代有关之学术、艺文活动均包括在内。因此，论其性质，较日本唐代史研究会为广，亦较台湾地区的“中国历史学会”的断代史活动为广。笔者今年 7 月在日本唐代史研究会的年会上，曾略为报告台湾地区“中国唐代学会”筹组之情形，若可成立，期待双方能行文化交流。

因进行文化交流，正符合台湾地区“中国唐代学会”成立之旨趣。当笔者说完时，全场报以热烈的掌声。基于此故，我们有理由期待“唐代学会”早日成立。笔者报告完毕入座后，坐在笔者旁边的谷川道雄教授首先表示，一旦“学会”成立，他愿意加入为会员，笔者当然甚表欢迎。

附带一提的是，笔者在“上篇”的附题，原用“兼为台湾（地区）唐史研讨会催生”。论名称，岛内近来多用“研讨会”，例如“台湾史迹研讨会”、“中日韩文化关系研讨会”，等等。但也有用“座谈会”，例如早在 20 世纪六七十年代，已有“唐史座谈会”之设，此后无疾而终，甚为可惜；此外，宋史、明史、中国现代史等分野，也都有座谈会，以及其研究报告的刊物；最近中国上古史部分也成立座谈会，急驰跟进，独有唐史部分，犹不见具体行动。鉴于日本、美国均已成立唐史学会的情势，爰提出成立“唐史研讨会”之议。但前述拟议中的“唐代学会”，远较笔者当初构想的活动范围扩大，而且正式，为求正名，为求一劳永逸，笔者愿见“唐代学会”早日成立，而不坚持“唐史研讨会”的形式。一切为的只是“提高学术水准，弘扬中华文化”（见前引台湾地区“中国唐代学会组织章程草案”的“宗旨”）而已。为使“唐代学会”的成立及其活动，能够不负所望，则如上所介绍“日本唐代史研究会”的活动情形，或许有值得吾人参考的地方。

（原载《世界华学季刊》三卷二期、四卷三期、四卷四期，一九八二年六月、一九八三年九月、十二月。追记：台湾地区“中国唐代学会”已于一九八九年十二月十日正式成立）

补　记

1984年3月，唐代史研究会发行其第五集研究报告，书名是《中国律令制の展開とその国家、社会との関係—周辺諸地域の場合を含めて—》，其目录如下：

序言（堀敏一）

第一部　中国律令法の展開

1. 堀敏一：《中国における律令法典の形成—その概要と問題点—》

2. 菊池英夫：《律令法系の特質の成立過程について—礼と法と刑—》

3. 池田雄一：《春秋戦国時代の罪刑法定化の動きと以吏為師について》

4. 栗原益男：《曹魏の法令について》

5. 布目潮沨：《機密漏泄罪を通じて見た中国律令制の展開》

6. 池田温：《最近における唐代法制資料の発見紹介》

7. 冈野诚：《中国法史の時期区分について》

第二部　律令制と中国の国家、社会

8. 中村裕一：《"赦书日行五百里"に就いて—唐代の情報伝達に就いて(三)—》

9. 小田义久：《麴氏高昌国官厅文書小考》

10. 堀敏一：《計帳と户籍に関する私見》

11. 船越泰次：《北朝、隋、唐代の户等制をめぐって》

12. 中村治兵卫：《唐代の村落と隣保—《全唐詩》よりみた四隣を中心に—》

13. 土肥义和：《唐代均田制下における敦煌地方の田土還受について—大英図書館所藏"天宝載間敦煌県受田簿"を中心に—》

14. 古贺登：《唐代賦役制度の再検討覚書—白丁、中男、残疾の負担—》

15. 谷川道雄：《西魏、北周、隋、唐政権と府兵制》

16. 日野开三郎:《唐代の私賤民“部曲客女、奴婢”の法身份と生活実態》

第三部　周辺諸国における律令制の受容

17. 井上秀雄:《新羅の律令制の受容とその国家、社会との関係》

18. 上山大峻:《古代国家形成における仏教導入の意味》

附录　吴枫:《中国における隋唐五代史研究の歷史と現状》

今年(1986)2月,唐代史研究会继《隋唐帝国と東アジア世界》(1979年)一书之后,正式出版属于律令制的专书,书名是《律令制——中国朝鮮の法と国家》。这两书与上述各集不同,是单独发行的学术论文集,后者则为年度报告,不算是正式学术刊物。《律令制》的目录如下:

序(堀敏一)

第一部　律令法の展開

1. 池田雄一:《湖北雲夢睡虎地出土の秦律—王室の家法から国家法へ—》

2. 布目潮沨:《唐職制律の“上書奏事犯諱の条”について—避諱の系譜—》

3. 栗原益男:《逸文からみた令についての若干の考察》

4. 池田温:《〈唐令拾遺補〉編纂をめぐって》

5. 井上秀雄:《百済の律令体制への変遷—“祭祀志”、“色服志”を通じて—》

6. 菊池英夫:《隋唐律令法体系の歴史的位置づけをめぐる試論—“家産官僚制国家”の法と“封建法制”论—》

第二部　律令国家と官僚制

7. 中村圭尔:《晋南朝における律令と身份制》

8. 妹尾达彦:《唐代の科挙制度と長安の合格儀礼》

9. 砺波护:《唐代食实封制再考》

10. 清木场东:《唐律令制時代の常食料制について—官僚の官給食—》

11. 中村裕一:《唐代の慰労制書に就いて》

12. 金子修一:《則天武后の明堂について—その政治的性格の

検討—》

第三部　律令国家の人民支配

13. 堀敏一:《中国における良賤身份制の成立過程》

14. 谷川道雄:《府兵制国家と府兵制》

15. 气贺泽保规:《隋煬帝の府兵制をめぐる一考察》

16. 古贺登:《唐代賦役制度の再検討—品子、蔭免子孫、勲官、散官の負担—》

17. 中村治兵卫:《律令制と郷里制》

18. 爱宕元:《唐代京兆府の户口推移》

19. 濱田耕策:《"新羅村落文書"研究の成果と課題—その作成年および内省の禄邑説を中心に—》

以上是有关唐代史研究会最近的研究成果介绍,值得吾人参考。

一九八六年四月十二日补记

第二篇

新旧中国史料的研究成果

一、云梦秦简与秦汉史研究

一、所谓云梦秦简

1975年12月，在湖北云梦县睡虎地的第十一号秦墓，出土了一千一百余枚的竹简，其内容所涵盖的时代，上至秦孝公，下至始皇帝时代，这便是所谓的云梦秦简，简称为秦简。云梦是春秋、战国时代楚国的故地，被秦攻克后，隶于南郡，其故地可能就是当时的安陆县。兹将此次所发现的秦简简单说明于下。〔1〕

1. 语书：原称南郡守腾文书，共十四枚简文，发现于墓主腹下。始皇二十年(前227)四月初二日南郡郡守腾对所辖之县及道之官吏所发布的文书。整理者起初依其内容称为"南郡守腾文书"，后来在最后一简的背面发现有"语书"的标题，于是改称为"语书"。

2. 编年记：原称大事记，共五十三枚简文，发现于墓主头下。它按编年的体例，记载了上自秦昭王元年(前306)，下迄秦始皇三十年(前217)间的军政大事，以及一名叫"喜"的地方官从出生到从军、为吏的经历。

---

〔1〕 关于秦简，邢义田氏曾为文介绍，读者可参照：《云梦秦简简介——附对〈为吏之道〉及墓主喜职务性质的臆测》⑮。

整理者起初称为“大事记”，后来改称为“编年记”。

3. 为吏之道：共有五十枚简文，与“语书”（南郡守腾文书）均发现于墓主腹下。其内容是讲述如何做官吏的推测，也可能是一种为吏的教材，因此官吏的常用语甚多，文义不通之处也有。由于简文开头有“凡为吏之道”一语，整理者定名为“为吏之道”。在它的末尾，载有“魏户律”及“魏奔命律”的法律条文各一条，两条均有“廿五年闰再十二月丙午朔辛亥”的字样，经研究的结果，认为是魏安釐王二十五年（前252）公布的法律。魏安釐王二十五年正是秦昭王五十五年。由此知“为吏之道”简文撰写的时间，是在秦昭王五十五年以后。

4. 秦律：以发现部位来说，可区分为四组，一是在墓主颈的右侧，约有二百一十枚竹简，其内容为律文与律文的解释，整理者把它定名为“法律答问”。二是在墓主躯干右侧，约有二百枚竹简，全部都是秦的法律条文，而且每条律文的末尾，都注明了所属法律的篇名，计有田律、厩苑律、仓律、金布律、关市、工律、工人程、均工、徭律、司空、军爵律、置吏律、效律、传食律、行书、内史杂、尉杂、属邦等十八篇，整理者定名为“秦律十八种”。三是在墓主的腹下部，约有一百枚竹简，也全都是法律条文，而且也有法律篇名，如除吏律、除弟子律、效律、公车司马猎律、藏律、中劳律、游士律、捕盗律、傅律、戍律、敦表律，及牛羊课等名目。其中的效律，与上述“秦律十八种”当中的效律，有一部分重复。整理者称这一部分为“效律”及“秦律杂抄”。四是在墓主头骨右侧，约一百枚竹简，各条开端均有小题如治狱、讯狱、封守、贼死、迁子、黥、告臣等二十五个名目，整理者起初称为“治狱案例”，或称为“治狱程式”、“治狱格式”，最近以其最后一简的背面记有“封诊式”的文字，乃改称为“封诊式”。以上四个部位的竹简，若依其性质区分，计有“法律答问”、“秦律十八种”、“效律”、“秦律杂抄”、“封诊式”等五种，通称为秦律。从其内容看来，并不是商鞅变法时制定秦律的原貌，也不是撰写于秦始皇统一六国以后，而是在商鞅秦律的基础上，经过商鞅死后到秦昭王这段时期逐步累积而撰成的。（㉗页44）

5. 日书等卜筮类书籍：共有两部分，一在墓主足下，其中有一支竹简的背面，书有“日书”两字；一在墓主头部右侧，内容与“日书”相似。竹简两面均有文字，并有些图画。据《史记·日者列传》“集解”云：“古人占候卜筮，通谓之日者。”可见这种“日书”，是“日者”用以占卜用之书，其释文尚未发表。

以上五项，均发现于睡虎地第十一号秦墓，在同地点的第四号秦墓，也发现木牍二件，其一约有二百余字，另一约有一百余字，是戍守淮阳的士兵写给家里的书信。

上述各类竹简，共计一千多枚，不下数万字，是第一次大批出土的秦简，对于秦代历史的重要性，不言而喻。若加上近年来所发现的汉简，例如 1972 年在湖南长沙马王堆一号墓所出土的竹简、木简，共 360 枚；同年在山东临沂银雀山一号墓、二号墓发现的竹简，共 4974 枚；1973 年，在马王堆三号墓发现的竹简、木简，共 915 枚；湖北江陵凤凰山八、九、十号墓发现的竹简、木简，共 425 枚；1973 年到 1974 年间，在甘肃北部额济纳河流域（古代泛称居延，或弱水流沙）发现 19637 枚木简；十年间，在中国二十余处所发现的简牍，约 27700 枚，相当于过去所发现的两倍。面对这些新资料的出土，在秦汉史研究的领域里，如何予以妥善运用，实是当前重要的课题。

二、日本对云梦秦简的研究

关于秦简的研究，中国学者到目前（1980 年底）为止，除原文有照相版及释文出版外，约有三十来篇的论文发表（暂未统计港台地区学者论文），而日本近年来积极跟进，颇有后来居上之势，这一点很值得吾人注目。兹分以下几项，介绍日本对秦简研究的方向。

1. 文献目录索引的制作

在文献目录方面，有饭尾秀幸氏的《雲夢睡虎地秦墓竹簡に関する文献》（未发表，征得作者同意，再增补若干，附于文后）。简牍方面，有大庭脩氏的《中国出土簡牘研究文献目録》（收入关西大学《文学论集》第 28 卷第 4 号，1979 年 3 月），池田温氏在 1980 年 12 月 6 日召开的第二次木简学会的会上，报告“中国における簡牘研究の位相”，也附录了“中国簡牘関係近刊文献略目（一九七九—八〇）”。这些目录中，均收入国内外有关秦简研究的文献，实是非常简便的工具。此外，古贺登氏在其新作《漢長安城と阡陌、県郷亭里制度》[160]书后附录了“睡虎地秦墓竹簡索引”，堪谓为现今最详尽的秦简索引。文物出版社出版的《睡虎地秦墓竹简》(1978 年 11 月)书后虽也附录“索引”(以下称“前者”),但不若古贺氏书详细。兹举一二例。如“一”之词汇,古贺氏书,共收“一宇一内”、“一课”、“一具”、“一室”、“一食禾”等数语(页 578),前者对于一画之词汇完全无收。又如“秦”字,古贺氏书共收“秦”、“秦人”、“秦属”、“秦母”等数语(页 595),前者亦无收入此等词汇。

2. 著文介绍学界的研究概况

研究概况的介绍,有助于学界研究的方向,是为众所知的事。秦简研究的介绍,日本近年亦积极进行,例如大庭脩氏前引《中国出土簡牘研究文献目録》,同氏《中国簡牘研究の現状》(《木简研究》创刊号,1979 年 11 月);永田英正氏的《中国に於ける雲夢秦簡研究の現状》[150];以及前述池田温氏的《中国における簡牘研究の位相》等可为代表。

3. 秦简研究会及译注

据笔者管见,中国学者对于秦简的研究,除“整理小组”外,似以个人的研究为多,但在日本则以“秦简(或狭义称为秦律)研究会(讲读会)”为核心,当然均以大学为重镇,以教授为主导。现在大约有如下的研究会正在进行解读(以教授及大学作代表):西嶋定生(东京大学,到 1979 年 3 月为止)、池田温(东京大学)、林巳奈夫(京都大学)、古贺登(早稻田大学、中央大学)、堀敏一(明治大学)、大庭脩(关西大学)等。这种分工合作的解读,在研究成果方面,虽一时不易显现,但却是最基础的工作,数年后必有惊人的成绩出现。到目前为止,解读工作已有中央大学大学院的“秦简讲读会”译注初稿发表。此译稿包括田律、厩苑律、仓律、金布律、关市律、工律、工人程、均工律、繇律、司空律(以上发表于《论究》10：1)秦律十八种、效律、秦律杂抄(以上发表于《论究》11：1)、南郡守腾文书(语书)、为吏之道(以上发表于《论究》12：1)[21][22][23]。另外,以堀敏一氏为中心的明治大学秦律讲读会,会员之一的太田幸男氏也有仓律译注发表[152][153],此译注对前述中央大学的译稿有若干补正,对文物出版社刊行的《睡虎地秦墓竹简》一书的注译,也有若干补充。例如“入禾仓”条之“离邑”一语,原注曰:“离邑即属邑,指乡。”太田氏以为这样的注释不清楚,所谓“属邑”,究竟要附属于何者?以属邑指乡,这种必要性的表现,不能赞同。太田氏认为邑与乡是同规模的聚落，附属在此等聚落即“离邑”。中央大学译注为“离开邑的……”，太田氏亦表示无法赞同。

4. 研究成果

如前所述，云梦秦简是发现于1975年12月，到翌年5月以后，中国学者开始有“概述”、“简报”以及“释文”之类的文章公之于世。[①④] 日本学者在一年之后就有四篇论文发表（参看文献目录），以外国学者而言，当是研究速度最快者。从1977年以后到1980年底为止，日本学者共有二十来篇的研究论文发表，平均每年至少五篇，且有越来越多之趋势，仅这一点，就值得我们重视。

这二十来篇的研究论文，可分为两类：一是一般性质的研究，一是专题性质的研究。兹说明于下。

（一）一般性质的研究

堀毅氏的《云梦出土秦简の基础的研究》[54] 是代表作，且是日本早期发表的论文之一。堀氏首先强调秦简的出土是秦汉史分野上未曾有的重大发现，尤其从法制史的观点来说，自西周以后至隋代的历代法典，散佚殆尽，秦简可弥补此一千多年的空白，其价值堪称与唐律并重。接着介绍秦简发现的经纬及其概要，且用一节专由中国法制史的观点来探讨秦简发现的意义。在这一节，堀氏特别强调《晋书・刑法志》所载的可靠性。按有关秦律的记载，可略见于历代《刑法志》，详情不明。《汉书・刑法志》说萧何作汉律时，是以秦法为母法，《晋书・刑法志》则曰：

> 是时，承用秦汉旧律，其文起自魏文侯师李悝，悝撰次诸国法，著《法经》，……商君受之以相秦。汉承秦制，萧何定律，……益事律兴、厩、户三篇，合为九篇。

向来对秦李悝《法经》之实在性无法获得确证，今由秦简“为吏之道”魏安釐王二十五年（前252）两件诏敕中，附载“魏户律”、“魏奔命律”一事看来，可证实秦以其为后进之国，乃取先进魏国之法作为法源，《刑法志》上所载由魏到秦之法的变迁，就是此一事实的说明。此其一。另外，据《晋书・刑法志》，可知魏明帝太和三年（229），修改旧律时，其旧律的律名，有许多与秦律之规定相符合,此由晋志引用其新律之序文〔1〕可见知。堀氏举序文中之持质、诈伪、诈自复免、杀伤人畜产、诸亡印、毁伤亡失县官财物、假借不廉、擅作修舍、乏徭、稽留、殴兄姊、囚徒诬告人反罪、投书等诸事,与秦律相关之规定作比较,而证明魏明帝制定新律前所施行之旧律,犹多沿承自秦律,进而证明在唐代所编纂而成的晋志,其论秦汉之法,可靠性甚高。此其二。魏新律序文前端之处,曰:“旧律因秦《法经》”云云,此处之“秦《法经》”,似可认定就是秦简上的律文,但已非李悝《法经》的面目。李悝《法经》,随时代、地域之变迁,已增补不少,尤其在商鞅相秦之际,魏、秦已形成敌对关系,秦不可能原原本本采用李悝之《法经》而施行。此其三。堀氏又指出秦简之长度为 23.1 厘米到 27.8 厘米,宽是 0.5 厘米到 0.8 厘米;汉代的简牍,通常是一尺,诏敕类之特殊者,规定为一尺二寸。23.1 厘米正是秦商鞅规定一尺的长度,27.8 厘米与汉之一尺二寸(等于 27.7 厘米)几乎相同,此事说明秦代竹简原则上与汉代一样,其尺度是在商鞅第二次变法(前 350)统一度量衡时规定的,由秦简可充分理解。此其四。关于治狱案例(封诊式),季勋氏以为有如汉代的“比”(即判决例)①,大庭脩氏不以为是“治狱案例”,而是事件调查书[56]。堀氏赞同大庭氏的看法,盖“爰书”中,无附判决,不能当作汉代的“比”。以上是堀氏所论的大要,的确值得吾人参考。

永田英正氏的《中国における云梦秦简研究の现状》一文[150],虽谈中国学者的研究情况,但也提出若干问题,值得注意。例如发掘报告中,对于竹简的具体状态,尤其是如何排列,整理时用何种方法处理,等等,几乎没提及,这个问题实是秦简研究的最根本所在。关于“编年记”的性

---

〔1〕 堀氏以《魏律序略》作书名,大庭脩氏在《雲夢出土竹書秦律の研究》[56],页 24 亦作《魏新律序略》。按《晋书·刑法志》原文是“其序略曰”,程树德氏在《九朝律考》卷 2 页 234 揭录此序文时,曰:“魏律序”;黄盛璋氏在《云梦秦简辨正》一文,亦曰:“魏新律序”([76]页 12),即不将“序略”当一词。吕思勉《先秦史》页 418 曰:“魏律序”,在《读史札记》页 882“著魏律者”条曰:“晋志所谓序略,当即(刘)劭传所谓略论也。”对“序略”一词仍有疑义,内田智雄氏亦不敢确定(见氏著《訳注中国歴代刑法志》,页 101 注 14,创文社,1964 年)。但日本的中国法制史专家多将“序略”当一书名,例如浅井氏:《支那ニ於ケル法典編纂ノ沿革》(有斐阁,1911 年),页 49;滋贺秀三氏:《漢唐間の法典についての二三考証》(《东方学》17 辑,1958 年 11 月),页 2—6 等。何者为是,待考。

格，从出土的简报发表以来，一直认为是属于年谱，但永田氏赞同高敏氏的主张[27]，以为不是年谱，而是相当于后世的家谱与墓志的混合体。简言之，可认为相当于后世的墓志。关于秦律，永田氏指出秦墓竹简是否可认为是秦律的全部？对这个问题，永田氏以为只是秦律的一部分。例如“秦律十八种”之一的工律，在“公甲兵”的条文中有“以赍律责之”之语，可知有赍律，但其律文在秦简中找不到；此外还有所谓“平罪人律”、“职耳不当之罪”、“效赢不备之律”等，其律文亦不明。

古贺登氏的《云梦睡虎地某喜墓の秦律等法律文书副葬事情めぐって》一文[108]，虽以法律文书为主来论述，对秦简实也作了概括性的说明。其文分两部分：一为墓主喜与睡虎地秦简；二为楚人的反秦感情与墓主喜，可知古贺氏是以墓主喜为中心来谈秦简。据“编年记”，墓主喜生于秦昭襄王四十五年(前262)十二月甲午，历任榆史、安陆御史，安陆令史、鄢令史、鄢治狱等地方下级官吏，死于始皇三十年(前217)时为四十六岁。为何一位地方下级官吏用这样庞大的法律文书等作为陪葬品？对于这个问题，大庭脩氏以为喜生前是法官，因而以其陪葬作冥界生活的必需品(㊿页42)。但古贺氏则以为这些文书是属于喜生前的爱用物。在第一节“墓主喜与睡虎地秦简”里，古贺氏介绍并分析编年记、南郡守腾文书、为吏之道、秦律、法律答问、治狱程式等文书的内容，认为墓主喜所持有的秦律等，并非官方的写本，而是私人的写本，甚至可能是私人购置，这样做当非单纯为喜个人治狱所需，而是另有目的。在古贺氏看来，由于秦国优遇法官，并可能有官人推举制度或考试制度存在，喜搜集这些文书，便是为应这种制度而习读。据“编年记”，喜从二十七岁出任鄢治狱后，到四十六岁去世为止，十八年间一直无升迁，或许由于政治生涯的失意，导致郁郁以终。死后其亲友为表哀思，乃将其生前一直不离身的法律文书等陪葬。古贺氏的这个说法，颇令人倾听。另一方面，田昌五氏以为喜是能干的下级官吏[140]，古贺氏则不表赞同。在第二节里，古贺氏赞同黄盛璋氏的看法，谓“编年记”的记事，有与《史记》不符之处，也有若干秦代重要事件，不见于“编年记”，而见于《史记》及其他文献者。[45]接着古贺氏举出若干事例加以说明，例如“编年记”在秦王政七年以降的记事用“正”字，显然不避秦王政之讳，喜当时二十二岁，看来并不是秦朝的忠实官吏。或许喜从此以后，开始产生反秦的情感。其次，“编年记”始皇二十一年条，记载韩王安之死；二十三年条，记载楚公子昌文君之死，此事不见于《史记》，可表示喜对于韩国及其祖国（楚）的莫大关心。二十六年，秦灭齐，并天下，此事不见于“编年记”，似为喜故意漏列，漏列的理由，似与喜反秦的情绪有关。基于此故，有谓喜是能干的官吏，且积极努力协助始皇帝从事统一战争的说法[42]，古贺氏不表赞同。古贺氏更举长沙马王堆三号汉墓出土之帛书年表“五星占”，在始皇最后一年，即三十七年之后，不记秦二世纪年，而记以始皇三十八、三十九、四十年，其后接汉元年。但在始皇三十八年（前209）之栏，记载陈胜之“张楚”国号。由此事看来，楚人对始皇之统一天下或始皇之死，故意不予重视，进而可窥知楚人之反秦情绪。以上是古贺氏之说。

（二）专题性质的研究

（1）秦律

云梦出土竹书，以秦律占最大部分，在使用价值上，亦以此一部分最为重要。这一方面，大庭脩氏的《云梦出土竹书秦律の研究》一文[56]，可说是代表作。大庭氏之文，主要分成概观及其意义两部分。在概观方面，除检讨中国学者（季勋氏及整理小组）的分类外，并指出“治狱案例”所见的“爰书”，当是事件调查书，非如季勋氏所称有如汉代之“比”的性质。秦律十八种中，田律亦见于汉律，恐是汉律继承自秦律的缘故。《厩苑律》，汉代萧何新定的是《厩律》，此《厩律》废于曹魏之际，内容反而相近于下述之《传食律》；晋以后，增进牧事，再立《厩牧律》，直至南北朝不废。大庭氏以为《厩牧律》当近于秦之《厩苑律》。又，秦之《内史杂律》曰：“苑啬夫不在，县为置守，如厩律。”《厩律》之名，在秦已出现，此为《厩苑律》之略称，或别有《廐律》、《苑律》，仍无法断定；惟《厩律》绝非萧何独创，则可确定。《金布律》，在汉代也有《金布律》、《金布令》之名，此当是汉代承袭自秦的。《工律》，在汉律中与其相当者，似是《尚方律》，此意并不是说《尚方律》承袭自《工律》，而是指其内容有相似之处。或可谓秦有《尚方律》，汉也有《工律》。《效律》，迄今不知其名称之意，大庭氏以为可能是校字或考字之意，后世《考课令》的考字，可能来自此处。日本《养老令》注释书《令义解》的考课条，注释云：“考者，考校功课也。”则效字似可解为考校之意。从其条文内容看来，是详细规定官府事务交接前后的责任所在问题。此外,《关市律》、《徭律》、《司空律》、《行书律》、《内史杂律》、《尉杂律》、《属邦律》等,在汉代也有相关的律名存在。以上是大庭氏对秦律十八种较重要的几项说明。至于对《除吏律》以下“秦律杂抄”的看法,大庭氏是留待其释文正式报告出来以后再说明。另外,在《效律》可见到《赍律》,《内史杂律》中可见到《厩律》,在“法律答问”可见到《捕盗律》、《戍律》,《效律》中又有“职耳不当之律”、“平罪人律”等律名存在,这些律名在居延汉简中也可找到若干与其相当的汉律。

关于“为吏之道”文末所引用的魏《户律》、《奔命律》,大庭氏以为是以王命直作律文,在立法史上这是很重要的资料。汉以后,以诏书为令,与魏制是相同的。至于发布之时间,记载如下:

廿五年闰再十二月丙午朔辛亥,告相邦,……魏户律。
廿五年闰再十二月丙午朔辛亥,告将军,……魏奔命律。

即只载年不载君主,季勋氏从历朔之推算,认为应是安釐王二十五年,一般也就采用季氏的这个说法。但大庭氏以为季氏的推算根据不明,乃依董作宾氏的《中国年历简编》加以推算,谓魏国在位二十五年以上的君主有文侯、武侯、惠王、安釐王四位,但只武侯二十五年有闰年,其他皆为平年,且其十二月为闰月,只是其朔日的干支为戊寅,与简文不合而已。不论此魏律指上述四位魏王之任何一位的王命,均出现在李悝编纂《法经》六篇以后,即此魏律可认为是法典成立后的追加法。大庭氏的这种看法,可列为新说。

关于秦律释文,大庭氏亦有若干疑问。此即从释文中无法明了到哪一文字为止,写于同一简上;从哪一文字起写在另简上,这是简牍研究上的基本问题。至于出土状况、排列情形,均不清楚。对于竹书秦律的年代,大庭氏认为所有的律文并非在同一时期成立,而是自商鞅变法以后逐渐增加,到始皇帝即位前为止。但始皇帝统一后,具有现行法效力的律文也有。

以上是大庭氏对竹书秦律说明的大要。至于秦律在中国法制史研究上的意义,大庭氏指出有以下几项:第一,秦律不但是秦史重要资料,而且也是研究汉代法制的重要文献。盖竹书秦律之数量，远超汉代律令佚文之数目，六朝之法的佚文数目，也在汉律之下。是故，就律典的文献而言，实是唐律以前数量最多者。由于文中含有不少汉律及相近于汉代官制的地方，除秦史以外，也是研究汉代法制的重要文献。以竹简秦律而言，证明商鞅六律以外，尚有其他律名的存在，这种情形与汉律在萧何《九章律》以外，还有其他律存在一样。竹简秦律所显示的秦制是如此，那么萧何据秦六律再加三章之律，而成为九章律，究竟是指什么？实有再检讨的必要。大庭氏的看法，是萧何将秦律之《田律》以下加以整理编纂，而成为"事律"，即《兴律》、《厩律》、《户律》三篇；不能纳入此三篇者，仍保留其原形。汉初废除秦之挟书律，便是汉保留秦律原形之一例。此外秦汉均有《金布律》，亦是一例。至于汉代的《金布令》，则为汉代新追加的法，形成《金布律》、《金布令》并存的现象。因此，竹书秦律的出现，实为秦汉法制之连续性，提供有力的资料。第二，律与令之问题。汉代在律以外的追加法，是以令称之，秦代无令之名称，令人生疑。但商鞅六律之后，当然有制定追加法，从竹书秦律看来，不属于李悝《法经》、商鞅六律的律名甚多，这些似可认为是追加法，但均以"律"名之。易言之，行政法规也称为"律"。至于以"令"当作追加法，大庭氏以为始于汉代，这一点，堀敏一氏不表赞同，详见于后。另外，大庭氏指出魏之《户律》、《奔命律》，也属于李悝《法经》六篇的追加法，但称"律"，而不称"法"均是值得注目的事。不论如何，这都是秦汉法制史上的重要问题。

堀敏一氏对大庭氏所论有若干补正。堀氏赞同大庭氏主张秦以追加法（即行政法规）称为律，但这是将王命之内容加以分类组合后，赋以律名的。在还没分类及赋以律名之前，是为单行法规，则称为令。先秦时代这种意义的令已存在，此事日本法制史先进中田薰氏早已指出。〔1〕在竹书秦律的"法律答问"中，有"犯令"、"废令"之语；"秦律十八种"的律文中，也有"犯令"、"不从令"之语，这是指违反律文的规定，也就是说，以"令"

---

〔1〕 中田薰：《法制史論集》第四卷，十，页 72。最近籾山明氏据《左传》指出春秋时代王命有时亦称令，参看《法家以前—春秋期における刑と秩序—》，页 15，《东洋史研究》39：2，1980 年 9 月。

当作律文之意。这个事情，说明律文本来为单行法规的“令”，后来再整理组合为律。堀氏的这个看法，与高敏氏有相近之处(㉗页48)。其次，堀氏也认为萧何《九章律》，是将《法经》之《盗律》以下的六篇，再加兴、厩、户等三篇的“事律”而成的，但“事律”之性质与《法经》不同，是规定行政机关的职能；“事律”并非尽将秦代的追加法纳入，一如“秦律十八种”所示，汉代仍有杂多的律名存在，因而有《田律》、《金布律》等秦汉共通的律名出现。汉代也有编纂令典，但不如后世之体系化，只将单行诏令依其重要程度编成令甲、令乙等类，相当于诏敕集，简称为“令”，这是沿袭战国以来将王命(即单行法)称为令的做法。由于汉代法典没能形成体系化，而成为酷吏恣意用典的漏洞。曹魏明帝时，以汉代法令繁杂，乃下诏整理，到晋代始完成，这便是世所知的泰始律令。[107]

此外，堀毅氏由秦简证明《汉旧仪》所载秦制的刑名与秦律有多处相异，因而主张由《汉旧仪》推测秦制的做法，有重新检讨的必要。堀氏以为《汉旧仪》所载秦制，并非指秦到汉初的制度，而是指汉文帝改革汉律前夕继承秦律而存在的汉旧律。[57]

(2) 墓主“喜”与“编年记”

现在对于十一号墓墓主的尸骨，推定是四十余岁的男性，而“编年记”所记载的“喜”，可能就是墓主，大致说来，已为学界所公认。问题是“编年记”是否为喜所著？喜究竟是怎样的人物？睡虎地秦简小组只指出其字体前后粗细不同，是分两阶段写成的，可解释为出于两人之手，也可解释出于一人之手，但依其语意，似指后者(⑱页1)。高敏氏认为很可能是喜的弟弟或同族兄弟所著(㉗页17)；陈直氏认为是喜父所写；最近商庆夫氏认为作者就是喜[135]。

日本方面，古贺登氏以为笔迹虽有前后不同的情形，但仍可认为是出自喜之手(⑩⑧页41)。松崎つね子氏对上述诸说加以检讨后，也支持古贺氏的看法(⑮①页15)。

关于“编年记”的性质，依町田三郎氏的分析，归纳起来，约有以下几项值得注意：

第一，以隶书书写。一般皆谓“秦篆汉隶”，但由此次秦简的出土，首次证明当时通用文字是隶书。这个看法大致不误。但吴白匋氏认为较隆重的场合，如记功刻石、权量诏版、发兵虎符之类，仍用小篆。就官书而言，实际小篆与隶书并行，但以隶书为通用文字。[65]

第二，“编年记”似可视为当时履历书的定例。“编年记”的书写是分上下二段，上段由昭王元年至五十三年，下段记载五十四年以后。喜诞生时，正是昭王时代，但其写法并非从其诞生时叙述起，而是从其所属君主的在位元年记起。也就是说，履历书的开端是远在其本人诞生以前，这种写法似是当时履历书的定例。

第三，显示地方社会具有某种程度的安定性，当然这种安定性的背后，与国家权力的贯彻是有密切的关联。不论《史记·始皇本纪》或“编年记”，几乎可说都是战争的记录，但“编年记”所见喜的一生，从十五岁登录名籍，十七岁参加地方任官考试，翌年任官而后转职、从军、复职、累进等历程，以及记载其诸子之诞生、父母之去世等事看来，社会秩序依然存在。《史记·始皇本纪》载十六年“初令男子书年”，在“编年记”同年记载“自占年”，证明中央的命令可通达社会的末端。始皇二十六年以后，“编年记”多留空白，此事固然不易解释，但似可解为喜自始至终最关心者，仍是他自己及其家族，还有其周边的人际关系。

第四，可补《史记》之不足。以秦本纪与“编年记”相校，例如后者记载昭王四年“攻封陵”，五年“归蒲反”；前者记载“取浦反”。如两者记载都不误，可解为昭王四年，“攻封陵，取浦反”；翌年，“归蒲反”。《史记·六国年表》载昭王十四年攻伊阙，但“编年记”载昭王十三年“攻伊阙”，翌年，“伊阙口”，此事似可解为十三年战争开始，十四年进行决战。又，“编年记”昭王五十二年载“王稽、张禄死”。王稽任秦河东守，张禄即秦相范雎，均见于《史记·范雎蔡泽列传》。整理小组的释文谓：“简文记范雎死于此年，不见于史籍。”即范雎死于昭王五十二年，由“编年记”可得确认。惟“编年记”将王稽与范雎并列，应作何解释？此事町田氏以为当属于同一事件而死。古贺氏赞同黄盛璋氏之说[45]，以为范雎是因王稽谋反，受连坐而被杀。《史记·范雎传》谓雎称病，让相位于蔡泽，隐居以终。这样的记载是根据《战国策》。《战国策》之书，喜好记载奇谋、善辩之事，不免有虚构。“编年记”的这条记载，透露出范雎死事的真相。(⑩⑨页45)另外，堀毅氏也指出“编年记”与《史记·六国年表》在昭襄王时代的记事有不一致之处，请看下表：

年　代	编　年　记	六　国　年　表
十七年	攻垣、枳	魏入河东四百里。
十八年	攻蒲反	客卿错击魏至轵……
十九年		十月为帝，十二月复为王。
二十年	攻安邑	
二十一年	攻夏山	魏纳安邑及河内。
二十九年	攻安陆	白起击楚，拔郢，更东至竟陵，以为南郡。

两者的差异，可说记事相差一年的问题。此事可解为：

> 十七年，进攻轵。十八年，攻略该地。二十年，进攻安邑。二十一年，魏纳安邑。同年，进攻夏山。

也就是说，"编年记"着重于记录出征年次，"六国年表"则记录其结果，致有同一事件，年代不一之事。(54页 15)至于中国学者对"编年记"与《史记》等文献的对校，可参看傅振伦[68]、高敏[27]、黄盛璋[76]等人的论著。

"喜"究竟是怎样的人物？除上述诸学者的分析外，最近松崎つね子氏从墓基大小的比较研究中，有一较新鲜的看法。首先松崎氏取春秋末期到战国初期，在湖北地方所发掘的民众墓群报告，即睡虎地秦墓的十二座发掘报告、湖北江陵太晖观的十座楚墓群、江陵拍马山的二十七座楚墓群，由墓制、陪葬品等作比较研究。以陪葬品而言，各地区的时代排列是太晖观前期(春秋末期到战国初期)、后期(战国初期到中期)，拍马山(战国中期到后期)，睡虎地前期(始皇帝统一以前)、后期(统一以后)，随着时代的推移，陪葬品逐渐丰富。睡虎地十一号墓有陪葬品 72 件，其中 40 余件为漆器，再加上一千百余件的竹简，在这些墓群中，可算是最高的纪录，说明十一号墓主虽是下级官吏，但属于该地之上层的有力人物。陪葬内容的丰富化也说明从春秋末期以来，本地有力者层正在成长。墓主喜之外，众所知之萧何、张苍、陈婴等人，似亦可视为正在成长的有力者层的代表。至于"编年记"未记载六国被灭、以及秦统一天下的大事，松崎氏的看法，与古贺氏略异。松崎氏以为喜并非不关心六国之亡，从“编年记”所载韩王、昌平君、昌文君、守阳君（项燕）、楚王等均死于楚地看来，喜所关心者是楚地的人物；加以赵、燕、齐距楚遥远，可知喜是以其所住的世界来看世事。最近商庆夫氏以为喜是“背秦向楚”，可谓对古贺氏与松崎氏作了一折中的看法。[135]另外，从“编年记”看来，喜的出生地似在“安陆”，这一点松崎氏[151]与町田三郎[109]的看法一致。

(3) 从秦简看秦的思想统制

町田三郎氏由“南郡守腾文书”（即语书）及“为吏之道”竹简，分析始皇统制思想的缘由。竹简的下限，是到始皇三十年，正是实施思想统制的前夕，由此等竹简，可理解南郡地方的官员意识。按南郡守腾之事迹，在《史记·始皇本纪》可见，是攻略韩地有功的人物，任命他出掌楚地而为南郡郡守，目的在压制南方人的反抗。从“语书”知南郡“邪避淫失之民，甚害于邦”，腾乃修法令，以“矫端民心，去其邪避，除其恶俗”。“为吏之道”引用与《老子》、《礼记·曲礼上》、《荀子·成相》以及《说苑·谈丛》等类似的语句，说明秦国当时的施政，实际兼取儒、道、法诸家思想，并非唯用法治。“语书”是南郡守腾用以惩奸、矫俗，“为吏之道”是使行政工作得以顺利推展，其目的在使地方官吏能贯彻皇帝的一元统治。如《吕氏春秋·尊师》所说，弟子为师从事农作及其他生产事情，又如秦之待诏博士叔孙通本有弟子百人，这些事情说明当时的儒者在各地有集团性的存在，且自给自足地定居着。各地因发展教育，乡村的礼事、丧葬等习俗，逐渐富有地方色彩。从《史记·儒林列传》所见汉高祖兵围鲁国时，“鲁中诸儒尚讲诵，习礼乐，弦歌之音不绝”。曹相国世家所见曹参为齐丞相，召集“诸儒以百数”。这些儒者可说都是地方的领导人物，在乡村势必与皇权产生冲突。“语书”说：“乡俗淫失之民不止”，“私好乡俗之心不变”，当指这些儒者在地方上所产生的不良影响。郡守腾不得不“修法律令、田令及为间私方而下之”；始皇三十四年，始皇帝不得不禁《诗》、《书》、百家语，以断“是古非今”的造谤集团，这便是秦始皇实施思想统制的背景。从秦简看来，地方儒者集团的发展，与地方官吏贯彻政令的决心，以及其后统制思想的施行，实具有其连贯性与现实性。町田氏的分析，似言之成理，但直接证据仍有待补强。

（4）秦简与商鞅变法

战后日本对商鞅变法的研究，已有不少论文发表。到20世纪60年代为止，从制度史的角度来探讨，以明了汉代诸制度的渊源，可说是主流，尤其对“开阡陌”一语的考证。70年代以后，转为探讨商鞅变法在中国古代史的位置，进而研究中国古代国家形成的过程及其结论。但是这个问题，西嶋定生氏在60年代已首先提出，70年代以后，遂成为研究的主题。[1]秦简的发现为学者们立说提供直接、间接的物证，当然也成为其学说再检讨与反省的依据。惟到现在为止，论文发表不多，古贺登、堀敏一、佐竹靖彦、重江启树、太田幸男等人可为代表。综合他们所论，主要的论点可包括以下几项：

甲、开阡陌的问题

战后日本对于“开阡陌”一语的解释极为纷歧，归纳起来，有以下诸说：(1) 从目的而言，有开垦说、旧地割划说；(2)“阡陌”两字是指割划方格地时直交的道路，这一点大致无异议，但“阡陌”是为一家一家而划或为壮丁一人而划，见解依然不一；(3) 牛耕以及二百四十步为一亩制，是始于商鞅变法或始于汉武帝时代，主张亦不一；(4) 关于“封疆”的解释，究竟是指新县的郊野地区，或在新县县境盛土以围之，或在个人或者一家的分配地境线上盛土？(5)“决裂阡陌”的解释，有谓破坏旧耕地的区划而作新阡陌，有谓“决”是开或割之误，有谓“决”即开；(6)《汉书・地理志下》所见“制辕田，开阡陌”的辕田，有谓为赏田，有谓为易田，有谓为区分成相当壮丁一人份的土地，有谓是井田的相对语，有谓是替换地，等等。[2]由秦简的物证，再提出新解释的是古贺登氏。古贺先由《史记》上的记载，说明商鞅的“开阡陌”是集许多小都、乡、邑，聚成为大县，然后以横、直之路加以区划，开垦田土，而成为“阡陌畛畔”状态（秦简作“阡陌顷畔”，见“法律答问”）。商鞅就是将新开拓的耕地授予壮丁，一人一顷，以养“耕战之士”。1974年，古贺

---

〔1〕 参看太田幸男《商鞅变法の再検討》，页114；1975年度历史学研究会大会报告《歴史における民族の形成》，1975年11月。

〔2〕 太田幸男前引文，页120—121。

氏在《阡陌考》一文中，[1]认为商鞅新亩制，一亩等于二百四十步，一阡陌即一千顷。古贺氏之意，即商鞅一方面实施“开阡陌”，一方面实施授田给壮丁。在“开阡陌”方面，他认为汉长安城就是依据商鞅阡陌制而设计的都市，并非自然发展起来的都市。1974年到1975年，中国学者对秦咸阳城调查结果，认为咸阳城与汉长安城规模相同，也就是两者都是阡陌制都城。商鞅的阡陌制是将百里四方之地，分成十等份，其四等份作耕地，其余六等份属于恶田、邑居、道路、山林丛泽，全部可养一万五千户。另一方面，透过爵制，对于爵九级以上者，可赐予税户、采邑，爵及赐予可世袭，封建秩序因而形成。在授田方面，秦简《田律》云：

入顷刍槁，以其受（授）田之数，无豤（垦）不豤（垦），顷入刍三石，槁二石。

（释文：每顷田地应缴的刍槁，按照所受田地的数量缴纳，不论垦种与否，每顷缴纳刍三石，槁二石。）

“受田”就是授给一般农民耕地，甚至对农民所拥有的耕地都以“受田”之名登记。据此可知国家直接掌握耕地，并严厉控制每一个人。从《田律》他条的记载，又可知农民受田啬夫、部佐等的监督，各县要定期向政府报告耕作面积、雨量，以及灾害的情形。基于这些认识，古贺氏认为商鞅“开阡陌”后的“受田”，是实施计口授田的办法。[53][58][160]堀敏一氏以为“受田”之语，向来是指实施均田制以后的田制，但是这时的“受（授）田”，是指一般农民的私田，并非指国有地的一部分（即公田）。从秦律看来，因有刍槁之租税的存在，“受田”一语，仍宜指一般农民的土地。商鞅变法因推行“阡陌封疆”的建设，可知国家对于耕地是具有一定权力的存在，这种制度或许也成为后世均田制之施行的渊源之一。[71]重近启树、太田幸男氏均赞同堀氏的“受田”见解。重近氏依据秦简《厩苑律》所说：

以四月、七月、十月、正月肤田牛。卒岁，以正月大课之，……有

---

〔1〕 参看《史学杂志》85：3，1974年。

(又)里课之,最者,赐田典日旬;殿,治(笞)卅。

(释文:在四月、七月、十月和正月评比耕牛。满一年,在正月举行大考核,成绩优秀的,赏赐里典资劳十天;成绩低劣的,笞打三十下。)

而认为秦是强制推行普及牛耕,加上商鞅实施新亩制(一亩由一百步改为二百四十步),可知商鞅的"开阡陌"事业,不只是对未垦地的开发,同时也是将新亩制实施于旧有耕地的再区划工作。这种政策的目的,在于充分利用土地与劳动力。商鞅的"分异"政策,也属于这一环。[53]太田氏以为"受田"一如堀敏一氏所说是民田,但所有权不明,似可解为共同体的土地所有。另一方面,官吏又可征租,因此本质上可视为实施国家的土地所有制。至于"为田开阡陌封疆"的解释,当是把小共同体联合起来,动员相当一县的劳力去开垦,在它的土地开辟所谓阡陌的大道,并在县境盛土作界。阡陌之语,在秦简的法律答问可见到。

以上的论述,对于向来所争论的"开阡陌"问题,似无进一步的解答。只是由秦律之《田律》得知商鞅确实施行授田制度,这种授田的前提,当然是以"开阡陌"为基础。至于实施授田后,农民获有耕作权,上述诸位的看法当是一致,问题在土地所有权归谁,则无明白指出。古贺氏看来似以为所有权在国家,堀氏似以为所有权归农民,这个问题有待进一步的探讨。高敏氏以为"废井田"是把田收归国家所有,然后将土地以份地形式"授田"给农民,商鞅的"制辕田",实质上是秦律所说的"授田"制度。"开阡陌"应当解为"决裂阡陌"与"开立阡陌"的统一过程。就此意义而言,所谓"废井田,开阡陌"是实施土地国有制度,但另一方面,透过赐爵制度,而给予"田宅"、"臣妾"。所以商鞅"废井田"以后的土地制度,是实施土地国有与私有并存制。(㉗页155以下)黄展岳氏对高氏所论表示怀疑,主要是秦简对于"授田制"的记载过于简略。(⑫⑥页26)韩国李成珪氏也认为商鞅变法以来,秦是实施土地国有制。[161]究竟商鞅的"废井田,开阡陌",与秦简所见的受田、租田制有何关系,是否两者并存,似仍应再深入研究。最近侯家驹氏有《〈开阡陌〉辨》一文发表,[1]以为商鞅"开阡陌"

〔1〕 发表于《大陆杂志》59:2,1979年8月。

的开字，是开辟与开置之意，前者指辟除旧阡陌，后者指建立新阡陌；商鞅的新亩制是240平方步。此说无参阅他人（含国外学者）的看法，而与他人有一致之处，可谓卓见。惜无利用秦简讨论，因此对于商鞅所实施之土地制度（例如所有权问题等），以及如下所述之“分异”政策，未作深入之探讨，期待侯氏及专家们对此问题作更进一步的开拓。

乙、分异政策的问题

商鞅在孝公三年第一次变法中规定：“民有二男以上不分异，倍其赋。”到第二次变法时，再规定：“令民父子兄弟同室内息者，为禁。”（《史记・商君列传》）关于第一次变法的“分异”规定，日本学界有若干不同的解释，所谓“民有二男以上”，是指包含其子在内的二位男性家长，或在其父当家长之下的两个儿子？对于这个问题，大致以后者为定说。又“倍其赋”的赋，是指口赋还是指户赋？对于这个问题一直没有定说。关于第二次变法的“分异”规定，所谓“室”应作如何解释？其与家、户、族字，有何不同？对于这个问题，一般说来，“室”内的行为是不适用刑法，但外部的暴力加予“室”时，便成为刑法取缔的对象。在“室”的范围内，法律承认对于子女、臣妾的父长权。另外佐竹靖彦氏、牧野巽氏的说法，以为日常所称的“户”，实包括在“室”内。也就是说，“户”是“室”的一部分，但在法律上，“户”可成为复数之“室”的所有主体；一“室”也有法律上所承认之复数户居住的情形，两者在法律上实际有重叠的表现。

至于商鞅实施“分异”政策的目的为何？主要也有两说对立：一是主张对大族的分解与对家的细分化，以刺激农民的生产欲望，此说以守屋美都雄氏为代表；一是主张“分异”政策的首要目的，在使聚落内族的秩序解体，然后将个别化的农民移往新县，以期推动中央集权的郡县统治体制，此说以西嶋定生氏为代表。以上诸问题，从新发现的秦简中能解答多少？依佐竹氏的看法，所谓“民有二男以上”，据“为吏之道”所附之魏《户律》以及“法律答问”看来，此“男”字当指成年男子而言。惟佐竹氏将魏《户律》之“故某虑赘婿某叟之乃孙”一语的虑字，不从释文解为“闾”，而读为“息子”（儿子），整句解读为“故与某之子、赘婿某叟之孙”，与释文解为“已故某闾赘婿某人的曾孙”，出入甚大。佐竹氏将“虑”字解为“息子”，系出自臆测，并无直接证据，而“故”又解为人名，“故”与“某”

遂成为“虑”之父母,看来似乎牵强。所谓“倍其赋”,从“法律答问”、“秦律杂抄”《傅律》等物证看来,当以户赋为是。但商鞅变法以前的秦赋为何?佐竹氏以为春秋时代是实施以族为单位的财产制,且从“法律答问”知“室”字相当于族之意,可称为室赋。商鞅的变法便是将壮丁一一给予分异,而以“户”为单位征税。到第二次变法时,更彻底实施以各小农民夫妇为单位的户赋制。其结果,所谓“赋税平”,便是指室赋制崩溃与户赋制奠立。

关于“家”与室、户之关系,从“法律答问”看来,室与家都是刑法上的单位,室等于族,家在税法上与户一致,甚至可说较户更具强烈的共同体意识。另外,在《史记·秦本纪》及《六国年表》所见秦孝公十四年条,有所谓“初为赋”的记载,岂不是与孝公三年商鞅第一次变法的“倍其赋”有矛盾之处?对于这个问题,佐竹氏将《史记》年表所载有“初”字的记事,列出一览表,发现除三代年表所见的“初封”、十二诸侯年表所见的“初税亩”、六国年表所见的“初为侯”(韩、魏、赵)等三条记事外,其余十几条记事均出现在秦代,依此看来,司马迁是将春秋以后到汉代许多重要制度的起源,归于秦代。据此事实,所谓“初为赋”,当指汉代算赋的起源,也就是口赋的成立,这在秦代又是税制上的大改革。总之,商鞅变法使室或族产生分解,而成为各个的核心家族,核心家族便是商鞅变法课税的对象。但在核心家族也有复合居住的情形,加上新亩制的成立、牛耕普及的背景,到汉代逐渐演变成为豪族。[156]太田幸男氏不赞同佐竹氏将秦简所见之“室”字解为族之意,太田氏从秦简“法律答问”、“封诊式”等简文,证明秦简所见之“室”与商鞅变法时之“室”同义,指以一壮丁为基准而居住的建筑物,登录国家之户籍时,则称为户。“倍其赋”之赋字,指户赋不误,由“法律答问”可证明。[157]

(5) 秦简与秦汉的编户制

在文献上,户籍的编造以《史记·始皇本纪》末附载之“秦纪”云:“献公……十年,为户籍相伍”为最早。当然“秦纪”不一定完全可靠,但可说明秦代户籍制起源甚早。秦简“封诊式”题有“封守”的乡某爰书“诉讼文书”是保留当时户籍形式的宝贵资料。据池田温氏的研究,其户口排列是依户主、妻、子、奴婢的顺序,子不依男女之别而依年龄大小排列,并分“大女子”、“小男子”等类别，似为后代丁中制的原形。秦律之《仓律》在规定给廪之办法时，将隶臣、隶妾(官奴婢)区分为婴儿、未能作、小臣小妾、大臣大妾等四种，区分标准是依身高，而非年龄，在前述“爰书”中的“小男子”也是记载身高，足见秦之户籍制，一般人是登记身高。至于类别区分，实与汉代的未使、小、大制，后世的黄、小、中、丁的丁中制相当，这是很值得注意的事。又，秦简有《傅律》，“编年记”也记载始皇元年，“喜傅”，这一年喜是十七岁。〔1〕所谓傅，颜师古曰：“傅，著也，言著名籍，给公家徭役也。”(《汉书・高帝纪》二年条颜注)秦简的《傅律》的确是规定登记户口及有关服役的问题。喜在十七岁著录名籍，说明秦制的傅籍是男子十七岁。㊷⑯但汉制在景帝时是规定“二十始傅”，昭帝改为“二十三始傅”(均见《汉书》)，此后二十三岁成为汉代的定制。这种演变，韩国的金烨氏认为由秦及汉初的乱世步入升平世的背景，是有莫大的关系。⑯过去治史者常说汉承秦制，从户籍制度看来，汉较秦晚三至六岁，并不同于秦制。(⑮页20)因此，借秦简重新检讨汉制与秦制之关系，实有其必要。“编年记”在始皇十六年又载“自占年”(申告自己年龄)，此事也见于《史记・始皇本纪》，曰：“初令男子书年。”据池田氏的推测，可能自此年起，前述秦之户籍登记，由身高制改为年龄制。(⑮页20)

基层编制方面。汉代县之下有乡、亭、里等区划，但亭是否与乡、里不同而另成为军事警察组织的系统，或者作为旅馆设施的机构，学者说法不一。乡、里方面，究竟是行政村抑或自然村，如果是行政村，则户数是若干？又，乡、亭、里三者之间相互关系如何？这些问题在日本学界尚无定说。又商鞅在邻保组织方面，是实施什伍之制，所谓“令民为什伍”者是，汉代沿承此制。但学界对于什伍之施行，有谓实际是伍制，有谓什制，见解不一。对于上述诸问题，依堀敏一氏对秦简的研究，以为秦简所见只有伍制；而亭是属于校长、求盗，从事缉捕盗贼的工作，当是警察机能的机构。里的性质，堀氏采用西嶋定生、池田雄一氏的看法，认为是以

---

〔1〕 据“编年记”，喜生于秦昭王四十五年(前262)12月，到始皇元年(前246)，虚岁是十七岁，一般也都以虚岁计算。但高敏氏以实岁计算，而主张满十五周岁是秦始皇时代成年的标准，进而连《史记》、《汉书》所见的年龄，都认为是实岁，这种看法，恐怕不符史实。

传统自然村为基础而设立的行政村，因此里有一定的土地面积，这一点与后世的行政村只以户数编成者不同。从秦简“封诊式”之爰书、“法律答问”以及“秦律杂抄”之《傅律》所见的里典（为避始皇帝之讳，将里正改为里典）、父老、伍人等职称，均是肩负行政责任者。可知里与伍同是国家行政组织的末端，而为汉所承袭。[71]太田幸男氏为秦简所见的“里典”、“里人”、“里界”等语，是商鞅以后所出现的行政组织，现存与商鞅变法有关的文献，并不见有关里的记载。因此从秦到汉有关里的变迁问题，有待进一步探讨。[157]重近启树氏的看法，颇接近堀氏，但他强调秦简所见有关县的编制至为庞大，其官职除县啬夫（即县令）、丞、尉以外，部属尚有令史以及各部门之长官的田啬夫、仓啬夫、苑啬夫、库啬夫、亭啬夫、发弩啬夫等，总称为官啬夫，之下有佐、史等属吏，另外也有县司马、县司空等官职。这样庞大的编制，的确令人吃惊。因此，秦及西汉前期的地方政治是以县为主体，县之下有乡里制，汉代的乡有有秩、啬夫、乡佐、游徼、三老等职，秦简有“乡主”一职（“封诊式”），似与汉之有秩、啬夫相当。但秦对乡之重视，似有过于汉。秦简《效律》云：

都仓、库、田、亭啬夫，坐其离官属于乡者，如令丞。

（释文：都仓、库、田、亭啬夫，承担下面属于乡的分支机构的罪责，都和令、丞同例。）

重近氏将“都仓”之都，解为“县廷”，释文曰“总”，似以重近氏之解为是。此文说明秦在乡之机构，配属相当数目的属吏，而受县之各个啬夫指挥，犯罪时与县之令、丞同例办理。这些属吏与汉代在乡只配置民政关系的有秩、啬夫、乡佐等职看来，秦之乡对中央的重要性显然要大于汉制。重近氏的这一见解很值得注意。但最近钱剑夫氏认为秦自商鞅变法后，所有乡邑皆已合并为乡，地方最基层的单位是县，秦简所见的啬夫是最小也是最低的县官，到汉代变为乡官。[128]因此，对于乡的地位及其演变，实有再检讨的必要。至于乡里制的编成，一如堀氏所指出，秦汉是建立在自然村的基础上而设定其行政村；以里而言，是集若干自然聚落而合成一行政上的里，里正便是此一行政村的负责人。行政村可说是拟制的共同体，国家就是透过行政村的里正，掌握许多共同体的机能，促使农民从事再生产，就此意义而言，农民是有其非自立性的一面。但因拟制的共同体是建立在自然村的基础上，代表维持自然村秩序的“父老”，在秦汉时代尤具重要角色。[71]至于秦汉时代，国家秩序与民间秩序如何协调的问题（即民间秩序为自律性或他律性的问题），尤其豪族在当中所扮演的角色为何，迄今尚无定论。

另一方面，如前所述，古贺登氏从秦简证明国家是直接且全面地掌握耕地，而耕战之士，“事末利及怠而贫者，举以为收孥”（《史记·商君列传》）。显然耕战之士是为良民而非奴隶，也就是说受田民非为“国家的奴隶或总体的奴隶”。再从“治狱案例”（“封诊式”）看来，秦并不承认父母、主人对子女臣妾有生杀予夺之权。也就是说，秦简所出现的时代，并非氏族制社会，也非氏族共同体的解体期；秦汉时代不能说是古代国的成立，汉代也非“家父长的家内奴隶制”，而是克服了奴隶制，进入封建制的时期。古贺氏的说法，显然不赞同西嶋定生、仁井田陞、堀敏一等人的说法，他借秦简再强化他所主张以战国中期作为古代到中世之分界线的时代区分论。古贺氏以为战国中期，先进的中原诸国，无法解决其奴隶制内部日渐激化的矛盾，反而后进的秦国，克服其内在的矛盾，产生新体制，乃由古代演变为中世社会。尤其商鞅所推行的身份制，是封建新秩序出现的重要成因。

堀敏一氏对于古贺氏再以秦简补强其时代区分论的说法，只承认了一部分，此即以春秋到战国是划期性的时代，在这个时代出现农民的小经营以及由社会分解而产生地主制。但他特别强调秦简所见的国家在农业生产上是扮演重要角色，也就是农民从事再生产时，国家在共同体机能上是担任重要的部分。基于此故，国家将农民一个个组织在其行政性质的村落内，以便实施“个别人身的支配”。从“法律答问”规定子不得控告父母，奴隶不得控告主人，如控告时要受罚一事看来，显然是承认家族内的身份秩序，以及家父长制的发展。[71]池田温氏也认为战国后期的列强政策，是走向打破氏族制，建立以成丁自立、小型家族为基础的社会，因而各国的造籍是以父系血统为限，进而建立父系宗族制，此由秦简可得证明。（⑮页18）同样从事秦简的研究，堀、池田两氏均以为战国中期以后氏族制已解体，家父长制已建立，古贺氏则不以为然。何者为是，有待今后进一步的探讨。

（6）其他

饭岛和俊氏据秦简所载“无害”之事，探讨秦汉郡县属吏的登用法。在汉代，郡县长官对于百石以下斗食的登用，是可自由征辟。秦制由竹简《置吏律》知官啬夫出缺时，令史与诸啬夫是其候补者，补任的条件为“君子无害”。所谓“无害”，当是具有实务能力的官吏；君子者，一般是指道德修养高尚的人物，但由《商君书·算地篇》知君子是指一定身份的称号；由“竹简《徭律》”、“秦律杂抄”，可知君子指负责土木工程或军营之事务者。不论何种意义，均指与一般民众不同者。到汉初，“无害”依然是拔擢登用官吏法的一种标准，到武帝时代此制犹多采用。汉代所见的“文无害”，是文吏的理想形象。[111] 以上饭岛氏所论，是据秦简而对散见在《史记》、《汉书》中的“无害”登用，给予较明晰的解释。或许司马迁、班固所谓酷吏、循吏的分类，也可由实务能力（无害）的评价来区别。

另外，堀敏一氏指出《仓律》规定按亩而播种稻、麻、禾、麦、黍、荅（小豆）、菽（大豆）等作物量，这是为技术指导的目的，或节约储备种子、粮食的缘故？详情不清楚。《厩苑律》强制农民饲育耕牛，似可说明政府为普及牛耕所作的努力。堀氏的问题提起，实在很有意义。[71] 池田温氏指出仓律有“廥籍”的规定，这是有关谷仓之籍的制度，可视为后代谷仓管理的渊源，也是支持秦代实施法治的具体事例。（⑪⑤页 20）

三、今后的课题

秦简大量的出土是史上首见，秦简中以秦律居多，更是研究秦代法律的好材料。竹简秦律的发现，解决过去学者对商鞅六律的疑虑，进而证实六律之外，尚有许多追加性质的律名存在，这种情形为汉代萧何《九章律》以外，尚有许多律名存在的事实，作了最适当的物证。从秦律看来，大致是规定行政上诸制度以及违反此等制度的处罚，令是未编辑成律以前的行政法令；从其内容看来，律与令是同一性质的，它证明秦自商鞅以后，把各种制度及政策，全都用法律条文固定下来，到汉代不变。晋代泰始律令完成后，律与令的性质始正式分家；到隋唐时代而定型，此时之律可说是刑法，令则为行政法。由于唐以前，现存有关律令的资料，只是散佚存在，秦律（含魏律）的大量出土，对于今后法制史的研究（如秦的刑罚制度，秦汉律的异同等），甚至秦的官制（尤其有关诸啬夫之职）、兵制、土地制度、徭役制度、赐爵制度、租税制度、仓库管理、财经出纳等制度，以及当时社会问题（如隶臣妾的地位、物价、社会风气等）都可提供第一手的物证。“语书”（南郡守腾文书），有助于了解秦始皇时期的政治、军事形势，以及秦的用人制度，县道并立的地方行政系统，县设啬夫制度，郡守、县道啬夫的职权，文书传递制度，等等。“编年记”可以订正、补充《史记·秦本纪》、《六国年表》以及世家、列传所载有关秦进行统一战争的若干年代、地区和事业。“为吏之道”除说明良吏、恶吏的标准外，也反映出儒法道合流的初步迹象，以及当时的社会风尚等问题。秦非纯粹实施法家政治，由“为吏之道”可提供第一手的物证。

整个说来，秦简的出土，为商鞅变法前后直至始皇帝统一中国的历史，提供直接的物证，也为汉以后诸制度的渊源，提供有力的线索。秦简的研究，势必如敦煌学一样，将成为显学，尤其在秦汉史研究的领域，甚至可说探讨传统中国文化的本源，秦简将是不可缺少的第一手资料。由于秦简内容公之于世，迄今不过四五年，其高水准研究成果的发展，尚需一段时日，问题是我们对这些新材料将如何利用？台湾地区学者的研究，以笔者管见，到目前为止，只邢义田氏发表过一篇，〔1〕这一篇还是邢氏在国外撰成的，因此，殷切期待台湾地区学者能有更深入的研究成果发表，以嘉惠学界。

日本学者，如前面的介绍，从 1977 年以后就积极在解读、研究秦简，这些研究者并不限于秦汉史专家，从秦汉史到隋唐史专家，从中国史到日本史专家，从社会经济史到法制史专家，等等，都投入秦简的研究行列。到 1980 年底为止，大都停留在一字字的解读、译注等基础工作，这种工作并非全由学者单方面负责，而是以大学教师为中心，领导其研究所学生一起研读，大致每周研读一次，有的“讲读会”甚至排在晚上六点到九点，其孜孜矻矻的研究精神令人敬佩。研究成果方面，从上面的介

〔1〕 同页 113 注〔1〕。

绍，可知日本学者目前侧重于秦简与现存文献之间的比较研究。简言之，借秦简以对现存史料进行再批判。其次，重新检讨秦汉国家形成的过程及其结构、性质，特别是专制皇权透过何种方式，将其权力伸展到地方末端的问题，例如对县及乡里制形成过程的检讨，编户制、身份制的探讨，当是由于此故。再次，对秦汉诸制度的重新检讨，尤其是李悝《法经》、商鞅六律及萧何《九章律》等法制完成后的律令发展。例如商鞅六律不全本于李悝《法经》，萧何《九章律》不全本于商鞅六律，由竹简秦律已可直接、间接获得证明。

一九八一年一月五日初稿写于东京

（原载《食货》复刊第十一卷第三期，一九八一年六月）

补记：拙文发表后，始见许师倬云教授鸿文《由新出简牍所见秦汉社会》（《"中研院"历史语言研究所集刊》51：2，1980年6月），读者可参阅。

二、敦煌学与隋唐史研究

——兼介绍日本新刊两种有关敦煌学的著作

池田温著:《中国古代籍帐研究》,东京大学东洋文化研究所发行,1979年3月。本文128页,录文541页,均分上下栏,14开,非卖品。

池田温等编辑:《讲座敦煌》,全十三卷,大东出版社,自1980年4月出版第一卷,以后大约每隔两个月出版一卷,预计至1982年5月出齐,每卷自日币六千至八千元不等。

一

20世纪在我国发现的新史料,主要有四:一是殷墟的甲骨,二是敦煌及居延的汉简,三是敦煌(含吐鲁番)的六朝隋唐五代卷轴,四是清代的内阁大库、军机处档案及宫中其他档案(如朱批)等。其中以第一及第三项尤称显学,迄今已蔚为大国。

敦煌的六朝隋唐五代卷轴,是"敦煌学"的核心所在。但广义的敦煌学,尚应包括其艺术作品。兹略为说明于下。所谓卷轴,即写本卷子,大约有四五万卷,主要分藏在伦敦、巴黎、圣彼得堡、北京、京都等处。台北"中央图书馆"藏有153卷,其时代上起六朝,下迄五代宋初,几乎全为释氏经典。台湾历史博物馆藏有20余卷，以唐写本为多。另外台湾"中研院"曾托日本东洋文库购得斯坦因所收集而藏在伦敦大英图书馆（旧名不列颠博物馆）的汉文卷轴的全部微缩胶卷，并收藏有少数包括唐五代写本及宋初藏文经残卷。总之，敦煌文献资料，就其文字而言，绝大多数是汉文，但还包括一些梵文、藏文、粟特文、回鹘文、于阗文，以及若干迄今尚未断定、而只可确信曾经流行于中亚现今已失传的文字。其收藏的国家，除中国以外，尚包括英、法、日、俄等。至于私人收藏，海内外均有若干家。由于英、法两国获得这些文献在各国之先，其学术性质较高的写本，自然多落入英、法之手。但其数量，英（含未整理之断片在内，有一万卷以上）较法（约有四千卷）为多；问题是英国在十几年前已先做成复印本，其后又制成微卷公开出售，法国除伯希和、王重民所编之简目外，仅有五百号的详目出版，并未做成微卷，各国敦煌学者，欲参考伯氏所携回之卷子，势必亲往巴黎阅读。近年法国又分别购得伦敦所藏微卷，并商得剑桥大学复制北京所藏微卷，于是法国所拥有的文献资料，已四分天下有其三，俨然以国际敦煌学研究中心自任。去年（1979）10月初借伯希和百岁纪念，在巴黎召开的"敦煌西域文献研究会第一次国际会议"，便是此事最佳的说明。就敦煌资料的内容而言，可说应有尽有，举凡宗教经典（以佛教经典为最多，其次是道教、景教、摩尼教、祆教等）、儒家经典、史地材料、语文材料、自然科学材料、社会科学材料等，均包含在内。其最早的写本，为晋义熙二年（406）或稍前，最后的写本为宋大中祥符四年（1011）或稍后，但以唐朝的文献为最多。

至于艺术作品，有窟洞（包括敦煌的莫高、榆林二窟及西千佛洞，和安西的小千佛洞）的壁画、绘塑、建筑、织绢、刺绣、版画、碑拓等。其所涵盖的时代，大致起于苻秦以迄清代乾隆时期，即4世纪中叶至18世纪末叶，但以唐代所代表的艺术最丰富，亦最发达，当然仅唐代又包含着若干阶段性的变化。由于写本卷子携带方便，故散失殆尽；但艺术作品则否，尤其壁画，几乎完整地保存下来，不仅是研究中国艺术史及中西交通史的宝库，而且也可作为测定艺术作品的尺度。

由于台湾地区诸前辈先进对于敦煌学的介绍，已有多篇论文发表，例如：

李宗侗：《二十世纪中国各种新史料的发现》第二章“敦煌学”，收入《二十世纪之科学》第九辑“人文科学之部：史学”，正中书局，1966年。

苏莹辉：《敦煌学概要》，台湾“国立编译馆”发行，中华丛书之一，1964年。又见同氏：《敦煌论集》（学生书局，1969年初版，1979年修订再版）所收诸篇论文。

陈祚龙：《国际敦煌学研究综述》，原载《新中国评论》40：5，1971年5月；又收入同氏著《敦煌资料考屑》，上册，岫庐文库057号，台湾商务印书馆，1979年。

劳榦：《敦煌艺术》，中华丛书编审委员会发行，1958年。

沈以正：《敦煌艺术》，雄狮图书公司发行，1978年再版。

欲知其详，请多参阅。陈祚龙氏并于近期将撰述“敦煌学七十年”，以嘉惠学界，我们愿拭目以待。至于介绍外国的敦煌学研究概况，苏、陈两氏的论文，也可参考。此处所要补充的，日本神田喜一郎氏《敦煌学五十年》（二玄社，1960年初版；筑摩书房，1970年增订本初版），是誉满海内外的力作。法国汉学泰斗戴密微氏的“Recents Travaux sur Touehhouang”（通报 *T'oung Pao*，54：1—3，1970年），也是代表作（参看陈祚龙前引文）。法制文献方面，池田温、冈野诚著《敦煌、吐鲁番所发现有关唐代法制文献》一文（《法制史研究》27，1978年5月）（拙译，见《食货月刊》复刊9：5、6、7、8，1979年9、11月），有详细的介绍与校读。

二

“敦煌学”所涵盖的时代虽广，但其资料最多、最有研究价值者，如上所述，是在隋唐一段，已为学界所公认。70年来的研究，对隋唐史的贡献，自然是多方面的。例如陈寅恪氏是利用巴黎图书馆所藏的敦煌写本伯希和号2640李义府撰《常何墓志铭》，始知唐高祖武德九年六月四日李世民敢发动政变的证据，在于守玄武门将领常何（原为建成旧属）为世民所收买。此一新史料的发见，正足补释旧史之不足，亦得解开六月四日玄武门之变之谜。[1]又如唐代的均田制度，究竟有无确实施行？如有，则施行到何种程度？对于此问题，一二十年来的日本及中国学界，有过一番激烈的争辩。能给予有力回答的，是日本西嶋定生、西村元佑等人据吐鲁番文书（包含欠田文书、退田文书、给田文书、田籍文书等）的研究，证明唐代的吐鲁番地区确实施行过土地的收授制度，进而推论内地当也施行均田制度。惟施行之地区，多数学者认为是局部的。[2]

律、令、格、式之法制上的发展，到唐代而完备，但令、格、式以及判等内容，至今已多亡佚，幸有敦煌、吐鲁番文献的发现，始得窥知其原貌之一二。尤其以永徽《职员令》残卷留下行数最多，也是今存唐代法典中明白书写年次之最古的写本。（参看拙译池田温、冈野诚著文，见本书后节）最近，即 1969 年在吐鲁番阿斯塔那墓发现唐写本《论语郑氏注》，是出自十二岁私学（义学）生卜天寿之手，非常令人惊讶。此事至少说明(1) 西域的儒教主义教育相当普及，与内地并无二致。(2) 西州及其前身之高昌国的儒学是北学系统的传承。(3) 西州时代虽不见设置官学之文献，但由《沙州图经》知其邻近之沙州（大部分时间指敦煌县）确实设有州学、县学，再参考卜天寿书写《论语郑氏注》及“三台词”、“千字文”与其他诗句，以及 1959 年 10 月在新疆若羌县米兰古城发现的坎曼尔诗签两件，笔者确信西州当设有如沙州之官学。[3]

艺术方面，初唐与北魏的区别巨大，甚至可说是艺术上的革命。（见劳榦前引书，页 29）盛唐以后，变得绚丽，至晚唐而造乎极峰。以供养人像而言，北魏至隋代，体形率皆小而简略；盛唐以后，渐趋繁缛，男则峨冠绯袍，执笏佩鱼；女则凤冠绣服，圆脸丰姿。北朝朴鲁之习，唐人伟丽之风，于此可见。又我国历朝正史，虽皆有《舆服志》，惜图样多失传。今幸敦煌壁画之供养像遗存，时代包括西魏、隋、唐、五代、宋、元、清诸朝，人物包含男、

---

〔1〕 陈寅恪：《唐代政治史述论稿》，中篇，收入《陈寅恪先生论文集》上册，页 205，九思出版公司。

〔2〕 参看拙作《介绍战后日本史学界对中国史时代区分的论战——以“古代”下限的争论为中心》（下）页 37，《大陆杂志》52：3，1976 年 3 月。本书页 34—70。

〔3〕 拙作《中国教育文化圈在东亚地区的形成——韩国篇、渤海高昌附》，页 219—220，台湾《“国立编译馆”馆刊》8：1，1979 年 9 月。

女、老、幼，民族包括汉、满、蒙、回、西夏、吐蕃、于阗等，足为研治民族史、服装史者观摩之资。（见苏莹辉前引《敦煌论集》，页164）陈寅恪氏在1930年就呼吁莫将此残篇故纸视为未必有系于学术之轻重者。他由北京图书馆所藏敦煌写本八千余轴举若干实例加以证明：

> 《摩尼教经》之外，如《八婆罗夷经》所载吐蕃乞里提足赞普之诏书，《姓氏录》所载贞观时诸郡著姓等，有关于唐代史事者也。佛说禅门经，马鸣菩萨圆明论等，有关于佛教教义者也。佛本行集经演义，维摩诘经菩萨品演义，八相成道变，地狱变等，有关于小说文学史者也。佛说孝顺子修行成佛经，首罗比丘见月光童子经等，有关于佛教故事者也。维摩诘经颂，唐睿宗、玄宗赞文等，有关于唐代诗歌之佚文者也。其他如佛说诸经杂缘喻因由记中弥勒之对音，可与中亚发见之古文互证。六朝旧译之原名，借此推知。破昏怠法所引龙树论，不见于日本石山寺写本龙树五明论中，当是旧译别本之佚文。唐蕃翻经大德法成辛酉年（当是唐武宗会昌元年）出麦与人抄录经典，及周广顺八年道宗往西天取经，诸纸背题记等，皆有关于学术之考证者也。但此仅就寅恪所曾读者而言，其为数尚不及全部写本百分之一，而世所未见之奇书佚籍，已若是之众。傥综合并世所存敦煌写本，取质量二者相与互较，而平均通计之，则吾国有之八千余轴，比于异国及私家之所藏，又何多让焉。[1]

总之，敦煌学对学术的贡献是多方面的，但因主要的内容是在隋唐这一段，所以敦煌学对隋唐史的贡献也是多方面，由于篇幅关系，无法详细介绍。当然敦煌资料，尤其文献资料，多破损不堪，因而其使用价值受到极大的限制，这是非常可惜的事。

三

陈寅恪氏在1930年为陈垣氏所编之《敦煌劫余录》作序时，也指出

---

〔1〕 陈寅恪：《〈敦煌劫余录〉（陈垣编）序》，收入《陈寅恪先生论文集》下册，页1377—1380。

吾国学人治敦煌学远较他国为少。他说：

> 一时代之学术，必有其新材料与新问题。取用此材料，以研求问题，则为此时代学术之新潮流。治学之士得预于此潮流者，谓之预流（借用佛学初果之名）。其未得预者，谓之未入流。此古今学术史之通义，非彼闭门造车之徒所能同喻者也。敦煌学者，今日世界学术之新潮流也。自发见以来，二十余年间，东起日本，西迄法英，诸国学人，各就其治学范围，先后咸有所贡献。吾国学者，其撰述得列于世界敦煌学著作之林者，仅三数人而已。夫敦煌在吾国境内，所出经典又以中文为多，吾国敦煌学著作，较之他国转独少者，固因国人治学，罕具通识，然亦未始非以敦煌所出经典，涵括至广，散佚至众，迄无详备之目录。不易检校其内容，学者纵欲有所致力，而凭借末由也。〔1〕

民国十九年（1930）距英国斯坦因首先到敦煌携回庞大的写本（1907），前后是二十四年，所以陈氏说二十余年间。这二十余年间，国人治敦煌学有成，得列世界学者之林者，在陈氏看来只有三数人而已。此三数人或指王仁俊、罗振玉、王国维、刘复、董康及陈垣等人，其实陈氏也应包括在内。但敦煌在吾国境内，所出经典又以中文为多，这样的成果，在陈氏看来是不如外国的。其实，直至今日，我们敦煌学研究又进步了多少呢？这是很值得检讨的问题。苏莹辉氏在1961年说：

> 敦煌石室发现后的历代卷轴（包括写经、绢画等等）被外人辇走的数量，日本至多居于第三位，然而近十余年来，日本学人研治“敦煌学”的风气，远在英、法诸邦之上；尤其是他们研究工作的分工很细，而且研治这门学问的人也很普遍，不像欧洲大陆只是把重心聚集于一两位老辈的身上。并且他们还设有机构（如京都有“西域文化研究会”，东京有“敦煌文献研究联络委员会”）从事策动研究。……亚洲国家从事

〔1〕同页142注〔1〕。

于"敦煌学"研究最炽热的,又莫过于日本。[1]

苏氏指出战后世界各国研究敦煌学最盛的国家,莫若日本。陈祚龙氏在1971年指出敦煌学的初期研究成果时也说:

一方面我们邻邦日本的学者专家们,因其对于整个中华文化的了解与研究,一向即有稳健的基础;外加他们对于"敦煌学"也好,"甲骨学"或"汉简学"也罢,从来既不认为是什么"冷门",亦不觉得是什么"热门",他们仅懂得在任何的境况下,始终以龟兔赛跑的办法,为求学术的"发现发明",继续埋头钻究,认真负责地去作整理、分析与归纳。到了今天,世人可就不得不承认:国际学者专家对于"敦煌学"的钻究业绩,其中最称可观者,完全是日本人的业绩!

陈氏也认为时至今日,日本的敦煌学研究,已是傲视世界各国。至于各国的研究情形,例如英国,陈氏以为:

无非只是收藏了一些原物,至其用以作为有关学术上的"发明",倒真可说:实在是少之又少。

讲到苏联,陈氏以为"最多也不过只比英国要稍好一点而已!"意大利的业绩,是"少得可怜"。德国以往注重中央亚细亚文明的研究,至今仍未改变,但由于敦煌学之原物殊少可资利用,"成就自然极为有限"。在欧洲,研究敦煌学最有成就的国家,当数法国。陈氏说:

一方面由于他们(法国)的根柢健厚,一方面他们个个都肯为学术而学术,所以每当他们发表一篇有关这种"显学"的论文,或者是刊行一大本巨著,言其内容,无非是既富"发现"!且多"发明"!

---

〔1〕 苏莹辉:《国际汉学界与敦煌学》,收入同氏著《敦煌论集》,页4、8。

至于美、加两国的业绩，“最多也只能算是一知半解！事实上，比起西欧法国的业绩，可说是望尘莫及”。陈氏并引用杨联陞氏的一封信，提到对欧美及中国台湾学风的批评，杨氏说：

> （台湾）近年颇有重美轻欧趋势，正宜改正。……如所谓“敦煌学”者，在美国青年学人中，似尚未有能着边际者，深入研究，更无论矣。在台诸公对日本学人贡献，似太忽略，英美比较年轻之学者，反多走日本路线，亦似有畸轻畸重之弊。[1]

从以上几位台湾地区敦煌学专家对于海内外敦煌学研究的评价，可知从大战后至今日，其研究最盛、最有成就者，当首推日本，其次为法国。李殿魁氏在1979年10月初，参加在巴黎召开的“敦煌西域文献研究会第一届国际会议”后，曾撰述会议“纪要”一文，刊于《幼狮学志》第15卷第4期（1979年12月）。文中提到参加此次会议的学者，包括法国、日本、中国、英、美、加拿大、匈牙利、波兰、德国、马来西亚等，计九十余人。其中日本代表有三十六人，法国代表三十人，华裔学者共十一人，其中由中国台湾去的只两位，一是政大的罗宗涛先生，一是文化的李殿魁先生，均专攻中文。李殿魁氏在“纪要”文后，指出此次会议“虽然是讨论中国学，可惜我们不能担负起领导或参与的责任”。他又说：

> 日本学者颇有组织，有专人翻译论文提要，或提供讨论资料，甚至每位发言都录音、摄影，态度认真而热烈，发挥了团队精神！……身为华裔子弟，睹此学术亦由异国学者代庖，若干专门题，人家侃侃而谈，吾人于此类专题，由于资料接触不够，尤以大陆地区新出资料，一无所见！几乎对大部分问题不能赞一辞，实不得不为之扼腕痛惜！

李氏的话真是语重心长，读来令人痛心。寻求根治，首先须找出原因，以敦煌学之不振而言，陈寅恪氏在前引《敦煌劫余录序》中，已找出二项因

〔1〕 以上陈祚龙氏的看法，见拙文前引《国际敦煌研究综述》，页138—142。

素，一是国人治学罕具通识，一是无详备之目录。前者为史识缺乏，后者为工具书缺乏。但这是20世纪二三十年代的病象，时至今日，除寅恪氏所指的二项因素尚未完全克服外，愚意以为至少还有以下几项因素影响台湾地区敦煌学之不振。

1. 时局的影响：李殿魁氏指出大陆新出资料，台湾地区学者一无所见，以至在国际会议上无法赞一辞。旧有基础已打不稳，新知又无法获得；从事研究时，对于旧有的成就又不能也不易吸取，三十年来的台湾学界，有如在断了根的基础上研究，一切似乎都在重新做起，成就自然有限。

2. 缺乏有计划的提倡：敦煌学已成为一种专门知识，有赖于政府的提倡与资助，尤其在资料的搜集与图书设备等方面，亦有赖于教育机构的传授与研讨，台湾中国文化学院曾经开过"敦煌学"的课程，这是非常可喜的事，惜不能有效地推广。

3. 教育功能未予充分发挥，尤其是研究所教育：近年来研究所急速膨胀，显然台湾地区已将培植专才的任务放在研究所教育，事实上这也是国际的潮流。问题是我们研究所教育急速发展的结果，已徒具形式，研究生之间流传着以读书为副业，以兼差为正业，这是何等严重的教育问题。探讨其因，不外是研究所教育缺乏磨炼，毕业容易的缘故；无形中养成虚矫之气，专才自然不易求。但是这种现象的形成，不能完全责怪学生，研究所制度的不健全、学校图书设备的不充足、指导教授没能善尽其指导之责等都是重要因素。笔者深深以为日本今天的汉学（含敦煌学）研究能有如此成就，这个基础是在研究所阶段奠下来的。他们决定专攻"东洋史"是从大三开始，在此之前为共同科教育，起步可说比我们历史学系学生迟。到研究所（大学院）以后，除与我们一样规定必修学分外，便是实施所谓师徒制教育。在师徒制教育的磨炼下，他们开始超越了我们。所谓师徒制教育，是研究生一直追随指导教授修读其所开的课程，至走出校门为止，课程名称每年虽同，但每年的学分均予承认，这是与我们制度最大不同的地方。其实台湾地区的传统教育，本来也是实施师徒制教育，只是今日的教育制度太过于西化，轻易地将此传统放弃而已。

4. 个人做学问缺乏务实的态度，学者之间又缺乏分工合作的精神：务实和分工合作正是日本人的特质，也是今日他们所以能独占世界鳌头的关键所在，前述诸位学者专家已略为提到此事。所谓务实，是丝毫不马虎，日人运用在做学问的态度上，便是一字一字读文献，并追溯其渊源关系，此字不懂不读下一字。例如研究政治史的，从正史《百官志》或《选举志》读起；研究经济史的，从正史《食货志》读起；研究敦煌学的，便从残篇故纸一字一字辨识做起。这种读法，不只在学校的课程如此，即使私办的研究会也是如此。不只研究中国学是如此，其他各种学问也是如此。只有务实，才能奠好学问的基石，这种做法，笔者以为深受德国兰克以来正统史学派所主张的实证主义的影响。[1]至于分工合作，日人常在某一主题之下从事共同的研究，其结论各人可不尽相同，但为研究此一主题而努力则一。岩波书店近年来出版的几套丛书（如讲座《日本历史》、《世界历史》等），是较受瞩目的成果之一。以下要介绍的两种日文新刊，正是代表上述两点为学方法的作品。池田温氏所著的《中国古代籍帐研究》一书，正可代表日人为学的务实；池田温等人所编集之《讲座敦煌》一套丛书，正可代表日人分工合作的新成果。

四

池田温氏所著《中国古代籍帐研究》一书，为十四开本之巨册，每页分上下栏，印刷精美。本文 669 页，共分两大部分，一为概观，一为录文。概观分序章及三章。序章说明两项，一为中国史的特质及其籍帐，一为古代籍帐的发见及其研究，也就是研究史的检讨。第一章古代籍帐制度的形成，说明籍帐的源流、战国秦代的户籍、汉代的簿籍等三事。第二章古代籍帐制度的变质，说明魏晋南朝的户籍、十六国时代的户籍、北朝时代的籍帐三事。第三章古代籍帐制度的完成与崩溃，此章可谓本书的核心，共分隋代籍帐的完备、唐代的造籍、开元敦煌籍所出现检括的痕迹、天宝敦煌籍所出现伪滥的倾向、敦煌差科簿的推移——掌握丁中的弛缓、安史乱后籍帐崩溃的倾向——以大历四年敦煌手实作为线索等几部分。录文部分共分两类，一为籍帐、差科簿，共收敦煌籍帐（15 件）、吐鲁

〔1〕 参看拙作《日本东洋史学的成立与发展》页 1—2，《食货月刊》7：10，1978 年 1 月。本书页 4—5。

番籍帐(59件)、差科簿(4件)等78件;一为诸种文书,包括官文书、寺院文书,计238件;总共录文316件。

池田氏的书名冠以"古代",叙述的时代,从商周到隋唐,这种时代区分,正是以东京大学为中心的学者们的说法。以京都大学为中心的学者们却将隋唐作为"中世"的结束。日本史学界对隋唐一段的时代区分法差异很大,这是我们参考日人著作时应格外留意的地方。[1]

池田氏的书,征引广博。对于史料,除正史、类书等文献都有给予积极地批判以外,还大量引用当代的第一手资料。例如论战国、秦代的户籍,除《史记》、《商君书》、《管子》等文献外,并大量征引于1975年末在湖北省江陵地区的云梦县睡虎地秦墓所发现的秦简(此等资料,1977年已整理出版,书名曰《睡虎地秦墓竹简》),以为论证。第三章论隋唐的籍帐制度,更广泛征引敦煌、吐鲁番所发现的文献。以敦煌吐鲁番的文献而言,半世纪以来海内外学者专家对籍帐制度的检讨,到池田氏书出,可谓集其大成。

本书作为"敦煌学"有关籍帐类的录文而言,可说是最完备的书。不但上栏用作残卷故纸的图版影印,下栏作为此图版的解读录文;而且每一件之后,有一注记,详注原本所藏机关、登录号码,以及已刊行之目录与号码,学者判读异同的论文等,对一位初学者或研究者,实在是非常方便。从这些资料的判读与编排,可想见池田氏所花费的工夫,以及治学的踏实。在概观部分,虽然作者在"序"里客气地说是对从来诸研究的成果所作的整理,实际上作者多年来殚精竭虑的成果均已融会在本书里。从概观各章所述的内容看来,作者对每一问题的每一环节的海内外研究成果,均知之甚稔,因此对于近人的论述,不但广引日人的著作,亦兼及国外,如中国、法国、英国、美国、苏联等学者的著作。这种广博的学识,在日本学界并不多见。是故本书对初学者而言,的确提供了很好的研究史;对专家而言,也可获得不少启发。

例如作者以为睡虎地秦墓竹简题有"封守"的"爰书"(即诉讼文书)及《仓律》,并记载有关秦代户籍的形式。以爰书的书式而言,其户口排

〔1〕 参看拙作《介绍战后日本史学界对中国史时代区分的论战——以"古代"下限的争论为中心》(上)(下),《大陆杂志》52:2、3。本书第一篇之二、三节。

列是户主、妻、子、奴婢，其子的排列是按年龄大小而非男女之别；《仓律》中的给禀规定有关隶臣、隶妾(官奴婢)的区分，是婴儿、未能作、小臣、小妾、大臣、大妾，与汉代的大、小、未使及后世的黄、小、中、丁的丁中制相当。《仓律》的区分标准，是明示各个身高而非年龄，即连上述爰书所见的小男子某亦载以身高若干。故知秦代的户籍登记是以身高为主，年龄较次。秦代的这种户籍制度，经作者的提起，的确很令人注目。(页 19)又汉代的籍，一般称为名、名数、名籍，是以记载户口为主，但是否有如唐代的户籍也登载田宅，作者感到疑问。惟汉代有垦田统计，确实是施行田地的登录，但此登录，作者认为不在名籍，而是以另一种形态施行。这个论点也是很令人注目的。(页 22 下栏)再从汉代——尤其是西汉的造籍看来，作者给予很高的评价，认为汉代对于户口的掌握、资产的登录，较六朝隋唐来得有效，实是汉代实施"个别人身的支配"有效的证明。到北魏后期，实施均田、三长、均赋制等作为统治人民的国家体制，成为隋及唐朝前期之国制的直接祖型。敦煌所发现属于北朝时代(西魏大统十三年丁卯)的籍帐(属于计帐?)有一件，此文书的重要性，杨联陞、曾我部静雄、仁井田陞等人已多论及，作者在本书中也有若干补充及检讨。

现存的籍帐，几乎都属于 7 世纪末武则天时代到 8 世纪中叶，作者将这些残卷分成三大类，即武后、开元年代，天宝年代，大历年代，其形式内容互有不同。从西陲这些残卷的分析，适可反映出唐代律令制度到武后以后的弛缓、动摇，以至崩溃的历程。安史之乱所给予西陲的影响，从这些残卷故纸堆中，也可充分地看出来。例如天宝六载籍伪滥的出现(例如女口过多、中小男脱漏等)，大历四年敦煌手实所见掌握丁中的后退(例如对新出生者的忽略、集体的逃亡、逃走者的除籍等)，均说明西北边区在籍户口的锐减。

总之，池田氏的书可说是目前研究中国殷周以来到隋唐有关籍帐制度及其实态最完备的著作。[1]其录文资料提供详细，也是他书所不及

---

〔1〕 日本《史学杂志》第 89 编第 5 号(1980 年 5 月)，是对 1979 年历史学界的回顾与展望。爱宕元氏在"隋唐"一段对池田书的评价，也以为是有关唐代籍帐研究最佳的篇书。(见页 193)

者，乃特为介绍如上，以飨读者。至于深一层去评述，有待于行家，非本人能力所及。杨联陞氏在《池田温〈中国古代籍帐集录〉评介》一文中，指出簿、籍、帐等字，在中国财政史、经济史上的用法，是不尽相同的。[1]因此，作者何以用“籍帐”两字作为书名？在目录上作者又何以称战国、秦代、魏晋南朝、十六国时代的籍帐为“户籍”，汉代为“簿籍”，隋唐为“籍帐”？名称既有不同，似宜在“序章”作一解说，这只是笔者一点小意见，并无害于本书的价值。池田氏现在是东京大学东洋文化研究所教授，专攻隋唐社会经济法制史，著作等身，已发表学术论文有数十篇，潜力雄厚，学问扎实，是不可忽视的“东洋史”专家。1953 年到 1955 年，池田氏曾写成《中国古代の租佃契》(上)(中)(《东洋文化研究所纪要》60、65)顾名思义，这是有关“古代”租佃契约文书的探讨，对学界当然有重大贡献。惜其“下”尚未完成，期望能早日竟其功。

其次要介绍的，是由池田温、金冈照光(东洋大学教授)、福井文雅(早稻田大学教授)等负责编辑，塚本善隆(学士院会员)、榎一雄(东京大学名誉教授、东洋文库专务理事)、入矢义高(京都产业大学教授)、秋山光和(学习院大学教授)等监修的《讲座敦煌》，全十三卷。此十三卷分别是：(1) 敦煌の自然と现状(由榎一雄氏负责编集，以下简书姓名)；(2) 敦煌の历史(榎一雄)；(3) 敦煌の社会(池田温)；(4) 敦煌の美术(秋山光和)；(5) 敦煌汉文文献(池田温)；(6) 敦煌胡语文献(山口瑞凤)；(7) 敦煌佛典と中国佛教(牧田谛亮)；(8) 敦煌佛典と禅(篆原寿雄、田中良昭)；(9) 敦煌佛教と中国文化(福井文雅)；(10) 敦煌と中国道教(吉冈义丰)；(11) 敦煌の文学と言语(金冈照光)；(12) 敦煌学の现状と展望(编辑委员)；(13) 敦煌手册(金冈照光)。由大东出版社自今年(1980)4 月起大约每两个月出版一卷，预定到 8 月，将可由第一卷出到第三卷。笔者因这些书尚未入手，无法作进一步的介绍。从其书目及每卷所收的论文目录看来，可谓洋洋大观。自第一卷到第十二卷，预定收录一百七十七篇论文，均是一时之选。除监修、编辑诸先生均有重要论文撰述外，菊池英夫、土肥义和、堀敏一、佐藤武敏、日比野丈夫、东野治

[1] 见《食货月刊》复刊 2：1，页 5，1972 年 4 月。

之、薮内清、竺沙雅章、道端良秀、宫川尚志、大庭脩等名学者，也都依各人的专长分别撰写论文。《讲座敦煌》十三卷是日本再一次不分东京与京都之学派问题，分工合作而完成的学术上的盛举，也是向全世界展示其数十年来敦煌学研究的总业绩。台湾地区学者有四位参加此项盛举，此即吴其昱、陈祚龙、邓健吾、左景权。饶宗颐氏（前香港中文大学教授）在书刊介绍上，说到目前为止还没看到对"敦煌学"作综合的、全面性的研究，《讲座敦煌》实为"敦煌学"开新生面的大作。其第十三卷是敦煌手册，由多位学者分别撰述"旅行指南"、"敦煌写本所在一览（含在日本可见的写本影印一览）"、"写本目录指引"、"研究文献目录"及"全卷索引"等。本卷对"敦煌学"之初学者，实在太方便了，我们乐见其早日出齐，并望台湾地区图书馆能设法购置一套存藏。

五

前引陈寅恪氏说："一时代之学术，必有其新材料与新问题。取用此材料，以研求问题，则为此时代学术之新潮流。"以隋唐史的研究而言，所谓新材料，就是"敦煌学"。可惜的是半世纪以来台湾地区的敦煌学研究有每况愈下之势，遑论在学术上产生"新潮流"了。尤其三十年来，岛内的隋唐史研究似只墨守在正史、类书等文献上兜圈子，即连文献本身的批判也嫌不足。因此，三十年来的隋唐史研究，很少发现新问题。早年的隋唐史专家，如陈寅恪、岑仲勉等人，均能活用敦煌资料，故成就非凡；近年的新进之士，则殊少顾及此等新资料，因此，三十年来的隋唐史研究，少有突破性的发展。如何克服此一问题，实是当务之急。

敦煌的资料，不只包括20世纪初的新发现，也应包括近年来在中国大陆的新发现。可惜对于前者台湾地区的收藏、编目，并不完备；对于后者，格于台湾地区的禁书政策，取阅不易，好在台湾地区行政管理机构近日表示，对于查禁书刊措施，将作全盘的检讨。（《中国时报》7 月 26 日第 2 版）但愿经过这次的全盘检讨，能对学术研究有所裨益。笔者以为中国大陆出版的《考古》、《文物》等刊物，可让各大学文学院图书馆收藏。盖此两种刊物主要为考古成果的报导，学者利用、引用甚多。为使台湾地区的研究水准提高，不如将此等有关考古资料公开让学人研究，将来在国际会议上才不至于再出现“不能赞一辞”的尴尬场面。

笔者撰述此文，不是故意在揄扬日本，只是鉴于日本今日的学术成就，已到令人不得不刮目相看的地步，因此呼吁吾人重视日人的研究成果。过去我们对于日本的看法，诚如前引杨联陞氏所说：“在台诸公对日本学人贡献，似太忽略。”

补　记

拙文校稿时刚好接到《讲座敦煌》第一卷《敦煌の自然と现状》、第二卷《敦煌の历史》。第一卷包括敦煌地区的自然环境，敦煌现状，敦煌探检、研究史，外国人记录中所见的敦煌，日本人、中国人记录中所见的敦煌等五章。其中由梅村坦氏（东洋文库研究员）执笔的“敦煌探检、研究史”一文与拙文有密切关系，在“敦煌研究史的概观”一节，介绍了斯坦因敦煌文献，伯希和敦煌文献，苏联、中国台湾地区的敦煌文献，中国大陆的敦煌文献与敦煌学，日本的敦煌文献与敦煌学等，说明详尽，对初学者实有莫大的帮助。第二卷以九章篇幅谈汉魏到明清时代的敦煌历史，第一、第十章是由考古学上看敦煌，内容丰富，读者可利用。

笔者近日又接到《东洋史研究》第 39 卷第 1 号（1980 年 6 月），其中有砺波护氏评介池田温氏所著《中国古代籍帐研究—概观・录文—》一文（页 192—196）。文中先介绍陶希圣氏在 1934 年创刊《食货》半月刊后，并计划刊行《唐代经济史料丛编》，后来受时局及资料限制，不及刊行唐代户籍问题，但在《食货》半月刊第 4 卷第 5 期的专刊，曾刊载了《唐户籍簿丛辑》，足见陶氏等对唐代户籍也极为重视。1961 年中国发行《敦煌资料第一辑》，有关户籍类与契约文书大约搜集二百余件，但其录文、解说有脱误之处。基于此故，砺波氏认为池田氏这本巨作的出版，可谓集过去诸业绩的大成。砺波氏的评介，读者可参照。

（原载《食货》复刊第十卷第六期，一九八〇年九月）

三、译池田温、冈野诚著：敦煌、吐鲁番所发现有关唐代法制文献

译者按：池田温先生（1931 年生）现任日本东京大学东洋文化研究所教授，专攻隋唐社会经济史、日本古代史等，也是当今日本有数之“敦煌学”专家。冈野诚先生（1947 年生），现任明治大学法学系讲师，专攻中国法制史。本文主要是有系统地介绍 20 世纪初在敦煌、吐鲁番所发现有关唐代法制文献，包括各国学者的研究成果以及重要文献的解读，实是研究唐史、法制史必须参考的鸿文。原文刊载于日本《法制史研究》第 27 号，1978 年 5 月。

前　　言

如众所知，中国从 10 世纪以后已进入版本的时代，在此之前的写本，现在几乎已湮灭无存。因此，20 世纪初叶，从中国内陆干燥地区的敦煌、吐鲁番所发现为数甚夥的唐代以前写本，便极令人注目。

这些写本当中，包含不少有关法制史的资料，可供各国研究者从各种角度来探讨。被认为是法制史关系资料者，首先当举律令格式之法典类，其次为表示当时社会法律关系资料的公私文书与记录之类等，亦可

称为广义的法制史关系资料。

本稿是承蒙滋贺秀三理事之推介，而受法制史学会之委托，所从事的研究动向报告。当初计划的题目，是介绍利用西域出土法制资料诸研究的大题目。但是由于面临种种的限制，乃以日本法制史研究者所特予关切之狭义的法制文献为对象，首先取第一阶段作业的唐代法典类，概观有关对它的介绍与研究史，同时附加解说现存残卷，关于这一点，尚祈学会诸贤予以宥恕。

一、介绍以及研究史

（一）20世纪初叶，即1907年，英国的斯坦因（A. Stein）在其第二次赴中亚探访的途中，顺便到敦煌，从敦煌写本之发现者王道士那里得到庞大的写本（大英图书馆〔旧名大英博物馆〕收藏斯坦因所搜集之敦煌汉籍，连未整理之断片在内，有一万卷以上）。

翌年（1908），法国的伯希和（P. Pelliot）以同样的方式得到学术性质较高的写本（巴黎国立图书馆收藏伯希和所搜集之汉文写本，约有四千卷）。

大约在同一时间，德国的格林威德尔氏（A. Grünwedel）与勒科克氏（A. von Le Coq）、稍后的日本大谷探险队、俄国的鄂登堡氏（C. F. Oldenburg）等，在新疆各地调查，从被发掘的遗址中也得到许多资料。

在这种情形下，敦煌出土的法制文献，最先引起学者注意的，是1909年伯希和以较佳的敦煌写本送往北京，展示给中国学者以后。

伯希和精通文献学、目录学，对法制文献也颇有兴趣。敦煌文献的收藏卷数，以大英图书馆与北京图书馆为最多，然而有关法制文献，如后表所示，巴黎有十四件，伦敦六件，北京、圣彼得堡各一、二件，此事说明是伯希和刻意选择的结果。关于伯希和在敦煌取得唐律残卷之事，罗振玉等人曾提及。罗氏在其所著《鸣沙山石室秘录（改定之本）》一书，以“唐律一卷（残未见）”为题记载此事。

日本方面，所谓“敦煌学”是如何形成？对于此事，神田喜一郎氏在其所著《敦煌学五十年》一文，有详细的说明。据此可知日本人最早取得敦煌写本的是文求堂主人田中庆太郎氏。田中氏于1909年在北京曾到伯希和的临时寓所拜访伯氏，在那里初次见到敦煌写本。此事很快地通报到在京都的内藤虎次郎、狩野直喜两氏。同时从罗振玉那里也得到详报。同年11月12日，东京、大阪的《朝日新闻》刊载了以《敦煌石室の发现物》为题的记事。此项记事，当是内藤氏参考罗氏之《敦煌石室书目及发见之原始》一文而写的。在此报导中，已可见到"唐律一卷"的文字。

敦煌写本的价值，为中国有识之士所素知。当斯坦因、伯希和将写本携往国外时，震惊了清朝政府。1910年，乃将敦煌千佛洞之残余写本全部运回北京学部，其后收藏在京师图书馆（第二次世界大战前，北平图书馆收藏将近一万卷的敦煌写经，1949年以后，增加许多新品，到目前为止，迄未公布其新品细目）。

北京所藏的写本当中，含有开元二十五年颁布的名例律疏残卷（见后述❾）。此卷之卷末，有撰上之日期与编纂者之列位，文字精美，当是从开元二十五年以后相隔不久而书写的。最初注意到此残卷的，是清朝的王仁俊氏，在其所著《敦煌石室真迹录（己）》一书中，誊写了原文，并附有案证。

王氏指出本残卷有五善，与唐律疏议相较，可承认开元律疏的修正处，进而由卷末之纪年与编纂者之列位，得补史传之阙，正其讹误。又指出开元年间之政治，特别是表面上一边讴歌太平，另一面却是恣意滥刑。由此可洞察李林甫之政略。在王氏诸论点当中，以现行唐律疏议为永徽律疏的看法，后来虽有仁井田陞、牧野巽等氏之论文的修正，但王氏对唐写本法典最早的考证，仍是值得记忆的。只是王氏对校律疏所采取的观点，含有臆断的成分，无法全部令人接受。由王氏的考证，使唐开元律疏之原型首次得以公之于世。

1913年，罗振玉以伯希和赠予的照片为主，在其《鸣沙石室佚书》中揭露唐《水部式》残卷（见后述㉑）全文之照片，并附详细的跋文。由于此残卷与《白氏六帖事类集》卷二十二所引之《水部式》一致，乃确定此一缺少首尾、标题之残卷为唐《水部式》，实是罗氏的功绩。只是此一阶段之式，为何时之物，无法知晓。

罗氏又以本残卷与《唐六典》、《新唐书·百官志》等对校，订正有关水运、灌溉等政书之讹脱十条，更搜集唐代海运之事例，计十余例，而证实为《水部式》的规定。由唐式残卷的发现，不但让世人知道敦煌写本中存有法典佚书，即连《六典》的记事，显然也含有许多唐式的简要实情，这便是罗氏跋文的评价。

以上二种残卷是为相当长的长文，以大谷探险队自吐鲁番所携回的唐律断简与其相较，显然较为短小。此即1915年在《西域考古图谱》下帙所揭露之图片资料的《贼盗律》断简（见后述❸b）与《擅兴律》断简。这些断简的整理与内容的比定工作，多赖内藤虎次郎、富冈谦藏等人之力。对此二断简之介绍的文章，有泷川政次郎氏的《西域出土の唐律断片に就いて》一文。

为考察敦煌写本，日本乃派遣内藤虎次郎、狩野直喜、小川琢治等人赴中国。1910年，他们到达北京学部。1912年到1913年，狩野氏又赴伦敦、巴黎考察数多的敦煌写本。因编纂《清国行政法》而对中国制度史也深具关心的狩野氏，此时在伦敦所抄录的资料中，包含有永徽《职员令》残卷的一部分（见后述⓮c）。现在此一《职员令》残卷，分裂成几个断片，分藏在斯坦因、伯希和之处。狩野氏所抄录的，是其中之一断片，仅二十八行而已。根据此抄文，1919年王国维写了《唐写本残职官书跋》一文。王氏认为是规定亲王府以下三师三公府、上柱国以下带文武职事府之官属的员额，而推定此断简是唐《职官令》的一部分，并推测接近于隋制的《武德令》。王氏的跋语，是最先对唐令写本的考证，其后成为法制史家研究《职员令》的线索。就此点而言，王氏可谓为法制史研究的先进之一。王氏的跋语，收录于《观堂集林》，广为流传于世。在罗振玉的《敦煌石室碎金》一书中，也收录以狩野氏所抄录之“残职官书”为主的录文以及王氏的跋文。

到1924年，创设日本“敦煌学”之一的内藤虎次郎氏与石滨纯太郎、内藤乾吉等人远赴巴黎、伦敦，从事考察敦煌写本。此次的考察，内藤氏从伯希和所藏的资料当中，发现含有律、令、格、式、判五种的唐写本。此次的新发现，值得特笔的是《公式令》残卷的介绍。

内藤氏归国后，1928年3月在大阪朝日会馆演讲“唐代の文化と天

平文化”,其中提到:

> 唐令在今日已几乎不存,或可谓全部亡佚。尚幸有一部分为本人在法国发现,并亲自抄录下来。令之中有所谓公式令,此是在有关的规定文书中,用式来表现。易言之,诏敕命令及其他之文书皆有其式,所抄回者只为部分残留而已。此是从中国之敦煌所发现者,现藏于法国之国民图书馆。本人原欲以拍摄,但是背面有裱褙,反将我们很重视的令的地方贴住,如果贴在另一面就没问题,却将令之部分贴住。不得已乃拼命透视抄写,幸而抄出公式令。归还日本后,与大宝令之公式令相较,日本中央有太政官八省,中国中央有尚书省六部及其他官职,除文书往还之官署名称相异以外,其书写方法完全与中国近似,有关公式之文书,也几乎相同。对于被纸所贴住而见不到之字,经本人认真辨识而仍误写者,有二三字,但查阅日本之令,其误字借日本之令可为校正。以此视之,日本之令与唐令系一致。惟日本方面,大体由国情来考虑时,全都变为简单,其往还文书则无太大差异。唐朝之任免诏令,则须经过中书、门下、尚书等三省之手续,相当麻烦;其任免诏令亦以长文书写。在日本则将尚书、门下并为太政官一部门来处理。其任免手续简单,连今日亦存留此种作业方法,即其任免全由内阁处理。日本保存之太政官之简单作业方法,省略唐朝之方式,即无中书移于门下,门下移于尚书之手续。此即日本之令之特色。幸而法国尚有些许断片,得以理解日本之令如何吸取唐令。(《内藤湖南全集》第九卷,页190—191)。

从上面平易的说明中,透过被抄录的衬纸,可追忆前辈的苦心。

此《公式令》残卷包括移式、闲式、牒式、符式、制授告身式及奏授告身式六条,都是有关公文书式的规定。由内藤氏将此等规定与日本《养老令》之比较检讨中,可理解日本令是以何种形式来承继唐令。内藤氏进而对律令格式之法系全体,以同时代的中国法典残卷为线索,来考察有关日本法典之渊源问题,这种视野的拓广,成为此后日唐法制比较研究的先驱。关于唐令与日本令之内容的比较，由明治时代之中田薰氏比较《户令》、《田令》、《赋役令》开始，此问题早已引起法制史家的注意。由于唐令原本的出现，遂使一向由引文中去搜集唐令而予以复原的困难，获得解决，对其渊源的真相，当然可深一层直接地获得阐明。即使是小部分，因唐令原形被确认，在以唐令逸文、要约文与日本令比较之际，可大大给予对比之客观性及精度条件。依此而言，西域出土之法制文献的研究，与日本古代法史并非绝无关联。

如上所述，在20世纪初叶斯坦因、伯希和所取去的敦煌写本，到1930年之际，有关唐代法典之残卷的介绍、研究，计有律二件、律疏二件（1925年罗振玉在《敦煌石室碎金》中，介绍开元杂律疏残卷〔见后述❿〕）、令二件、格一件、式一件。此一时期之研究的特色，是以敦煌学之一环来介绍法典，可说是为下一时期之精密的法制史研究铺了路。

（二）1930年前后，法典残卷之研究，变得活泼，而迈入新的阶段。此即泷川政次郎、内藤乾吉、仁井田陞等诸位法制史专家，对残卷的研究，从介绍其形式、内容、法典之年代以及流传等，进入精密的论考。

1929年，泷川氏在《西域出土の唐职官令断片について》一文中，对于前述《职员令》残卷（见后述⓮c）的年代，批判王氏之说，而推断是贞观或者永徽令的断简。翌年，即1930年，根据《敦煌石室碎金》一书，写了《西域出土の唐律残篇に就いて》一文，对《名例律》疏残卷（见后述❾）及杂律疏残卷（见后述❿）加以考察。这些论考亦收录在泷川氏之大作《律令の研究》一书。

同年（1930），内藤乾吉氏在《唐の三省》一文中，介绍内藤虎次郎氏手抄开元《公式令》残卷的一部分（即告身式），并说明此残卷是开元七年或二十五年度之令。关于此残卷，仁井田氏亦有执笔介绍此残卷全部的形式（《敦煌出土の唐公式、假宁两令》一文）。1932年，主要是关于此残卷之令的年代，泷川氏提出异说，以制授告身式开头有“门下”两字，主张非为开元二十五年令，而是开元七年令。此项结论，仁井田氏在《唐令拾遗》一书中，举出许多有抵触的实例加以批判，即支持内藤乾吉之说。

1931年,仁井田陞、牧野巽两氏发表《故唐律疏议制作年代考》一文,提出新说。以为向来认定现存的唐律疏议就是永徽律疏的通说,是错误的;当以开元二十五年度的律疏为本。再参照宋元以来有关律疏的流传、利用等痕迹时,则日本之大宝、养老律与唐律疏议的关系,显然非所谓的父子关系,而是兄弟关系。此论文对中日两国之法制史研究,应是值得特笔的业绩,其影响实无法估计。

仁井田、牧野两氏由此新说之立场,对西域出土之律及律断简也加以检讨,并批判王仁俊、泷川两氏之说。即关于律疏,王、泷川两氏将唐律疏议认为是永徽律疏,校勘敦煌出土之开元律疏残卷时,其与唐律疏议之差异,认为是永徽、开元之间之差异,此是被批判的第一点。又关于律,泷川氏以为断简(见后述❸b、❺)有而疏文无之事,系永徽律疏撰上以前属于武德、贞观时代之事,此为被批判的第二点。根据仁井田、牧野两氏之论文,关于第一点,以为残卷、唐律疏议两者均是开元二十五年度的律疏,两者文句的差异,可能是残卷的脱误,或后世对故唐律疏议的修改。关于第二点,永徽律疏成立以后,十二卷的永徽律、开元律也仍然存在,此事甚明,泷川氏之推定实不能成立。

1933年,仁井田氏接着有《唐令拾遗》一书的上梓。《唐令拾遗》是对已亡佚之唐令体系与条文,极力搜集其佚文而予以复原的巨作。收录的条文,达七百十五条(附:唐前令百四十条、唐后令百二十八条)。此与开元令一千五百四十六条相较,为其之半,作者对学界的影响与贡献,实是无法估计。仁井田氏在此书中亦收录狩野、内藤两氏所抄录之《职员令》、《公式令》残卷,并加以检讨。就令之全体视之,此部分虽不满百分之一,但提供了原型,其意义就非常重大。又,此书附载唐职官表(见后述㉒)之一部分照片,利用所收诸令,这一点也可作为敦煌资料有用的一例。

其次,拟再说明有关《刑部格》残卷(见后述⓰a)诸研究。此残卷是内藤虎次郎等在巴黎从事考察所获得的。前述内藤氏的演讲("唐代の文化と天平文化")中,提及《散颁刑部格》,以为留司格与散颁格不同,与日本之三代格相较,唐格显然较为复杂。

董康氏以内藤氏所携回的照片为本，研究敦煌文书，其所见写在《书舶庸谭》一书中。即在其书之1927年1月21日条处，可看到神龙散颁刑部格残卷（见后述⑯a）全体的录文与内容检核的按语。在1926年12月23、24日条，记述有关律残卷（见后述❶ab）。关于《刑部格》，在仁井田氏之论文《唐令の复旧について—附董康氏の敦煌发见散颁格研究—》附载了董氏之说。对刑部格之增补，董氏写了《残本龙朔〈散颁刑部格〉与唐律之对照》一文，此文有泷川政次郎的翻译。此外，受董、仁井田氏之见解的影响，大谷胜真氏以《敦煌出土散颁刑部格残卷に就いて》为题，撰写了论文，介绍全体的录文与照片。又，罗振玉有《神龙删定散颁格残卷附跋》一文。

20世纪30年代，斯坦因、伯希和两氏所携回的文书与目录尚不完备，新的法制文献也无有计划地发表，只由渡欧的研究者个别地介绍而已。即1933年，大谷胜真氏写了《敦煌遗文所见录（一）—唐代国忌诸令式职官表に就いて—》一文，初次介绍天宝职官表（见后述㉒）之全体。又，关于此职官表，金毓黻氏亦有研究。

从1931年到1933年，在巴黎主要从事考察敦煌文献的那波利贞氏，归国后，写了《唐抄本唐令の一遗文》一文，发表永徽《职员令》残卷未介绍的资料（见后述⑭a、b、f）。这些断简当中，那波氏所整理的第五断简（见后述⑭f），列举令之编纂者的官衔氏名，参照新旧两《唐书》、《唐会要》、《册府元龟》及其他文献后，证明此等断简正是永徽《职员令》残卷。那波氏进而推测狩野氏手抄的斯坦因本《职员令》断简，与其所介绍的伯希和本原来当是同一卷之物。

此处所介绍的永徽《职员令》残卷，达百行以上，卷末有完整的编纂姓氏，更有发布时间，以及在凉州都督府的沙州写律令典者所抄写等项。又盖有官印，实是精写本。此为今日所知在西域所发现的唐代法制文献中的佼佼者，任何人均无异议。其内容即是成为日本《大宝令》之蓝本的《永徽令》，实是比较日唐令最基本的贵重资料。

斯坦因本《职员令》断简（见后述⑭c），起初是以狩野氏手抄本通行，1936年，仁井田氏在《スタイン（斯坦因）探检队敦煌发见法律史料数种》一文中，首先由原本的照片中加以移录，对通行的录文，亦加以订正增补。同年，仁井田氏又发表《敦煌发见唐水部式の研究》一文，对敦煌本《水部式》的年代，以莫州之州名等为线索，提出推断是开元二十五年度之物的新说。

此时的法国，由北京图书馆派遣而来的王重民氏，正从事伯希和本敦煌文献的研究（1934—1939年），同时编著极为有用的目录（战后汉译为《伯希和劫经录》发表）。进而在《巴黎敦煌残卷叙录》（第一、二辑）一书中，附着若干法制文献的解题，并提及未曾介绍的资料。此即第一辑的职制律疏断简（见后述⓭），第二辑的名例律疏残卷（见后述⓫）。

以照片作为资料之原型的介绍，有神田喜一郎氏所著《敦煌秘籍留真》一书。此中介绍永徽户婚厩库律残卷（见后述❶b）、职制律疏断简（见后述⓭）、永徽《职员令》残卷（见后述⓮a、f）、神龙《散颁刑部格》残卷（见后述⓰a）等照片。据此再加上罗氏所介绍的《水部式》，对唐律、律疏、令、格、式之原型，可得一概览。

承继着各方面的研究成果，而将当时之研究状况作概观式的介绍，有仁井田氏的《最近发表せられたる敦煌发见唐律令断简》一文。此一论文为第二次世界大战前有关西域所发现之法制文献的解说最有系统者。尤其是对于职制律疏断简（见后述⓭）与永徽《职员令》残卷之许多解说。关于职制律疏，最初有王重民氏之介绍其断简，其书式与日本之《养老律》写本类似，但与已发表之开元律疏残卷（名例、杂）的形式有别。仁井田氏以为此断简属于永徽律疏之可能性甚大，但不敢轻予断定。又关于永徽《职员令》残卷，从原文到内容上，举出《永徽令》之一证征（并言及有关的皇太子令），来支持那波氏的年代推断，进而与日本《养老令》也作一比较。

如上所述，20世纪30年代是日本东洋法制史研究显著勃兴的时代，对于唐律疏、唐令之客观的研究，已有辉煌的成果。在此发展的过程中，特别是仁井田陞氏对西域所发现之法制文献的积极活用，使基础资料获得完备的成果，实是值得大书特书的事。

（三）第二次世界大战后，研究方法上的改变，是微卷的发达。在此之前，对于断简的考察，是一点一滴地抄录，或由照相，然而有了微卷马上可将所搜集的全部资料一览无遗，使考察各个断简与全体之间的关系变得有可能。

最先将此恩惠带给敦煌文献的是榎一雄氏。榎氏于1953年计划要将大英博物馆的斯坦因本，全部用微卷拍摄，此事得到该馆的合作与透过山本达郎氏等的斡旋，得到日本学界的支持，于翌年(1954)完成此项工作。根据榎氏所携回的微卷，在东洋文库将它冲洗并予精密研究而完成的论文，是仁井田氏的《唐の律令および格の新资料》一文。根据此论文，而新介绍的残卷有开元贼盗律疏断简（见后述⓬)、永徽《职员令》残卷（见后述⓮d、e)、开元户部格残卷（见后述⓱)、神龙《散颁刑部格》残卷（见后述⓰b)等。这些新资料中，《职员令》残卷发现有"永徽二年闰九月十四日"的删定永徽令的日期，给人留有特别的印象。据此，则由狩野氏抄录以后经历四十余年，再参照那波氏所介绍的部分，可使永徽《职员令》残卷之现存部分大致全部可以得知。

又，与《赋役令》、《集解》所引的《开元格》一致等的理由而比拟为开元户部格的残卷，具有类似日本三代格之外形，每条以"敕"字为始，末端明记（发布）年月日，因与从来所知散颁格的形式相异，则有关唐代格的形态，由实物可知并非为单一。

关于上述《户部格》及《刑部格》残卷，有唐长孺氏的研究(《敦煌所出唐代法律文书两种跋》)。唐氏对于敕条内容，参照唐朝前期的许多史料，指出支配人民之特质的许多富有兴味的问题。唐氏未及参照前述仁井田氏的论文，以至不知神龙《散颁刑部格》(见后述⓰a)的存在，对于作为法典的性格及决定书名的问题，仍不充分。惟关于"白直"条，引《唐会要》而以市史、壁师为对象，举证户部格式的存在，可补仁井田氏的论文，作为支持《户部格》说的论据。又对于敕与敕节文、敕条，或申明、条疏之类，从格之编纂考证其经纬，极富有启发性的见解，对唐代敕格的研究，贡献甚大。

以战前之考察成果而撰写的论文，有那波利贞氏的《唐抄本唐格の一断简》一文。此文是据战前在柏林之科学院所藏的小断简，战后已不明其所在。那波氏在此论文中将此断简比定为吏部留司格，但其论据，内藤乾吉、仁井田陞氏仍抱有怀疑。

1958年，内藤乾吉发表《敦煌发见唐职制户婚厩库律断简》一文。此残卷（见后述❶a、b）为乾吉氏与内藤虎次郎氏1924年在巴黎考察时所得。1936年，乾吉氏在京都之东洋史座谈会上，以口头发表。此文是利用其多年来之绵密检讨的成果，加以整理而成的。

本残卷在现存唐律、律疏残卷之中，特别是所收的条文多达三篇，是用则天文字书写的写本，不失为今日窥知《永徽律》之第一等资料。然而关于律的内容研究、唐日律的比较等，由本残卷所提出的问题极为纷歧，包含本卷"放部曲为良"条（户婚律第十一条）之改写的疑问在内，对学界投入极大的波纹。内藤氏的论文，密度极高，其对原文的移录，堪称模范，考证部分值得学习之处亦多。凡是要研究《永徽律》者，此论文为必参考之作。此论文后来亦收入同氏所著《中国法制史考证》书中。

接着再简单说明目录类。1957年，由翟理斯氏（L. Giles）多年之努力，刊行了斯坦因汉文文献目录。此目录与稍后（1962年）王重民氏所作之《敦煌遗书总目索引》，俱为极佳之工具，有助于此后之研究发展。又，由王重民氏所刊行之《敦煌古籍叙录》一书中，以中国学者之见解，要领甚优地集录数种法制文献，很值得参考。

俄国所藏之内容，向来不明。到1963年，列宁格勒（今圣彼得堡）之苏联科学院东方学研究所由孟列夫氏（L. N. Menshikov）等出版所藏之敦煌文献（含自黑城、吐鲁番所携回之文献）目录第一册。四年后，出版第二册，两册共收录文献达三千卷。其中属于唐代法制文献的，有两件《名例律》断简（见后述❽、❷a）。

在世界各地之敦煌文书目录，步向完备之途时，[1] 1964年，东洋文库敦煌文献研究委员会（由菊池英夫、池田温两氏执笔）油印刊行《スタイン（斯坦因）敦煌文献及び研究文献に引用绍介せられたる西域出土

〔1〕1970年出版谢和耐（Jacques Gernet）、吴其昱共编之《伯希和携回之敦煌汉文文献目录》第一卷（页2001—2500）。第一卷不含法制文献，今后继续刊行的第二卷以后，当与第一卷一样，附有详细解说的法制文献。

汉文文献分类目录初稿——非佛教文献之部·古文书类Ⅰ》一书。本书之编纂，是以公文书为主体，但对法制文献也就向来之研究文献目录，加添收录进去。

1963年，仁井田陞氏发表《敦煌唐律ことに捕亡律断简》一文。此文是介绍印度公立图书馆（India Office Library）所藏于阗文文献纸背的断简，在前一年的榎一雄氏的目录中，首先著录介绍此断简。

仁井田氏毕生代表作《中国法制史研究》全四卷，自1959年开始发行，1964年出完最后一卷。这些著作，是第一位在日本树立中国法制史研究的仁井田氏，表示其研究领域的广大与探究的深度的纪念品。其第四卷收有将过去已发表的论文并加补订、整理而成的《西域发见の唐律令格式》一文。其页数达120页，对此主题有关心者，此文是必须参看的基本文献。翌年，仁井田氏对上文之补充，又写了二论文，一是《ペリオ（伯希和）敦煌发见唐职员令の再吟味》；一是《ペリオ敦煌发见唐令の再吟味—とくに公式令断简—》。前者据伯希和文书的照相，补订那波氏的录文；同时订正纸缝之官印，非为"沙州之印"（那波说），而是"凉州都督府之印"；并论及有关残卷卷末之官职氏名"凉州曹参军王义"事。后者指出向来以为《公式令》残卷之年次，是开元七年或二十五年令，但从微卷可确认纸缝处有"凉州都督府印"之印文，则上述之说法实有再检讨之必要。即决定法典写本的年代，除其内容以外，对有如捺印之外在的求证，也是不容忽视的。

仁井田氏在东京大学东洋文化研究所退休后，受伦敦大学之聘赴英。在大英博物馆初次得以亲手考察三十多年来研究对象的敦煌写本。此一时期的感触，在他备忘录以及给友人的书翰中有详述（均收入《中国の法と社会と历史》）。但不幸在伦敦得病，归国时仍未治愈，1966年6月去世。仁井田氏本计划将斯坦因文献与伯希和文书也一起考察，终于不获实现。他可说是从战前到战后研究西域出土之唐代法制文献最具功力者，他的去世，实是学界重大的损失。

最近二十年，研究内容方面，与战前不同，显得颇为充实。对《唐律疏议》作详细的译注，是由滋贺秀三氏执笔，从序论到名例第三十六条均包含在内，出版了《译注唐律疏议》。对唐律及疏的理解，收获格外深刻。现存唐写本的律、律疏，论其量与质，均极为有限，但对本文的校订，有某程度的贡献，是不待言的。滋贺氏的译注，便含有这种成果。近年来，更有由小林宏氏等人编注《译注日本律令—律本文篇—》，上下两册，有系统地以敦煌本作为《唐律疏议》之校勘资料。在井上光贞氏等人编注的《律令》一书中，吉田孝氏亦利用敦煌本来校勘《养老律》。因此，到今日即使对日本律之本文的研究，参照唐写本律、律疏，已是常识化的事。

关于律，最近冈野诚氏介绍了五种断简（见后述❷、❸a、❹、❻、❽），其内容等在次节说明。

关于令，在战前有内藤乾吉氏等人以《公式令》告身式为中心的研究，对新发现告身的增加与古文书学上的关心，也在其研究之内。大庭脩、中村裕一氏等人，则不断地作集中性的研究。告身（辞令）的研究，当然与官僚制、官人人事决定机构之问题有关，即使是稀罕的古文书实例，因含有丰富的资料，也能提供窥知书式与实际关系的好事例。中村裕一氏进而对唐《公式令》有一连串的研究。

另一方面，关于《水部式》，英国的杜希德氏（D. C. Twitchett）有仔细英译与研究，又有佐藤武敏氏提供和译注，真实地说明此资料是如何受历史家的注目。对撰写《唐代财政》之大作的杜氏而言，《水部式》之具体规定，是很值得研究的。对专门研究中国水利史的佐藤氏而言，也是同样的看法。尤其是在《水部式》所出现有关水手、渔师、木匠等的色役、番役诸项，有助于理解杂徭、役制之全盘制度甚多，从滨口重国、吉田孝氏等人的研究，给予研究深刻化的线索。这些研究与前述唐氏的敕格研究，俱是对西域所发现古佚法典内容，由历史研究所给予贡献的显著例子。

环顾最近二十年间，由于微卷的普及、目录的完备，使研究条件大为改善，有关法制文献的照片，东洋文库大致已存藏。另一方面，京都大学人文科学研究所以藤枝晃氏为中心，对敦煌资料进行综合的研究。其重点是对佛教文献的分类与区分笔迹、书风等时代，成绩卓著，藤枝氏所著英文的敦煌文献概观与关于敦煌学的现阶段等概观性的著作，对有志研治敦煌资料者，实是有益的入门知识。

对向来被忽视之纸背的外形、内容等的检讨，如后所述，从永徽《职员令》残卷本身的认识，可提供其正面的资料，而各种不同学问之合作的必要性，可谓已逐渐提高。在这种背景下，今后对于利用西域发见的资料，并非只限于特殊专家，而是期待各方面的研究者根据其需要予以自由运用。基于此故，本稿若能为法制史研究者带来抛砖引玉之效，则幸甚。

二、现存资料概览及补述

前述第一节是概述敦煌法制文献，自伯希和开始注意以来，到今日约七十年间，以唐律、律疏、令、格、式之残卷为对象，如何进行介绍及研究的情形。

接着是要揭示现在所知有关西域发现的法制文献一览表。以下每一卷略示其照相、录文与校勘，同时以外在的事项为主，再补记若干，作为今后研究的参考。

记号方面，**“相”**指该残卷之照相，**“录”**指该残卷之移录，**“校”**指校勘。收录有关这些残卷的论文、著书，则略记作者姓名与发表年次（论文、著书之正式标题，请参照本稿末所附之文献目录）。

本表为篇幅所限，但为阅览之方便，乃将诸项整理如下。对于名称、项目等，系权宜作记，并无严密而统一的标准。律、律疏诸条文之编号，是根据学界对《唐律疏议》的通用编号。文献编号栏的 a、b、c 等，是本稿为参照之便，而为笔者所附加者。残卷书写时期，有许多无法断定，其余则为现阶段之研究所共认者。

律

冈野诚氏在本稿之准备过程中，发见并考察若干从来不知道或知其存在而不知其内容的唐律断简。经其研究后，1976 年 12 月，在法制史学会（东京部会）提出报告。以下在篇幅许可范围内，解说时适度地加进这些录文及其看法，以供研究者参考。其标点为笔者所加。

名称		残存部分(含不完项)	文献序号	行数(含残缺)	一纸行数	一行字数	旧写时期	备考	纸背
① 律	(永徽)垂拱	职制 9-59 户婚 1-33, 43-46 厩库 1-4	P. 3608 a P. 3252 b	2 断卷 153 18	21	23～31	690～697(704)	则天文字使用,附朱句点,每条首朱●	婚姻咒愿文・莫高窟修功德记・寒食篇等
② 律	永徽	名例十恶条	(Ⅱx 1916 a Ⅱx 3116 b Ⅱx 3155 c	5		约 23	9～11^{c}(M 目)		文书(辞末)
③ 律	永徽	贼盗 48	(大谷 5098 a 大谷 8099 b	2 断片 3		21～22	7^{c}后半		佛典(则天文字使用?)
④ 律	永徽	诈伪 1-2	(大谷 4491 大谷 4452	3		23	7^{c}后半		佛典(则天文字使用)
⑤ 律	永徽?	擅兴 9-10	大谷 8098	8		13～14	7^{c}后半～8^{c}前半	钤西州都督之印	白 纸
⑥ 律	永徽或开元	擅兴 9-15	TIVK 70-71(Ch. 991)	11 上半		30～33	8^{c}	每条首缺“诸字”	
⑦ 律	永徽或开元	捕亡 16-18	India Office Library Ch. 0045	14 下半		20～22	8^{c}	卷末存馀日	于阗文
⑧ 律	永徽或开元	名例 46-50	Ⅱx 1391	15		19～20	9～10^{c}(M 目)		
⑨ 律疏 卷第二名例	开元廿五年	名例 17-18 存卷尾	河字 17	2 断卷 93 49	20	17～19	737 之后	卷末存编纂列位	四分律比丘戒本
⑩ 律疏	开元廿五年	杂律 55-59	李盛铎旧藏	80	20	16～17	8^{c}中叶		写经(泷川)
⑪ 律疏	开元廿五年	名例十恶条	P. 3593	103	22	15～17 14～15	8^{c}中叶		佛说相好经
⑫ 律疏	开元廿五年	贼盗 1	S. 6138	8		14～15	8^{c}中叶		
⑬ 律疏	永徽或开元	职制 12-15	P. 3690	12		约 21	8^{c}	每条首“诸”字 1 字抬高,疏文作细字双行	
⑭ 令 卷第六[东宫诸]	永徽二年	东宫诸坊诸卫率府职员 王公以下府佐国官亲事帐内职员 存卷尾	P. 4634 < Ⅰ a, Ⅱ b S. 1880 < A c, B d (S. 3375 e P. 4634 C_2 f	45 58 33 29 28 (计 211) 18	约 21	15～20	651	钤凉州都督之印 卷末存编纂列位	二入四行论 (贴布片 毛诗诂训传)
⑮ 令	开元七年或廿五年	公式 移・关・牒・符・制授告身・奏授告身	P. 2819	104 (有字 98)	18	约 16～20	8^{c}中叶	钤凉州都督府印	东皋子集
⑯ 散颁刑部格	神龙	存 18 条 存卷首 伪造官文书・犯赃・私铸钱・告密等	(P. 3078 a S. 4673 b	120	28	16～19	8^{c}初	每条首揭“一”字	佛典(引智度论・净住子 内感经・月灯三昧经)
⑰ 户部格	开元	存 18 条 封户・孝义・隐逸・降户・化外人・逃户・执衣白直等	S. 1344	69	23	18～23	8^{c}中叶	每条首揭“敕”字,末附年月日	论鸠摩罗什通韵・修多罗法门卷一
⑱ (吏部留司格$_{\text{断波}}$)	神龙	存 6 条 奏事・入门・补令史等	TIIT	16 上半			8^{c}初?	每条首揭“敕”字,末附年月日	
⑲ (吏部格? 或式?)	贞观或永徽	存 3 条 隋朝官荫关系个条	P. 4745	9		14～15	7^{c}中叶	钤凉州都[ ](印)	佛经疏
⑳ (兵部选格?)	天宝	存 4 条 见“准兵部格后敕”“准兵部格”“准开元七年十月廿六日敕”	P. 4978	18		16～18	8^{c}中叶	每条首揭“一”字 钤[ ]□之印	王通祭杨筠文等
㉑ 水部式	开元廿五年	存 30 条(十若干条)渠水灌溉・水桥・运船・渔师・木匠等	P. 2507	2 断卷 102 42	22	16～20	8^{c}中叶		陀罗尼
㉒ (职官表)	天宝	国忌・田令・禄令・平阙式・不阙式・新平阙令(式)、旧平阙式・装束式・假宁令・公式令・文部式・官品令	P. 2504	全 35 段	最上栏 (28)	不定	8^{c}后半	卷首在上,卷尾在下 各栏自上而下书写 标题未书,清官附朱点	(旧时贴附片、藏文文书 辛亥年借契等)
㉓ (判集)		存 3 道 雇乳母不与继・朝祥著歌 等	P. 2593	31	15	15～18 题 23～26	7^{c}后半～8^{c}前半	卷末别纸存藏文 1 行	僧文书仪稿(上下)
㉔ 判集		存 19 道 (第 9 道 对应 赋役令孝子顺孙条集解所引判集)	P. 3813	201	16	25～36	8^{c}前半		晋书载记抄录,附朱句点
㉕ (安西判集)		存 6 道 伊州镇人造伪印・裴都护左右私向西册等	P. 2754	80	不定 (20,21)	23～25	7^{c}后半	附朱句点,朱笔补订	白纸

对校时所采用的文献如下：

唐律疏议

岱 岱南阁丛书本(据《百部丛书集成》本)

至 至正本(残卷)(宫内厅书陵部藏)

滂 滂熹斋本(据东洋文库所藏微卷)

官 日本官板(据日本律令研究会:《官板唐律疏议》)

唐 前述四种版本,其文字若无异同,则以“唐”表示。

宋刑统

天一阁本(据岛田正郎氏所藏之照相版)

日本律

日 日本养老残卷(据《国史大系》本)

与日本律之对校,只是取其必要部分。

西域出土法制文献

P 伯希和3593、开元名例律疏残卷。

大 大谷8098、《擅兴律》断简。

为帮助理解新介绍之断简的内容,乃取《唐律疏议》(岱南阁本)来补缺落之前后文字,此部分之旁边,用画线来表示。

❶ 职制、户婚、厩库律残卷

相(部分):神田1938,内藤(乾)1958a、1963,仁井田1964a。录校:内藤(乾)1958a(1963再录)。校:小林1975、吉田1976。

关于残卷中,《户婚律》“放部曲为良”条的改写问题,在改写的意义(指法律之修订,或只是笔误)与效果方面有争议。参看内藤(乾)1958a、牧1963、仁井田1964a(页305—315)、石尾1965、滨口1966(页88—91)。

❷ 名例律断简

此断简藏于苏联科学院东方学研究所列宁格勒(今圣彼得堡)支部。只在孟西科夫等之《目录》第二册Dx—1916著录。此断简之微卷,曾送给仁井田氏,在仁井田氏生前到达与否,则不明。因有一长段时间不知下落,今从岛田正郎氏之教示,始得在东洋文化研究所找出。

断简是由三个断片构成,其第三、四行有残画之“玺”与“诏”字,因此，此律断简当是永徽或者垂拱律（仁井田、牧野 1931 上〔页 75—80〕）。但其书写年代，可能在 9—11 世纪（《目录》）。文字书写拙劣，当非官府所有，而是官人或胥吏个人之物。

又，校勘之❼❽，当是表示永徽律之用字。

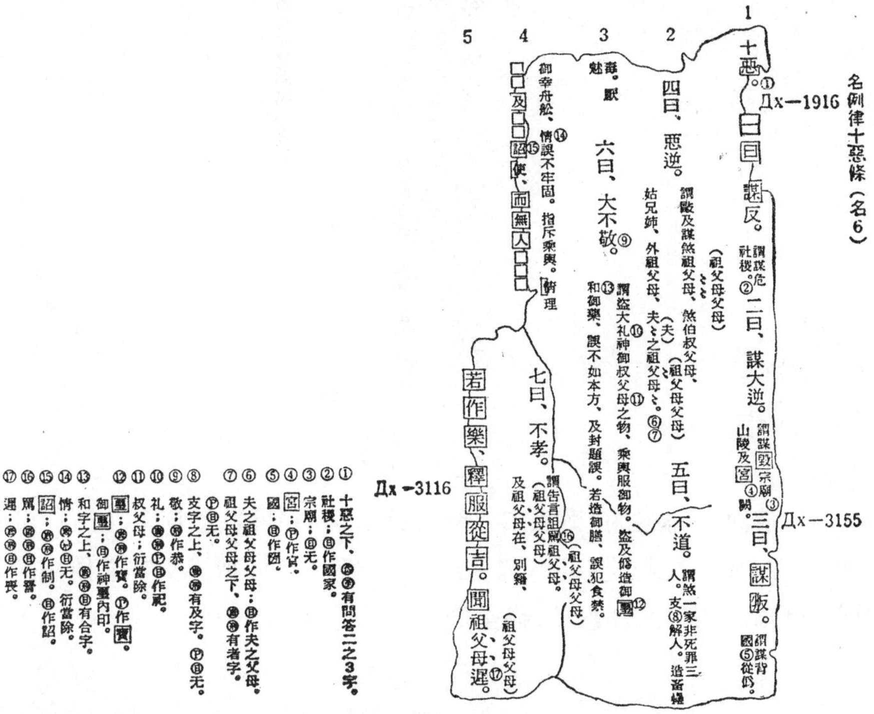

❸ 贼盗律断简

〔❸b〕相：香川 1915、泷川 1931。录：泷川 1928。校：小林 1975。

此断简之 ab，均为大谷探险队所携回之文献，现藏于龙谷大学图书馆（大宫分馆）。新介绍之❸a，虽无直接接合，但与已介绍之年代不详的贼盗律断简❸b，当是同本同条。纸背之经疏中，可看见使用则天文字之“θ”（日字），则此律当是《永徽律》或者《垂拱律》。

❹ 诈伪律断简

此断简也是由大谷探险队所携回的文献，现藏于龙谷大学图书馆。本断简是由二断片直接接合，律文中有“玺”字，其纸背之经疏中，可看到则天文字的“𡔈”（圣字）“𤯔”（人字）的残画，当属于《永徽律》或者

《垂拱律》。

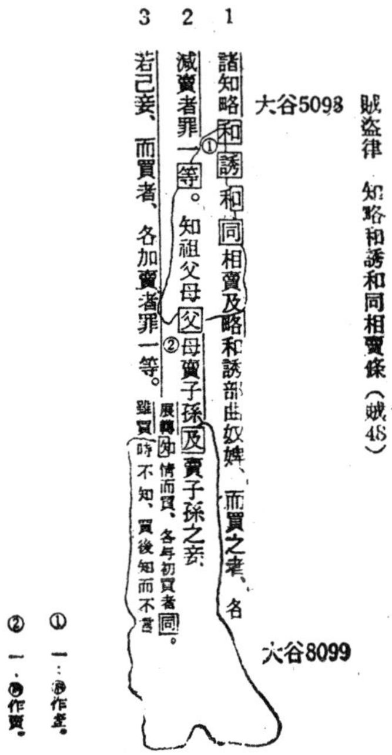

又，前面所介绍的《贼盗律》断简❸a，因有律文之书风、纸质、纸幅（24 毫米）、整行之推定字数，以及纸背经疏之书风、则天文字之使用等共同点，可知这四种断片❸ab、❹是同一本的分离物。

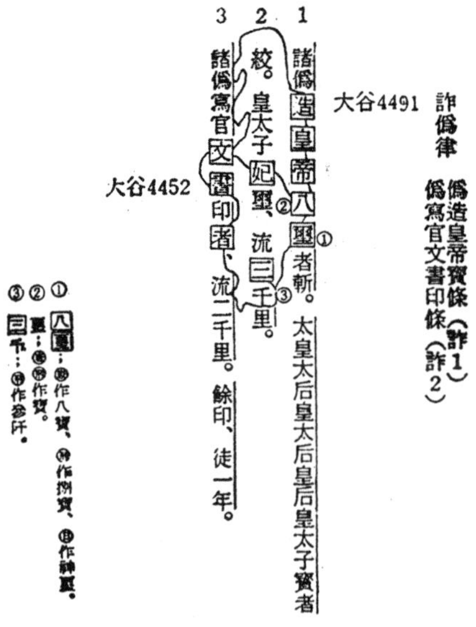

❺《擅兴律》断简

相：香川 1915，泷川 1931。录：泷川 1928。校：小林 1975。

此断简为大谷探险队在吐峪沟所携回的文书，现藏于龙谷大学图书馆。笔者实际检视，在断简可看见官印的印痕。此断简是以纸质甚佳的麻纸（纸背为白纸）书写，文字精美。在全部的八行中，其第六行到第八行间，可看见一个“西州都/督府之印”的印痕（高 54 毫米，宽不明）。

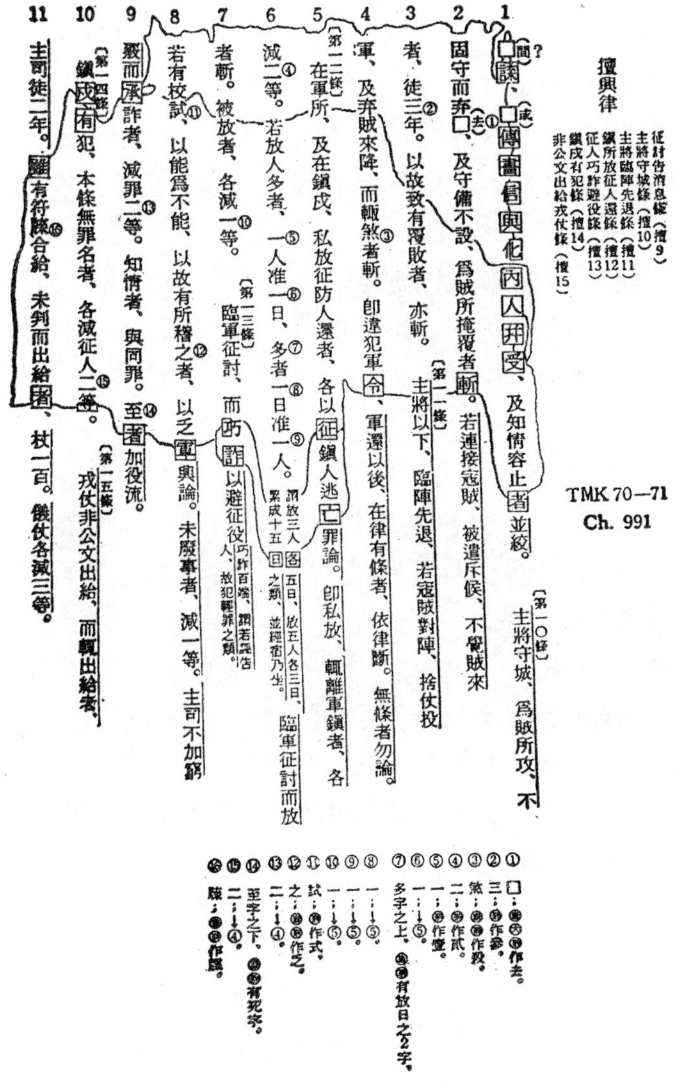

唐朝于贞观十四年八月平定高昌国后，在其地设置西州。翌年九月，在西州设置安西都护府。其后，显庆二年十一月，苏定方平定阿史那贺鲁。翌年五月，将安西都护府移于龟兹国，旧安西都护府改为西州都督府。依据《唐会要》卷七三，此为显庆三年五月二日之事，此记录是西州都督府初次的出现。其后，开元中有改为金山都督府之记事，详细不明。天宝元年，改称交河郡。乾元元年，复称为西州，直至贞元七年之际，没于西蕃为止仍存续着。

是故，律之书写时期可假定与盖上此印之时间是同时，即本卷之制作当不出显庆三年五月之前。从文字的特征看来，可知为唐朝前期的律写本，但详细仍不明。

❻《擅兴律》断简

此断简藏于德国柏林科学院。东洋文库藏有包括勒科克氏（A. von Le Coq）所搜集的吐鲁番汉文文献，以及记载嶋崎昌氏所携回之照片（但模糊）与录文的笔记。此断简在各条文首之“诸”字已缺，第一条与第二条间空三至四字，其后不空行而为紧密书写形式的特征，为其他断简所无。文字甚佳，当是 8 世纪之际的略写本，惟律的年次不明。又，❺之《擅兴律》断简与此不同，显然为别本。

❼《捕亡律》断简

录校：仁井田 1963（1964a 再录）。校：小林 1975。

纸背为于阗文，由贝伊利氏（H. Bailey）收录，收录于 Khotanese Texts. Vol. Ⅲ，pp. 16 – 17，其内容承蒙金子良太氏之指教，以为属于未设定之佛教关系的故事。

❽《名例律》断简

此断简与❷同藏于列宁格勒（今圣彼得堡），为欧尔连布鲁夫氏所携回的文献之一，由❷所述之经纬可见知。著录于孟西科夫等人之《目录》第一册，书写于 9 到 10 世纪。律之年次，以今所见仍不明。它与❷为同一本，但无积极的证据。

律疏

❾ 名例律疏残卷

相（部分）：池田《敦煌遗文》（《书の日本史》第一卷，1975）。录：罗

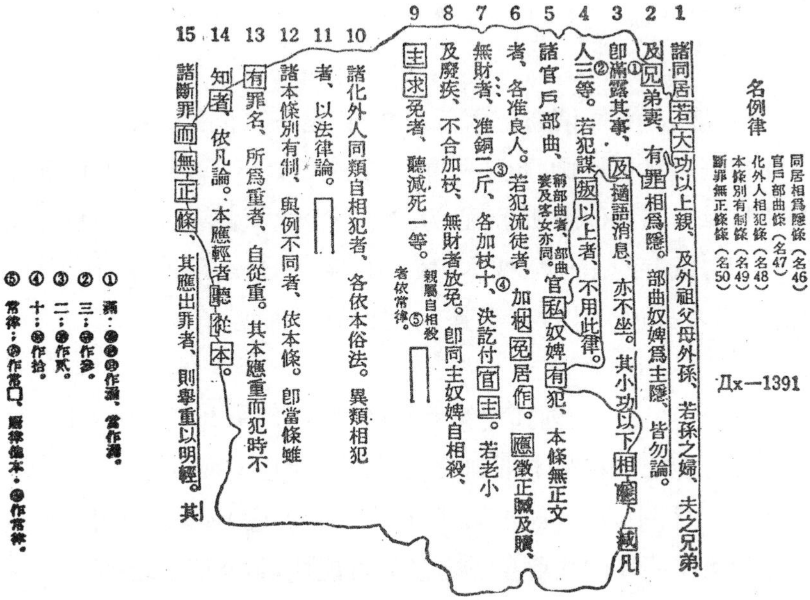

1925。录校：王(仁俊)1911、泷川1930(1931再录)、冈野1977。校：滋贺1961、小林1975、吉田1976。

此残卷所藏之机关不明，据所携回之北京本微卷，如《敦煌劫余录》一书所说，确实书写在河字十七之四分律比丘尼戒本的纸背上。

此律疏，据微卷可知是含有十纸，但纸背的四分律比丘尼戒本(律疏是天地同、左右逆)，含有十四纸(《劫余录》409叶背)。即律疏的微卷，当只取有文字之处拍摄，包括现存的律疏断简在内的残卷，应该不只含有十纸。

将律疏的九纸(第十纸是白纸)加以比较时，可知有官衔姓名的第九纸的纸幅，较他纸(即第二、三、四、五、六、七及八纸)稍为狭小。律疏的纸幅，由其他之例(见后述⑩⑪)看来，是有一定的；其一纸的行数也是有一定的。因此，只第九纸的纸幅稍小的事，似可猜想是利用纸背时加以剪贴的缘故。

关于此残卷第六纸是白纸之事，王仁俊氏有如下的推测：

仁俊按，写本原空六行，盖用同式纸接笋者。第六行尚存左旁笔迹，自依字至不合十八字可细辨也。俊臆度之，必因六行中有误处，写

者意欲重书，故裁割去，尚有痕迹可寻也。(《敦煌石室真迹录(己)》)

此说难予采取。第一，谓忘记六行的文章，是不可能的。第二，若以笔误割去，而切割时犹见残画，也不可能。第三，第六纸若系笔误而剪贴，则其次之第七纸，当如他纸所示，必为二十行分之纸幅，但实际只是十四行而已。第四，纸背的比丘尼戒本，从第七到六、五纸是连写，加上前述三项理由一起考虑时，则第六纸是利用纸背时加以剪贴的，当有充分的根据。

以此推论来适用于前述之第九纸时，则利用第九纸的纸背时予以剪贴，是十分可能的。在第十纸到第九纸有关比丘尼戒本也是连写的。然而被割去的数行中，存有如永徽《职员令》残卷(⓮)所示，相当于初校、再校的典、相当于终校的法曹参军之名的可能性，是不能否定的。

再者，依据微卷，第十纸以后(以律疏之序数)的纸幅并不一定。这是因为非为律疏之原来用纸，而是后来贴上去之故。

以残卷的文字，与现存《唐律疏议》诸本、《宋刑统》、日本律对校的结果，在残卷方面，可认为律疏本来的用字有十六例；残卷的误字，可数的约有十五例(参看冈野 1977)。据此大致可作为敦煌本之精度的一个标准。

❿ 杂律疏残卷

相(部分)：泷川 1934。录校：罗 1925、泷川 1930(1931 再录)、冈野 1977。校：小林 1975。

东洋文库存有由泷川氏所携回之照片的影印本。与前述❾均是律疏中的精写本。纸背的照片没有携回，据泷川氏对此残卷的实地调查，当是有关写经之事。(《近代支那に于ける法制史研究素描》，《东亚》6：12，1933)

⓫ 名例律疏残卷

录：冈野 1977。校：滋贺 1958、小林 1975、吉田 1976。

本卷取“十恶”条之中间部分随意将律疏切断，其纸背书写通俗伪经之相好经，在末尾处有如下之与经文同笔的识语：

> 佛说相好经　清信佛弟子燉煌郡司法参军冯如珪，在任所自写记之。

燉煌郡的名称，盛唐以后存在时间只十数年（天宝元年二月二十日到至德二载十二月十五日，742—758），因此，纸背之利用，当在至德以前。而律疏本文当在开元二十五年（737）发布以后的二十年以内书写的，由燉煌司法参军之利用纸背，可想象当有燉煌郡（沙州）官署存在。但谓郡法曹之负责人冯如珪无罪恶感，而将内容并不古的官本律疏切断，以利用纸背之事，当难以成立。是故本卷并非官府备用的原本，或许可视为书写官本途中发生损害，或者为官人个人用而抄写之本较为妥当。

⑫ 贼盗律疏断简

录：仁井田 1957（1964a 再录）。校：小林 1975、吉田 1976。

律疏中之⑨⑩⑪⑫四种，都被认为是开元律疏，此等残卷之相互关系，说明如次：

王重民氏对⑪之残卷，这样写着：

> 此卷装潢甚都，字亦工整，疑式与《敦煌石室碎金》排印德化李氏所藏律疏卷第二相同，疑或原为一书。（《敦煌古籍叙录》，页 144）

王氏将罗氏《敦煌石室碎金》所收之律疏卷第二，也以为是李盛铎氏所藏，但如前面所见，此卷系藏于北京图书馆。由上引文可知王氏推测⑪与⑨是同一年。

其次，滋贺秀三氏对⑪说明如下：

> （译者按，将⑪之）“期”作“周”之事看来，不只可知是开元律疏，其书式亦与既知之名例律疏（卷二后半）及杂律疏（泷川政次郎博士拍摄）相同，且字体与杂律疏酷似，当是同一写本的一部分。（《译注唐律疏议》（一），页 36）

即滋贺氏推测此卷为李盛铎氏旧藏的杂律疏（⑩）与僚卷。

⓫是由五纸构成，第一纸的首端与第五纸的末端欠缺，除此而外，第二、三、四纸是每纸分二十二行书写。但❿之杂律疏，则由四纸构成，每纸分二十行。如此两种残卷，一纸之行数既相异，书风亦难言相同，实不能认为同一本。

又，王氏的见解，也以为❾之每纸为二十行，其与⓫之书风相异的看法，是难予赞同的。❾与❿之一纸的行数，虽都同为二十行，其书风又极为相近，但要积极地断定两者系同一本的根据却无。

⓫如前所述是由五纸构成，但详细检讨时，其第一、二、三纸（以下称为前半）与第四、五纸（以下称为后半）的书写人并不相同。此即断简的前半，每整行有十五到十七字，在后半则为十四到十五字，文字也以后半的线较粗。此由各个文字（例如“注”字之三点水旁）的书癖也可理解。

以这些文字与其他文献比较时，可推知斯坦因本贼盗律疏（⓬）的书手，与⓫之前半的书手是相同的。

在⓫之第三纸的切开处，条文未完，但书手已易，可能是对律疏这种庞大的书籍，以多人书手来书写，采取分担作业方式，每人分担若干纸的缘故。

⓭ 职制律疏断简

相（部分）：神田 1938。录校：仁井田 1938（1964a 再录）。校：小林 1975、吉田 1976。

如研究史所述，仁井田氏以为此断简具有与日本律写本类似的形式，而认为此断简为永徽律疏之可能性甚大。

今取敦煌出土之开元律疏残卷（❾❿⓫）与《养老律》写本加以比较时，可知有下列几点不同：1. 开元律疏之本文、注、疏，均用大字，但养老律之本文、注为大字，疏则用细字双行书写。2. 注文开头，开元律疏用“注云”，《养老律》则无此用法。3. 书写疏文之场合，开元律疏用“议曰”，《养老律》则无。4. 疏文插入处，《养老律》用小刻字。

从《养老律》成立之过程加以考虑，可知大致是沿袭自《大宝律》的内容与形式。若《大宝律》之形式可认为与现存《养老律》写本一致时，那么同样以永徽律疏为蓝本的开元律疏，何以在形式上异于《大宝律》？此是问题。

此问题当是由于下列诸因素的关系：1. 永徽律疏与现存开元律疏

是同形式，但大宝律在承受永徽律疏之际，变更了书式。2.《大宝律》因袭永徽律疏的形式，开元律疏却改变永徽律疏的形式。3. 此两种形式，自始并存，只是如第1点所述《大宝律》的形式是将永徽律疏大幅度变更的结果，因而⑬之形式的律疏，很难认定存在于中国，更不能径自断定⑬就是永徽律疏。有一可能是⑬可认为是开元律疏的略写本，此事有待今后的检讨。

令

⑭《职员令》残卷

⑭a　相：仁井田1965a、(部分)神田1938。录：那波1935、(部分)仁井田1965b。

⑭b　相(部分)：那波1935、仁井田1965a。录(部分)：仁井田1965b。

⑭c　相(部分)：仁井田1933(但只1964年再版)、1964a。录：罗1925，泷川1929(1931再录)，仁井田1933、1936b(1964a再录)。

⑭d　录：仁井田1957(1964a再录)。

⑭e　相(部分)：仁井田1964a。录：仁井田1957(1964a再录)。

⑭f　相(部分)：那波1935、神田1938。录：那波1935。

永徽《职员令》残卷是现今所知在西域所发现有关唐代法典中，明白书写年次之最古的写本，而且也是留下行数最多者，其内容的重要性也是最高的。不过原本甚为破烂，损害原貌至巨，欲正确地掌握全貌，极为困难。

如前所述，仁井田陞氏于1965年观察斯坦因本《职员令》时，写了订补的备忘录，此事再由仁井田夫人转写在《中国法制史研究—法と惯习、法と道德—》一书中。由此可知这是初次对原本所作的精密而正确的考察。

对于其中之要项加以摘记时，关于S1880B件，可发现在前引书273页之录文的第一、二行间，有“九月十四日……判删定”，第二、三行间有“第六东”，第四、五行间有“追愿?”，第七、八行间有“有爵云云”，第十二、十三行间有“帐”等左文字。这些左文字，与S3375卷末的令文末部起，到后面的题称(译者按，指“令卷第六”)，撰上年月日、编纂姓氏等部分

(同书 277 页录文)，是相对应着，两者有贴合的痕迹。又 274 页的录文第五、六行间的“后汉”，第六、七行间的“试”等各个左文字(与 276 页之录文第十、十一行对应)，贴在纸面；又第十一行上的“□曹听?□□□□□”、第十二行上的“诸职事官三?□以上□军府”、第十三行上的“并置其有散官以下□?亲?事”、第十四行上的“若官两应得府佐亲事帐内者准从多不?”、第十五行上的“有官封?□□□国官各衣官”等处的左文字(276 页录文首数行分)，并非在一行之间，而是在每行文字的前端重贴以纸面。此等文字，仁井田氏以为非原本的纸背文字。据上所见，仁井田氏又以为 275 页之最初五行的说明，是需要订正的。内侧的令关系之文，并非书写的，似是拉开被贴住之两断卷时，在另一面附着的残存文字。

这些情形确认的结果，对被剥去而不能判读的文字，其相当的地方，似可取另一面所附着的字来填补。

又其捺印由影印可确认为“凉州都/督府之印”，除核对捺印之处外，补订有关录文之各个文字，亦达二十余处。

其后，西嶋定生氏亦于 1968 年在伦敦精查原卷，很细心地在复印纸上核对并作笔记，笔者(池田)很幸运能借阅此项资料。关于破损甚大的 S3375，根据仁井田、西嶋两氏整理的成果，凡未能解决的缺字均予保留，现阶段可解读的录文，揭示如下，以供研究者之利用。(标点为笔者)

（前　缺）
1 □（諸一）人兼有官封者、府佐國官、各依官爵置。
2 若官兩應得府佐親事帳內者、准從多、不虛人（虛字、附除字號、當部）
3 並置。其有散官下□親事者、依本品置。
4 諸職事官三品以上應置府佐者、其記室
5 功曹、聽自訪有學□。□無保任者、准擬送
6 名、所司佔試。其通經文義者、試一中經一小經
7 以上、及孝經・論語。十條得六以上。其自國者、試
8 一大經□?小經、或一中經一小經、皆兼孝經・論
9 語。其試□帖（經）、各率十條得六以上。若有史學
10 者、試史記・前漢書・後漢書・三國志內、任帖
11 一部、試及通數准經。其解屬文者、試時務
12 三條、得二或□　□雜文一首?、皆文
13 詞順序、不失意義□□不□　□頂依舊
14 任者加散官。即試□□後、經一考中上、而以理
（縫、上捺涼州都督府之印）
15 去任、更無人學擬者、聽於常選視品府佐、
16 國官及親事帳內、府國有解免者、隨所因得（日續勞。諸府佐?）
17 者追。其以理去官者、並不追。
18 諸府佐國官親事帳內、府主身薨者、府佐
19 親事帳內、過葬追。（雖無妻子?亦准此。）國官聽終喪。若有
20 襲爵者、即聽其廻事。（□□人無五品以上職事者、准帶五品以上職事勿留?。）
21 □□□人有爵而無五品以上職事者、亦准
22 帶五品職事置。國伯以下不合。（其二王後國官及親事）
23 即□不在追官□□。（□即廻事□□）非理死若除免者、□□追即
24 追配。
25 令卷第六（東宮諸府職員）
26 永徽二年閏九月十四日□（朝散??）大夫守刑部郎中上柱國判删定臣賈敏行
27 □　□（秘）書省正字武騎尉臣郎□
28 □　□臣　賀　武
（後　缺）

如吉尔斯氏《目录》所载(页 233、7117),被贴着的 S1880B 与 S3375,是大英博物馆在整理过程中被剥离而赋予的编号。狩野氏调查时,S1880A、B之B的令之面,与后来编号为 S3375 之断简的令面贴住,纸背之表面当然只见佛典而已。斯坦因本《职员令》早已知只一断简,但全部所携回者,如上所述之经纬,可知有二断简,此在战后已逐渐明朗化。另一方面,伯希和本《职员令》,亦因经过长年累月的顺次剥离、补修、整理,使那波氏当时的考察,与今日原卷的形式,出现甚大的变化。然而旧时的录文与今日原本的相异处,并不能一概认为都是旧录文的错误,旧录文仍可作为原卷旧貌的参考资料。巴黎的残卷,附有 P4634 的编号,但主要的长卷(中间包含一纸弱之缺失的二断卷)以外,尚有 A1 至 21、B(或 Abis)、C1 至 12 的附属片(piéce)伴随。此等细片在整理过程中附着于本卷,而予以分离编号。这些附属片有两种,一是令乃至令纸背的断片,一是后世补修或者为利用二次而取《毛诗·诂训传》(《周南》、《召南》)的废纸作为张贴的别纸。但是别纸也在令面上被贴住,剥去时,令之文字附着在别纸随之而去的情形也有,这是检讨令时不可忽略的地方。这些附属片之中,除去 C1(内坊条前后约十一行上端)、C2(卷末编纂姓氏以下十七行)外,按文字之顺序,下列细片是属于本来之令面:A18、19、20、21(以上为东洋文库所藏之微卷号码),C3、4、5、9(未收到微卷,依笔者之笔记)。事实上这些细片的整理,目前与编目尚在一并进行,东洋文库存藏的微卷上(1970 年制),所见到的编号,也不得谓已确定。1970 年出版法国国立图书馆的正式目录第一卷:《伯希和携回之敦煌汉文文献目录》,将来会再继续刊行,其记述是到 P4634 为止,对于附属片之处理问题,不免有令人担心之处。

在令之纸背,书写着禅宗史研究者所重视之始祖达摩祖师的语录《二入四行论》。此书尚幸由柳田圣山等氏翻译成日文,收入《禅家语录Ⅰ》(《世界古典文学全集》36A),广为流传。关于敦煌本的"二入四行论",田中良昭氏有目录式的记述,[1]外行人也可找得到。今参照这

[1] 田中良昭:《敦煌禅宗資料分類目録初稿Ⅱ——禅法、修道論(3)——》,《驹泽大学佛教部研究纪要》43,页 12—15,1976 年。

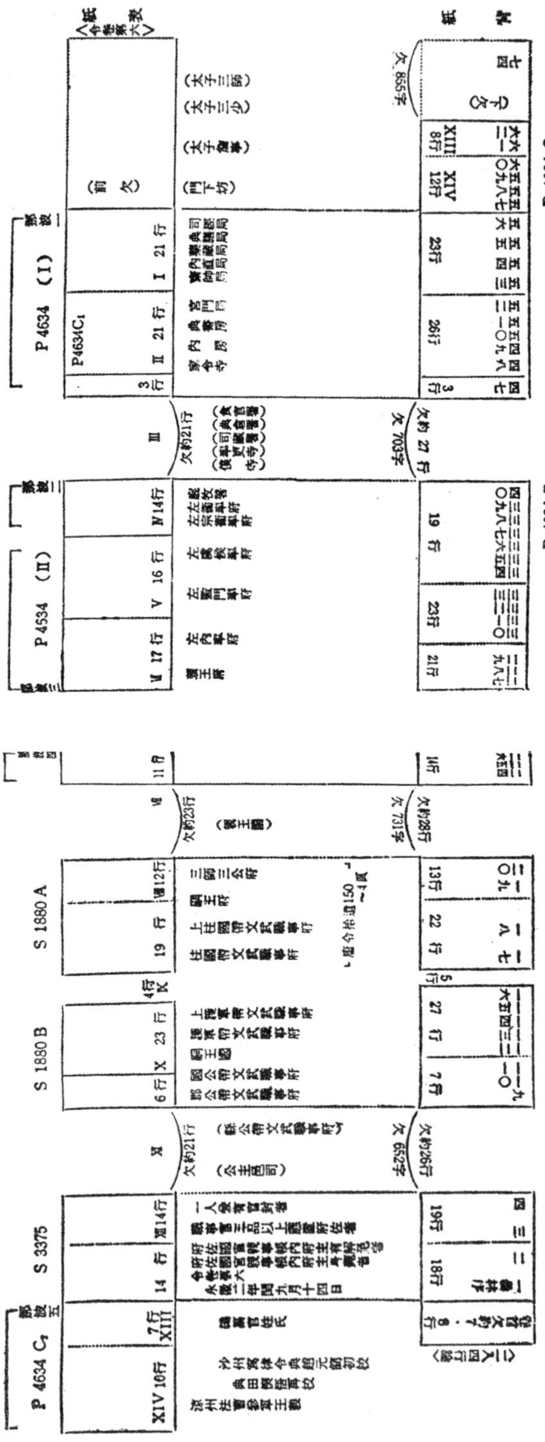

※点点的虚线表示纸缝，但纸缝之间隔与原形已有很大的差距，此事须注意。

些著作，推定纸背《二入四行论》之缺失部分的字数以及其行数，并推算其表面相当于令之部分以及缺失的行数，以启开将原卷外形复原之道。其次，以上述之成果为基础，将原卷之表里关系，作一图式（见前页），以供参考。《二入四行论》之分段与序数，是根据柳田氏所附之文。

如上所述，在纸背书写《二入四行论》之际，将卷末页一纸余切断，而贴于现存第一纸之前，此时令之卷首部分已被切离。因此，书写四行论后，经过相当的年代，本卷乃成为故纸而充作第二次之用。此时切除缺失部分，贴上残存部分。1933 年，那波氏所附的断简号码，谓依五、四、二、一、三之顺序而连贴（《史林》20：3，页 565），因此，在利用第二次而张贴时，对原貌显然有相当的损害。20 世纪初叶，其前半被携往巴黎，其后半被携往伦敦。现在所见到的样子，是经过数十年之修补整理的结果。

下举之例（标点为笔者），为据微卷对那波氏之录文（参看《史林》）所作的大幅补订，对仁井田氏之录文（收入《石田记念论丛》）亦得补正若干。

宮門局條
右春坊
錄事
令史

門大夫二人掌宮殿門、請進管鑰、判局事。
典書房
錄事一人掌令旨并令□記□□□、付事勾署」稽、省署抄目、監印給紙筆之事。
令史八人

以上是参酌其下文左右宗卫率府条数行之上所贴留的文字（先是贴合时附着，其后将纸剥离）而判读的。

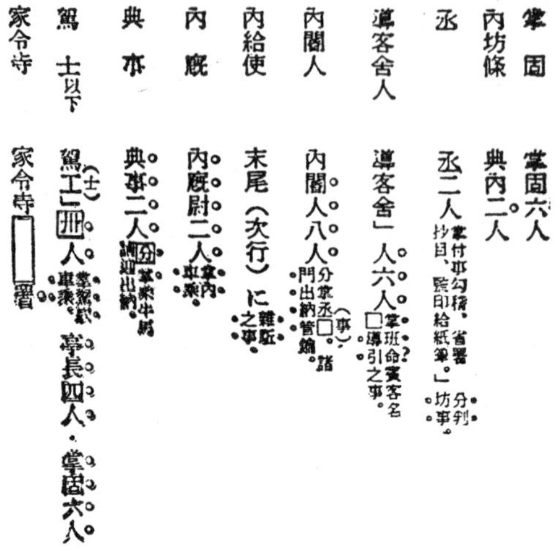

图一

图二

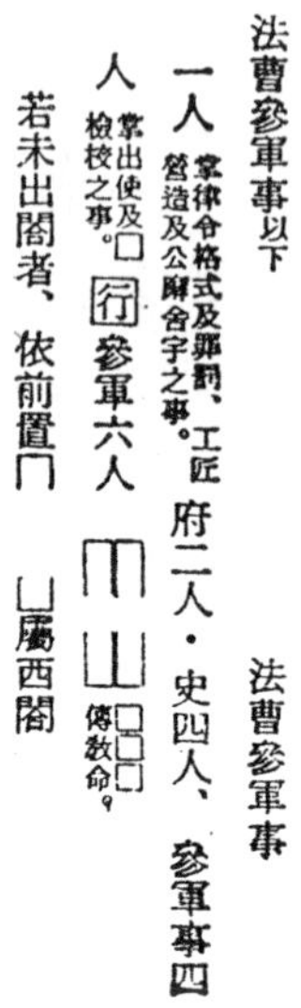

图三

图一据断片 C1 补正。

图二据断片 A20 补正。

图三据断片 A18、19、21 补正。

⑮《公式令》残卷格

相(部分)：仁井田 1933(1964 年再版)、1965a。

录：泷川 1932(1940 再录)，仁井田 1932、1933，(部分)内藤(乾吉) 1930(1963 再录)。

格

⑯《散颁刑部格》残卷

⑯a 相：大谷 1934，(部分)神田 1938。录：董 1930、1934、1938，大谷 1934，罗 1937。

⑯b 相：仁井田 1964a。录：仁井田 1957(1964a 再录)。

⑰《户部格》残卷

相：仁井田 1964a。录：仁井田 1957(1964a 再录)。

在伦敦实查原卷的仁井田氏，对于录文不能判读的文字，依据微卷而成功地完全解读出来，与《职员令》也同样地作了笔记而留存着，借此机会揭示于下，以供研究《户部格》者之利用。上栏为《中国法制史研究　法と慣习、法と道徳—》的页、行数，订补字在右旁以“。”附之。

二八五頁末行　勅左厢桑乾定襄兩都督府管內八州降戶及党項等
　至春聽向夏州南界營田秋收後勒還
　勅諸蕃商胡若有馳逐任於內地興易不得入蕃仍令
　景龍二年六月九日

二八六頁四行　邊州關津鎮戍嚴加捉搦其貫屬西庭伊等州府者

・一〇　垂拱元年九月十五日

・一六　勅令招慰得降附者挾名奏聽處分

・一七　長安元年十二月廿日

二八七頁二行　乃將石大小類銀輕重所有忿爭不經州縣結集朋黨假作刀

・五　姓並委州縣長官漸加勸導令其變革

・六　天授二年七月廿七日

二八八頁四行　萬歲通天元年五月六日

二八八頁六　停及僻小州無脚處?早安西已來依舊給傳驛

・七　景雲二年閏六月十日

・十行　聖曆元年正月三日

本卷表面有乱写之大字数处，不易判读，此大字是：

付所由捉，至迟决。/既有先言，勿问推/词，即令计会，/返理任申。净？林?。

或写：

付所由追，至迟/决杖。净？林？示。/□□日。

看来仿佛是县官的判辞，但又有“流东望公主”一句无秩序地乱写，与纸背的佛书完全不同性质，可知是进入佛寺前，官府之官人乱涂之笔迹。《户部格》的抄写，各处深浅不一，很是引人注目。到第 34 行为止，是比较完整的楷书，35 到 52 行字迹潦草，53 行以下又恢复楷书。上述的变化，出现在一纸的途中，文字又较《散颁刑部格》、《水部式》拙劣，可否将本卷认为是正规的官写本，似有检讨的必要。

⑱ (《吏部留司格》断简?)

录：那波 1957。

断简现在不知在何处，其照片是否保存，亦不明。此断简是否果如那波氏所说为《吏部留司格》，特别是其所用以立论的根据，内藤(乾吉)、仁井田两氏曾提出疑问(内藤 1958b，仁井田 1964a、页 269)，故仍待考。

⑲ (《吏部格》或式断简?)

只有 9 行之零散断片，尚不知有研究结果发表，借此机会将原文移录于下，以供参考。(标点为笔者所附加)

(前　缺)

1 長史・司馬・司錄・上惣管從四品。中惣管
2 正五品。下惣管從五品。
3 隨勳官・散官及鎮將・副五品以上、并
4 五等爵、在武德九年二月二日以前
5 身亡者子孫、並不得用蔭當。雖身在、
6 其年十二月卅日以前不經參集、并
7 不送告身經省勘校奏定者、亦准此。
8 隨官文武職事五品以上、在貞觀五
9 □前、省司勘定符下者、

(後　缺)

縫 (背印 涼州都□)

缝背留有右半之印，大概是凉州都督府之印，但似与永徽《职员令》上之“凉州都督府之印”以及开元《公式令》缝上之“凉州都督府印”不一致。文中提及贞观五(年)，书写时间可以此年为上限，惟其内容是规定前朝隋代的官吏任用以及用荫，故当属初唐之文件。《唐律疏议》卷二五《诈伪律》“伪写官文书印”条疏引唐式曰：“依式，周隋官亦听成荫。”即有关前朝之荫的条文，含有式的规定在内。则本断片似亦有可能属于这种式。另一方面，在敕格之类也有可能存在着这种条文。最近泷川氏以为此断简是贞观《吏部格》(见“补记”)。

⑳（兵部《选格》断简？）

本断简在纸背是以王道祭杨筠文作为有关王梵志的资料，吴其昱氏研究发表之际，[1]偶尔提及此事。其下半部受损甚多，兹将不满一纸的资料移录于下，以供参考。缝背印只左半部存在，包含重要地名等的右半部欠缺，左半部的第一字显然也不清楚，此非为都督府之印，大致无可疑。每条之首，冠以"一"之书式，与⑯相同，有如"准《兵部格》"的形式，是从来未见的。内容规定兵员、勋官等之资格、待遇、出身等，都是从事军务，积劳得考，或者有赐勋者的仕进，属于兵部管辖。格后敕指开元十九年所编纂的《格后长行敕》，年代在此断简之后。从上面包括"准兵部格"云云在内的书式看来，本断简全体与《兵部格》当有可能是属于别种的选格之类。不过此处所介绍的，包括《兵部格》及《兵部格》后敕佚文，已为唐格提供有力的参考资料。

（前　缺）

1 □　□□
2 節度管内諸軍鎭健兒、其中所有勳官□□
3 諸色有資勞人、及前資常選□□□□□
4 勞考、每年爲申牒所田?(由?)、用先在軍注?□□
5 已上有柱國・上柱國勳者、准勳官□滿□
6 聽簡試。十五年已上者、授武散官。兩箇上柱
7 國已上者放選。各於當色量減次上定留放。
8 其中有先立戲功得上柱國勳、長征?□□□
9 罪由分明者、□□簡聽選。餘依本條。
10 一准兵部格後勑、同□□滿□□等、如簡□□
11 結二万人數者、其中有得勞番考人□□
12 免、並申所司、准式合承?、選日任依常例。
13 一准兵部格、諸色有番考、資策出?身□□□
14 者、初至年及去軍年經三箇月已上□□
15 折成一年勞、中間每年与一年、不得累折。
16 一准開元七年十月廿六日勑、上柱國及柱國子
17 年廿一已上、每年徵資一千五百文。准本色宿
18 衞人、至八年滿聽簡。其及第者、隨文武□

縫（背印　□□之印）

（後　缺）

式及其他

㉑《水部式》残卷

相：罗 1913。录：佐藤 1967。

本卷第五、六两纸间之缝，并非原缝，而是后来贴上的。

〔1〕 吴其昱，"Un manuscrit de Touen-houang concernant Wang Fan-tche"，*TP* XL VI/3－5，1958.

现存第六叶首行，从照片中可认出半残画，其判读是：

虽非丁木限内，亦听兼运。即虽在运木限内，木[运]

从文义上可知此行非为条首，其前本来还有行数存在。本卷每纸有廿二行，由此可推测当缺失二行。两断卷本来之关系位置，严格说来仍不清楚，但从内容视之，本来是相连的，只是利用纸背之际，切除二行再行贴进，成为现在所见之状，如此解释，当无特别不通之处。但是要断然否定中间失去一纸以上的可能性，似亦困难。

㉒（职官表）

相（部分）：仁井田 1933、泷川 1934。录：大谷 1933。

伯希和的目录和王重民的目录（译者按：指 1962a）都提过本卷纸背所贴之纸为契片与藏文断片，那波氏（《东亚经济论丛》3：2，页 227；《京大文学部纪要》1，页 117—118 等）亦由此录出而介绍辛亥年四月押衙康幸全借绢契，中国之《敦煌资料第一辑》大概由王重民氏所携回之照片中移录了上述的借绢契（页 378）。另一方面，在玛赛乐·拉露女士（Marcelle Lalou，1890—1967）的目录中有藏文贴片（28×20 厘米与三小片），详细著录分配布帛予汉人的报告（第二卷，页 62、1108），但是后来这些附属片似从本卷剥离，另外予以整理，致本卷之微卷不含此物。藏文断片，写于吐蕃占领敦煌时代（8 世纪末到 9 世纪半），此借契则属于 891 或 951 年。但此职官表是要传承永年，对于破损部分可知是取 9 世纪以后的废纸由里面修补的。如前所述，在天宝十一载至至德二载间可见到文部式，天宝、至德间的官名又出现许多，因而本表所依据的资料，显然是当时颁行的官本，只是转写之际，不少栏发生混乱与误写等。其原本可想象有如揭示在壁面之大型物，本卷则缩写为不到二米之卷子，可知是为携带之方便而作为官人个人用的便览（手册）。

唐朝后半期以来，若谓本表在沙州归义军节度使管辖下仍有百年以上的实用价值，固然难以认定，但是透过归义军时代，寻求中原王朝权威之所出，憧憬盛唐时期之气氛，而保存阅览此表，实是可能的。

㉓（判集残卷）

判录：池田 1978。

内藤虎次郎氏所携回之照片复印本，藏于庆应大学，据此再作的复印本，东洋文库也有，但在东洋文库也可见到近年的微卷。现存敦煌本判集中，最具备书式者，由下所抄录之一项显示其形式。（标点为笔者）

奉判得、隰州刺史王乙妻育子、令坊正雇妳母、月酬一縑。經百
日卒、不與縑。又馮甲朝祥暮歌、自云服畢仰事。
王乙門傳鐘鼎、地列子男、化偃百城、風高千里。妖妻舞雪、
翠爵望山之眉、誕育仙娥、慶符懸帨之兆。雇茲妳母、石席明
言、酬給縑幣、啗(脂)膏乳哺。鞠深恩於襁褓、未變庭闈、碎瓦礫
於掌中、俄歸蒿里。不酬妳母之直、誠是無知、既論孩子之亡、
嗟乎撫育。司錄論舉、情狀可知、足請酬還、勿令喧訟。又父
母之喪、三年服制、孝子之志、萬古增悲。朝祥暮歌、是褻於
禮、以哭止樂、斯慰所懷。訴詞既欵服終、言訟請依科斷。

首先是以小字提示问题，回答之主文（即“对”）低一格用大字书写。其内容为隰州刺史王乙之妻为养育儿子，令坊正雇一乳母，每月以一缣作为报酬；但百日之后，其子死去，因而不给予缣之案件。又有冯甲者逢亲丧，而早晚仍为之歌的案件。本判即对上述并列的两问题所作的判决。文言为四六的美文，所论空疏，缺乏具体性，也无提及有关之条文。结论是前者科断应支付所雇之报酬，后者为违乎礼而结案。一如王重民氏所指出（《敦煌遗书总目索引》，页 268），这种体例与现存张鹭的《龙筋凤髓判》类似，即无依官厅之别而编成，采取二题相关的形式等项，显然是为《别书》。此断卷首尾阙如，撰者与书名亦不明。从其内容与文章风格视之，当是初唐（7 世纪后半叶）的判集。

㉔ 唐判集残卷

录：池田 1978。

巴黎国立图书馆制有微卷，由山本达郎、嶋崎昌氏携回，藏于东洋文库。其内容菊池英夫氏在东洋文库刊目稿有扼要的介绍。（Ⅰ，页151—153）此残卷是画有乌丝栏（译者按：即画有黑色细线作间隔）的白麻纸写本，存留三米以上，首尾欠缺，但在遗存判集中，为内容最丰富者。向来目录是把判集作为纸背，但是从用纸、笔迹、书风等视之，可知都是先写判集，其后在纸背写以“晋书载记”，即目录将此残卷之表里作相反的记载。与㉓相比，略逊于书式，其每道之首有改行，也有不改行；其标题有时详记，有时略记；更且第十四道之判答（“对”）阙如，是有不备之处。但是全体上看来，被省略的地方有限，本文具有某种程度的信赖度，是可以期待的，兹举一例于下。（标点为笔者所附加）

奉判、郭泰・李膺、同船共濟、但遭風浪、遂被覆舟。共得一橈、
且浮且覓(競)、膺爲力弱、泰乃力强、推膺取橈、遂蒙至岸。膺失橈
勢(泰)、因而致殂。其妻阿宋、喧訟公庭、云其夫亡、乃由郭泰。
〻〻共推膺、取橈是實。
郭泰・李膺、同爲利涉、揚帆鼓枻、庶免傾免(危)。豈謂巨浪驚天、
奔濤浴日、遂乃遇斯舟覆、共被漂淪。同得一橈、俱望濟己。且
浮且覓(競)、皆爲性命之憂、一弱一强、俄致死生之隔。阿宋夫妻義重、
伉儷情深。悴彼沈魂、隨逝水而長往、痛茲淪魄、仰同穴而無期。
遂乃喧訴公庭、心讎郭泰。披尋狀迹、清濁自分、獄貴平反、無
容濫罰。且膺死元由落水、〻〻(落水)本爲覆舟、〻〻(覆舟)自是天災、溺死
豈伊人咎。各有覓(競)橈之意、俱無相讓之心、推膺苟在取橈、被溺
不因推死。俱緣身命、咸是不輕、輒欲科辜、恐傷猛浪。宋無反
坐、泰亦無辜、並各下知、勿令喧擾。

上述大意，即郭泰、李膺同船航行中遭遇覆舟，两人争夺一桡，膺弱泰强，结果泰得助，膺溺死。膺之妻宋氏乃提出其夫被杀之诉。判决意旨，李膺溺死，是遇风浪而覆舟，本为天灾落水，两人争取桡，为得其助，则膺溺死之原因，自不得谓为泰之推死。滥刑当避，乃判泰无罪，宋氏亦不问反坐。此判与㉓之判相较，其表现远较平俗，且法的论议也较有具体性。惟当事者之名，以东汉末之清流人士为代表，其为虚构甚明。

包含残缺在内，全部留存十九项。其中三项是由二件组合，此外一

项是一件，尤其是无予以分类。书名、撰者亦不详，除本文中出现贞观十七年到永徽二年的纪年以外，因包含隋末到初唐的事件，其成立年代当以650年代为上限，似为7世纪后半叶之物。本文中引用律、令、式，乃至言及内容规定有数条，此事似可作为永徽律令式的参考资料。

更且第九项与日本养老《赋役令》“孝子顺孙”条之《令集解》所引的“判集”（国史大系本，页413—414）符合，此点值得注意。此项引文是置于义夫、节妇的注解最后，承蒙吉田孝氏的指教，在《集解》的文脉中，此处是可认为《古记》所引用者。如此一来，在天平十年前后完成《古记》的撰者，抄录此判集的时间，与敦煌本的抄写大约同在8世纪前半叶。当时此判集既已舶载到日本，可想见本书之盛行。泷川政次郎氏以《令集解》所引之判集，比拟《日本国见在书目录》所著录之“大唐判书”。（《社会经济史学》10：8，页9）为与其他之判集区别起见，此处暂名之为“唐判集”。

此判集的内容，谓有一寡妇刘氏在其夫死后守贞数年而生一子，其兄以此为耻，欲使再嫁于张衡，刘氏不肯，其兄不得已乃以其女代嫁张氏，此婚姻是否被认可？又刘氏是否可请为孝妇的案件。判的主旨，科断刘妇所谓梦中与其亡夫交合事，难予认同，宜加慎重调查。与张衡之婚姻事，理应取得两当事者的合意，若兄强制其妹或其女从嫁，应依法处罚。至于两家的事情，再行调查。利光三津夫氏在《裁判の历史—律令裁判制を中心に—》一书中，引用本判，认为是初唐名裁判官所下的判决。（页208—215）由判集全体的性质视之，可理解并非为特定事件的具体判决，而是取现实事件为题材，由编者之手在论理与修辞方面予以相当地润饰而成的。本判不含节妇之语，内容举节妇为例并不切当。是项引用事例，似成为《古记》撰者与后来的明法家极有兴趣的谈论线索。引文内容与敦煌本几乎一致，同字率达百分之八十几，包含订正讹误约五十字在内。其中得订正敦煌本之讹字者，有二例可见。从两者的比较，而要知道《令集解》对原文保存的程度，能提供有益的资料。

㉕（安西判集残卷）

录：池田1978。

本残卷是以速笔的楷行体书写，并加朱笔句读与订补。伯希和以其破损至巨，乃于巴黎补修装潢。昭和初年，重松俊章、大谷胜真两氏抄录了本卷，东洋文库、龙谷大学存有复印本，由此可得知其旧貌。如菊池英夫氏所指出（目稿Ⅰ，页 148），近年所见的微卷与旧本不同，大概是修复之际，手误将原卷前三十行部分贴于末尾。附有“奉判……事”的标题，则有三项不附，二项附之。每道之起首，有的改行，有的没有，形式不完整。内容方面，除一件以外，都是有关安西都护府（设于龟兹）管内之兵事，有裴都护（行俭）、崔使君（知辩）之名出现，属于 7 世纪中叶，即 665 年以降二—三年之物。菊池氏在目录中是以《安西都护府奉判牒文及发给公验控》为题，可知这些判是集录都护府的官文书。只中间插一件（承认已离婚之阿龙与旧夫再婚事）与此不同，且无特定的地域与时代，内容亦与其他隔绝。其原文引用如下：

> 高头·阿龙。久谐琴瑟。昨因贫病。遂阻参商。龙游荡子之家。忽悲鸾而独儛。头寄〔向?〕隅之徼。恒惊鹊以空栖。事非出于两情。运以征于只意。无夫之媛。不可空掷春霄。阙妻之男。实是难穷秋夜。远念和鸣之绪。近询鳏寡之由。头缘疹病顿身。龙遂猖狂（已用朱笔抹消）自困。不能拘制。唯恐孤危。倚官岂敢致尤。抑从弃薄。生人之妇。昔时尚被夺将。死鬼之妻。今日何须不理。况有一女。见在掌中。既曰分肠（张?）。诚悲眼下。合之则两人全爱。离之则一子无依。见子足可如初。怜妻岂殊于旧。何劳采药。自遇下山。已嘱槁砧。（境用朱点抹消）任从再合。于理无妨。以状牒知。任为公验。（原本朱笔句点，其他标点为笔者）

只有判文，而无标题，情况不免暧昧。但可推知是已离婚的阿龙与独身之荡子高头，互通情谊。其后，高头病死，阿龙以孤危，求官许与其旧夫再婚。官府对此要求，判示许可之旨。

判文过分讲究修辞，而与前后都护府的具体案件显得不调和；但是从个人关心的观点看来，把不同类型的案件也混合收录，是可以说明的。由于缺乏作为官文书之判文记录可见到的一贯性书式，抄写之际又有修改原来文辞的痕迹，因此说是为了练习判文之目的而抄录，当是自然的事。此处暂拟其题曰《安西判集》，以备今后的检讨。

三、法制文献的背景

以上是20世纪在西陲所发现有关唐代法制文献的概略。对于这些文献，总括地考量其价值时，以现今所理解范围的资料而言，显然有其量上、质上的限度。即以律之百多条而言，存在的也不过为总数约二成左右；至于律疏，遗存者不满十条。令方面，只有《永徽东宫诸府职员》一卷的大半与开元《公式令》数条，如不考虑其年度的差别，尚不足占全体的三十分之一。格、式方面，若须考虑年次、种类的不同时，残卷似不逾百分之一。另一方面，有关判集部分，与传存的唐判约有一千二百道相比，敦煌本所能提供的尚不足三十道。

质方面，以沙州与西州之州（都督府）衙用的官本为最佳，到官人个人所用的写本为止，都是在西陲所使用的实用本。以发布的时间来衡量时，即连官本的永徽《职员令》也不少误字、脱字。加以残卷蒙受损伤至巨，竟无一例是首尾完整的。

虽是如此，对于一向依赖宋、元版以后的《唐律疏议》、《宋刑统》、《唐六典》、《通典》等传存文献而从事研究，仍大有裨益，已如上所述。兹再简要归纳于下：

(1) 提供在传存文献看不到的许多令、格、式、判等的新条项。

(2) 让我们知道与传存文献相对应的律、律疏及令以下等在唐代的原形；有助于现行本的校订，进而给予传存文献之保存原形程度的评价标准。

(3) 对于校订日本大宝、养老律令也有某种程度的参考价值，进而提供研究有关日本承受法典的过程与编纂者之修订意图等有益的线索（特别是永徽律令，开元律令也有间接利用的可能）。

(4) 可作为研讨7、8世纪之际，在沙州、西州有关法之统治实态的题材，进而有助于认识当代法制的底层。

以上所举，为其主要价值之所在。更且在检讨与传存文献相应记载的有关条项时，欲阐明文献之原据及其成立过程，不用说也是重要的线索。因此，对现存残卷得直接校勘或确定之处，虽然限于局部，但是由掌握确实的据点，进而对残存的大部分予以批判处理是可能的，这一点很重要。就此意义而言，不论今日与未来对唐代法制文献如何研究，忽视同时代的写本残卷而欲求其进展，是不可能的。同时一并参照日本所接受而传承下来的法制文献的古写本也是必要的，特别是有关永徽律令，日本文献可作为主要线索的地方甚多，这也是众所知的事。近年来，日本律令在文献上的研究得以进展，愈来愈可表明此事。〔1〕今后对唐代法典原形的研究，吸收日本律令研究者的成果，并加深两者的合作，似是有效的途径。

再者，敦煌文献的整理，至今可谓已完成大半，其未完成部分，包含散在北京、伦敦、巴黎、列宁格勒(今圣彼得堡)，以及其他地方。今后随着整理编目之进行，仍有可能出现新资料。在吐鲁番盆地由于发掘古坟等工作，将来发现更多的新资料，是可期待的。(参看“补记”)

又以收藏佛寺经藏、寺院文书为主的敦煌，在素来的堆积中，发见有二十卷属于7、8世纪的法制文献混入，对当代法制文献之渗透西陲，予人以深刻的印象。最近在湖北云梦所发现的秦简中，〔2〕有《内史杂律》，规定:“县各告都官在其县者，写其官之用律。”《尉杂律》规定:“岁仇辟律于御史。”秦代既已有律的书写、校雠，若再考虑励行依律而治之点，则拥有一千年法治经验以后而出现的唐朝统治，其律令等法典之普及，可谓为当然之事。依唐制，天下约有三百州(若干都督府)，设置定额的法曹(或司法)参军事(三都、大都督府、上州二名，其他一名)，司掌“律令格式、鞫狱定刑、督捕盗贼、纠逖奸非之事”(《六典》卷三〇)。在其下有府、或佐、史、典狱、问事等杂任，依《开元令》之定额，随州(府)之大小，设置57到58人，显示法曹职务之繁忙。前述《永徽令》残卷所见之亲王府法曹参军，司掌律令格式一事，在日本大宝、养老令中，却不见亲王或国的

〔1〕 小林宏、高盐博:《律集解の構成と〈唐律疏議〉の原文について》(一)(二),《国学院法学》13:4,14:3,1976、1977年。

〔2〕《文物》1976年8月,页42。

职员中，有特设司掌法律者。只有大宰府设置大判事、少判事、大令史、小令史各一人。据此可知以唐的官僚组织规模及职务分化，来与当时的日本相比是如何地悬殊，这是很清楚的事，不必赘词。

州(府)之下，约有一千五百个县，法务(刑狱诉讼)之事，为县尉的职掌之一。畿县、上县有尉之员额二名时，一名判功、户、仓务，一名判兵、法、士(土木)务。[1]杂任的佐、史，以其数名员额之若干位负责司法，监督与州之员额差不多的典狱、问事。律疏颁布以后的时代，无疏伴随，只律本文、注之写本较广为流布的情况，显示县阶段的断狱，一般所实用的，为只含有律条之书。

唐朝常意图以律令格式灌输官人，并积极予以推动。文明元年(684)四月十四日敕云：

> 律令格式，为政之本。内外官人，退食之暇，各宜寻览。仍以当司格令，书于厅事之壁，俯仰观瞻，使免遗忘。(《唐会要》卷三九、《通典》卷一六五)

大中四年(850)七月，大理卿刘濛的奏文，亦请准上敕的趣旨，于大理寺厅壁，重写律令格式。(《唐会要》卷六六)稍早之大和二年(828)十月，据刑部侍郎高釴之条疏，请以必要的节目十一件，再壁书于诸道州府的录事参军食堂，加强记忆，以作为申奏罪人之准据。是项奏请，获准施行。(《旧唐书》卷一八下大中四年七月丙子条)

元和五年(810)，吕温所书之《道州律令要录序》，谓在湖南尽头与岭南相接之道州，也有由州之法吏何洛庭将律令之撮要书于厅壁之事。(《吕叔和文集》卷三、《文苑英华》卷七三八)西域发现的诸断卷，可证明唐朝前期法典普及于西陲之事。法典之中，以律传布最广，此由遗存数可窥知。同时占有敦煌资料之大半的9、10世纪的文献中，可发现作为废纸用的前代法典的反面，未出现一例有关同时代的法典，这一点与当时沙州归义军支配下孤立性强的背景有关，致由中原流入的文献，不能

---

〔1〕 砺波护：《唐代の県尉》，《史林》57：5，1974年。

看到有如唐朝前期的大量存在，尤其是遗存的偶然性甚大。节度使时期的法制文献，存在于敦煌，固然无可置疑，但当时法的支配力，在某方面已显示与唐朝前期有很大的变质。不过同时代的中国内地，在许多方面显然也出现异质。就此意义而言，是不可以将唐朝后期以后的敦煌资料，来与前期同样地作为唐代法制史料处理。

此处再说明一下本稿所以将与法典不同性质的判集收进的理由。在《日本国见在书目录》的史部刑法家，著录与律令格式之类并列的《判样》十卷以下至《大唐判书》一卷，共六件判书。如众所知，该《目录》的分类，是沿袭初唐的《隋书·经籍志》，则唐代的分类，将判与律令等系统包括在固有的法制文献内，是无可怀疑的。但是《新唐书·艺文志》将《龙筋凤髓判》与骆宾王《百道判集》等列入别集类之末，《四库全书总目》将《龙筋凤髓判》包括在子部类书类等，看来判的分类所属是流动的。到后世，一般对于传存的判的处理，与其说是当作文献，不如说是当作文学作品。基于这一点考虑，加上判集在内，日本有泷川政次郎、市原亨吉、布目潮沨诸氏对唐判作综合的研究，颇有进展。〔1〕这是表示法制史研究者对此事的关注。敦煌判集包括引用律与令式，这一点值得注意；与《文苑英华》收载之判文相比，只于文辞的洗练方面较拙劣，此正是初唐之法意识的活现，使我们对判有丰富的认识。当时有志于仕宦者，皆由"选"而受身、言、书、判的考试，通过以后始得任官。因此搜集模范文例，熟读仿作判集，勤奋练习。在判文所示有关唐人对法的理解，不免浅薄，但是将此事一并列入考虑时，始可窥知用以支持律疏所凝聚之高水准的法观念、法技术的广大基盘。读到前节所举的郭泰、李膺一例，不禁想起公元前2世纪希腊怀疑派哲人尼德斯(Karneades，前214—前129)有关木板的一段话。即有一只船在大洋中遇难而破，二人争夺只能载一人的一条木板，其中一人将对方推落海中而夺得木板，救了自己的生命，此事对否

---

〔1〕泷川政次郎：《竜筋鳳髓判について》，《社会经济史学》10：8，1940年。同氏：《〈文苑英華〉の判について》，《东洋学报》28：1、2，1941年。市原亨吉：《唐代の判について》，《东方学报》(京都)33，1963年。布目潮沨：《白居易の判を通して見た唐代の蔭》，收入《中国哲学史の展望と摸索》，创文社，1976年。

为例的问题。在判集是把死亡原因归由天灾导致覆舟，乃判郭泰无罪。这种观点，是主张为紧急避难可免受刑责，给予刑法理论之正面的认定。与尼德斯相比，给人感觉唐人的法理论是低调的。就此一端，暴露与官僚机构——为着国家之统治而作为公法之体系——共同发达起来的律令，在本质上所隐藏的缺陷。对律令之实际机能，要予以具体的分析时，有关当时的裁判与事件的处理，进行有系统的分析是必要的，但在这方面的研究，仍多未开拓。今后借着活用西域所发现之公私文书类，来探讨活的法，是笔者所期待的。

补　　记

最近《文物》1977 年第 3 期刊载《吐鲁番——唐墓葬出土文书概述》（吐鲁番文书整理小组，新疆维吾尔自治区博物馆）一文，报道发现《唐律疏议》残片，盖有书写工整之"西州都督府之印"。它虽是残片，但显然为唐朝所颁布的现行法典，其律文可看出与今传本有非常重要的差异。

对此项简单的记事，无法确定此残片是律或律疏，因而期待与前述❺一并考察的详细报道。校稿之际，泷川政次郎氏的《ペリオ氏将来の唐贞观吏部格断简》一文（《国学院法学》15：1）发表。此文是介绍⓳而以为是贞观《吏部格》。

为撰述本稿而从事预备调查工作时，承蒙龙谷大学图书馆、东洋文库、东京大学东洋文化研究所等机构之协助，特此致谢。

本稿为矢下纪念法制史基金资助下的研究成果之一。

译 者 附 记

原文图版甚多，排版不易，幸蒙戴炎辉教授惠借《法制史研究》一书以制版，使拙译文得以顺利刊出，特此申谢。

又，顷接原作者池田温教授大札指示，图版中有若干处须补正，兹开列于下。

页 167，上端"纸背"栏，❻、⓲项，各记入"白纸"二字。

页 167，中间“文献序号”栏，⑱项，在 TⅡT 之后，记入“ch3841”诸字。

页 188，“唐判集残卷”右起第二行，榷改推。

页 188，“唐判集残卷”右起第四行，共字之下，补进“(供？＝哄)”诸字。

至于文中须订正之处，已于译文中改正，敬祈读者谅察。

（原载《食货》复刊第九卷第五、六、七、八期，一九七九年九、十一月）

四、评介日本最近出版几本有关中国史的资料

1. 大 唐 六 典

16 开本，广池千九郎训点，内田智雄补订，本文 535 页，内田智雄“解题”9 页，目次 8 页，广池学园事业部发行，1973 年 12 月初版，定价日币 5000 元。

《大唐六典》，三十卷，唐玄宗开元十年(722)敕撰，二十六年(738)书成奏上，颁行天下。此书的性质，有如《周礼》，也可视为法典，是研究盛唐时期之典章制度的重要资料。

日本最近由广池学园事业部发行的《大唐六典》(以下简称“广池本”)，是以近卫家熙本为底本而影印的。此书最大的特点，是附有广池千九郎博士的训点(这是专为日本人解读之便而做的训读法)，以及内田智雄博士的补订。

近卫本《大唐六典》的版本渊源，可由下图表示：

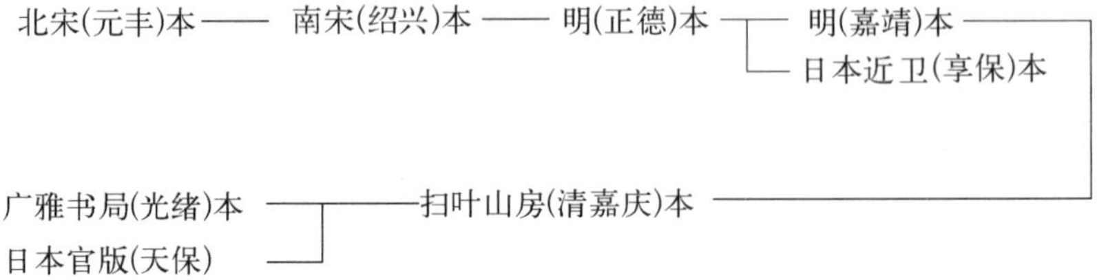

《大唐六典》传到日本的时间，无法详知，但在9世纪末编撰的《日本国见在书目录》中，已有著录。其后流传于日本的版本，主要有两种，一为享保九年(1724)的近卫本，一为天保七年(1836)的官版。后者差不多是扫叶山房本的翻版。扫叶山房本所依据的是明嘉靖本，脱误甚多，扫叶山房本亦蹈袭之。因此，天保七年的官版，不能称为善本。近卫本是近卫家熙(1667—1736)以明正德本为底本而缮写的，并以两唐书及唐宋时代的文献进行考订。对于明正德本与明嘉靖本相异的地方都注出，而以“一本”两字代表嘉靖本。近卫氏的考订工作，共历二十寒暑，诚如他所说：“乃先贤所谓精力尽于此书者。”(参看此书“考订大唐六典凡例”)

近卫本的特色，如上图所示，是承续宋绍兴本系统。但今日所见的宋绍兴本六典，只存残卷，玉井是博氏在1930年曾赴北京拍摄此残卷，以为是天下孤本。这个照相版，现在收藏于三处，此即东京大学东洋文化研究所、京都大学人文科学研究所，以及内藤乾吉氏。其后，玉井氏将宋刊本残卷与近卫本作一校勘，撰成《南宋本〈大唐六典〉校勘记》一文发表(收入氏著《支那社会经济史研究》，岩波书店，1932年)。最近内田智雄氏更承继玉井氏的业绩，对《唐六典》精密补订。凡是玉井氏所不能解读或不易判定的文字，均试图加以解决。内田氏的补订工作，除参考宋刊本残卷外，并参考宋孙逢吉的《职官分纪》(共五十卷，收入《四库全书》珍本初集子部类书类)所引用的《六典》之文，以及日本的东坊城家本(东坊城家为菅家之一门，东坊城家本也是根据近卫本作句读、训点，其工作主要出于菅原聪长〔1799—1861〕之手)。此外，内田氏又为本书作一“目次”，详注页数，实为读者方便不少。本书经内田氏的补订后，已成为坊间所流通的最好的版本。

本书除内田氏的补订(在本书每页上方用钢笔书写者，均为内田氏补订的文字)外,并有广池千九郎博士(1866—1938 年)的训点。惟据内田氏在本书的“解题”,说广池氏本有意为《唐六典》与《唐律疏议》作注解,但是这项工作颇为艰巨,卒未竟其功而殁。广池氏对本书所作的训点,可视为其注解工作的初步。本书偶尔尚可发现用毛笔书写的文辞(例如卷十之末,即本书页 228),这些毛笔字,便是出自广池氏之手,当然也可视为广池氏注解本书的一种形式。广池氏以近卫本为底本而进行训点的工作,大概完成于明治末年。此后这本书竟一直被搁置在广池学园的书库里,达半世纪之久而不为人注意。直至 1973 年始被发现,再由内田氏补订出版,其嘉惠于学界,自不待言。

《大唐六典》一书现在在台湾地区坊间所流通的版本,为文海出版社据日本大正三年(1914)京都帝国大学文学部影印享保九年的近卫本而再影印的,自然不如新近出版的广池本。至于现在各图书馆所藏的重要版本如下:台湾大学文学院联合图书馆藏有日本昭和十年(1935)京都帝国大学文学部影印的近卫本,计十册;日本天保七年(1836)的官版,计八册;光绪二十一年(1895)广雅书局刊本,计六册。“中研院”傅斯年图书馆藏有明正德间刊本,计六册;四库全书珍本,六集(第 117—119 册)。台北故宫博物院藏有明正德乙亥(十年)苏州刊本,计有十四册本与六册本两种;文渊阁四库全书本,计十二册。原北京图书馆所收藏的(本来存放在台湾“中央图书馆”,现在已移至台北故宫博物院)明正德乙亥苏州刊本,计有六册本与十册本两种,明嘉靖甲辰(二十三年)浙江按察司八册刊本,不见藏有宋刊本残卷。

此处需要特别一提的是,台北故宫博物院所收藏的原北京图书馆藏明正德十年苏州六册刊本,有近人王国维手笔校注,并题识八则。王氏在此刊本最后一页的题识,说:

> “六典”传世者,以此本为最古,而讹夺殊甚,板復漫漶,殊不可读。因取日本享保甲辰近卫公爵家熙本详加比勘,意所未安,辄检所引原书。故与近卫本所校,间有异同。

据此,王氏在校注时,也参照日本近卫本,但与近卫本间有异同,这是王氏校注本最具价值的地方。即连根据近卫本而补订的广池本，也有不如王氏校注本之处。举例言之，广池本卷一页4b注文第六行："武帝以安平王孚为太宰"的"王孚"二字，内田氏只以"??"注记于此二字之旁，但明正德本的原文，对此"王孚"二字是书以"并"字，王氏校注则以为是"孚"字。王氏校注最多的地方，是将卷三"丝布二匹"以下的阙文（正德本页18，广池本页49b），用宋本残卷（幸含有此卷）补正（附于本卷最末之处）。内田氏虽也根据宋本及《职官分纪》加以补正（广池本页79—80），但内田氏不能解读或不敢确定的地方颇多。例如广池本页79上a第三行"凡□使"，王氏解为"若遣使"；同第七行"经？一？□"，王氏解为"给一府"等。依此看来，内田氏补订近卫本时，似未看到王国维的校注，这恐怕是广池本最大的缺点。按王国维的校注，完成于清宣统辛亥（1911）三月，其以宋本残卷补正卷三的阙文，事在辛酉（1921）正月，已相隔十年。此事王氏题识于正德本的最后一页。可知王氏的校注工作，初步完成于1911年，到1921年始全部完成。从以上简单的比较，王国维氏所校注的正德本《大唐六典》，其价值不亚于日本新近刊行的广池本。可惜此书一直搁置在台北故宫的书库，为便于从事学术研究，此书实有早日覆刻发行的必要。惟王国维氏用以校注的明正德本《大唐六典》，其字迹已多模糊不清，影印恐怕有困难，或许需要排版发行。

附录有关《大唐六典》的主要参考论文：

1. 关于《大唐六典》的版本问题

玉井是博：《〈大唐六典〉及び〈通典〉の宋刊本に就て》，收入氏著《支那社会经济史研究》，岩波书店，1932年。

同：《南宋本〈大唐六典〉校勘记》，收入氏著同前书。

内田智雄：本书之"解题"。

山根幸夫：评介《大唐六典》，《东洋学报》56：1，1974年6月。

2. 关于《大唐六典》的实施问题

内藤乾吉：《〈唐六典〉の行用について》，《东方学报》（京都）7，1936年。亦收入氏著《中国法制史考证》，有斐阁，1963年。

陈寅恪：《隋唐制度渊源略论稿》，"职官"篇，页64—66，《"中研院"历史语言研究所特刊》3，1971年5月。

严耕望:《略论〈唐六典〉之性质与施行问题》,《"中研院"历史语言研究所集刊》24,1953 年 6 月。

2. 大唐开元礼

16 开本,本文 724 页,附录《大唐郊祀录》(页 725—820),池田温"解说"(页 822—832),大唐开元礼、通典对照目录(页 833—864),汲古书院,1973 年 11 月发行,定价日币 8000 元。

《大唐开元礼》(一名《开元新礼》),一百五十卷,唐玄宗开元十四年(726)敕撰。修撰的目的,主要在折中贞观、显庆两度所修礼制的异同。开元二十年(732),书成奏上,颁行天下(关于《开元礼》编纂的经过,可参看此书卷首,即页 1 到页 6)。此书不只是唐礼的集大成,且是"考礼者之圭臬"。(《四库提要》语)

两宋时代,《大唐开元礼》一书大为流通。政府订定礼制之际,此书常为重要参考依据之一。但元明以后,无新刊本发行,传钞者少,幸明室皇宫藏有完本,文渊阁书目著录"唐开元礼,一部十五册完全"。清之乾隆时代,编纂《四库全书》之际,浙江省曾进呈《开元礼》,但《四库全书》终于采用"两淮盐政采进本"。按,我们今日所流传的《大唐开元礼》一书,刊行于清末。即安徽省宁国泾县人洪汝奎氏(?—1886),在光绪十二年(1886)以《洪氏唐石经馆丛书》之一种出版。但洪氏一族早期曾历任两淮盐运使等官,四库全书本是否就是洪氏藏本,不得而知。池田温教授在本书的"解说"中,推测四库全书本(因没能见到四库全书本)可能就是洪氏藏本。为解决此事,笔者最近特地前往台北故宫博物院借阅文渊阁四库全书本核对,发觉两者大同小异。即本文内容完全相同,所不同者:1. 书写款式,四库本每半页八行,每行二十一字;洪氏刊本(即本书)每半页十行,每行二十字。关于书写款式的不同,池田氏在"解说"中也有指出。2. "目录"之前,征引有关记载本书编纂经过的各种文献,互有出入。例如见于四库本而不见于洪氏刊者,有"书录解题"之文;见于洪氏刊本而不见于四库本者,有"跋开元礼"、"撰书人名氏备考"等。此外两者征引文献的排列次序也不相同,甚至征引相同的文献,其内容也不尽相同。依此而言，四库全书本似不本于洪氏刊本，至少不全本于洪氏刊本。由于洪氏刊本在“目录”之前所征引的各种文献，均较四库本详细，使用时自然以洪氏刊本较具价值。

洪氏刊本的《大唐开元礼》，虽然有上述的特点，但自从《洪氏唐石经馆丛书》刊行后，此丛书并没能广泛流通。全中国主要的四十一所图书馆当中，只上海图书馆存有一部，日本的京都大学人文科学研究所也藏有一部，如此而已。反而单独收藏洪氏刊本的《大唐开元礼》，其例较多。本书便是根据东京大学东洋文化研究所所藏的洪氏刊本影印。

现存《开元礼》的钞本，日本静嘉堂藏有陆氏十万卷楼的旧钞本，现在分装为十六册，本来为八册本。此旧钞本，就其本文而言，与前述洪氏刊本是同一系统。在台湾地区，台湾“中央图书馆”藏有八册本的清初钞本、原藏东北大学的三十六册旧钞本、清孔氏岳书楼的二十册旧钞本，以及清末朱绍颐《大唐开元礼校勘记》稿本八册并附《校勘撮要》一卷。台北故宫博物院藏有文渊阁四库全书本，共二十四册。坊间则不见此书流传。

日本从事中国史、中国思想文化史以及日本古代史研究者，鉴于现今各研究机构藏有《开元礼》者不多，市面上更不易找到此书，而希望能将此书影印发行，以广流传。幸得日本古典研究会与汲古书院的支持，并请东京大学池田温教授为本书撰写“解说”，使本书之付梓，得如愿以偿。对学界而言，自是一大福音。

从以上的说明，可知本书不能称为最好的版本。从事开元礼研究者，除本书外，当再参看古钞本与朱氏《校勘记》。此外更须与杜佑《通典》所收录的“开元礼纂类”并读。现行《开元礼》的本文虽与原来《开元礼》的内容相差无几（此由现行《开元礼》与《通典》之“开元礼纂类”相互对照便可明了），但其字里行间，仍不免有鲁鱼亥豕之误，或有顺序不同，或有脱落等情形。基于此故，池田氏在本书之后特撰“大唐开元礼、通典对照目录”（页833—864），为读者添具不少方便。

本书另一特征，即收录旧钞本《大唐郊祀录》十卷，以补充《大唐开元礼》有关吉礼记载的不足。按，《大唐郊祀录》为中唐贞元、元和年间之礼官王泾所撰。五代闽国之礼官曾作增补。此书原有附图，但早已佚失，只以写本流传下来。清末的《指海》、《适园丛书》曾收录此书，始广为流传。池田氏在"解说"中谓此两种刊本之中，以后出的《适园丛书》本较佳，故以它作为本书的附录。本书所录的《郊祀录》，其卷末之处，并附载原《指海》本钱培让、钱培杰的校刊文(本书页 810—813)，以及《指海》本原附录文(本书页 814—820)，对理解《郊祀录》本文、编纂经过与流传，有很大的帮助。惟使用《大唐郊祀录》时，仍当再参看台湾"中央图书馆"所藏的康熙年间旧钞本(四册)及朱校的乌丝兰钞本(或谓墨格钞本，五册，书写年代不详)。

日本刊行洪氏刊本的《大唐开元礼》，对台湾地区学界与出版界而言，当是一种刺激。因台湾各大图书馆虽藏有稀世的善本，却不见影印发行。所幸最近台湾商务印书馆已开始影印四库珍本，相信不久的将来，四库本的《大唐开元礼》，能开始流传。其实更重要的是企望台湾"中央图书馆"或出版界能将清末朱绍颐的《大唐开元礼校勘记》稿本早日影印发行。此《校勘记》为研究开元礼所不能或缺的重要参考资料。诚如绍颐之弟绍亭在《校勘记》之"跋"中说："惟自唐迄今，时历千禩，传钞屡易，伪误滋多，以故海内藏书家，卒鲜善本。"又说："先兄搜罗诸本，考析异同，覃精研思，昕夕靡间。凡所引证诸书及间参以己意者，皆细字排注，签贴书眉，不下数千百条。"这便是朱氏《校勘记》珍贵之所在，学者不能等闲视之。

附注：本书评之撰述，主要参考池田温氏为本书所写的"解说"一文。

3. 翰　　苑

唐张楚金撰、雍公叡注，原有三十卷，今存卷第卅。25 开本，竹内理三校订、解说。包括原书影印("图版")(页 1—89)、释文(页 1—68)、训读文(页 69—140)、解说(页 143—154)。吉川弘文馆发行，1977 年 5 月初版，7 月二版。定价日币 2500 元。

1977 年《翰苑》残卷在日本覆刻发行(以下暂称"吉川本")的时候，曾引起我们的注意，若干报纸纷纷报道它的出版消息。原因是《翰苑》一书在中国已亡佚良久，1934 年，由金毓黻氏主编之《辽海丛书》(大连辽海书社发行)第八集虽收入《翰苑》残卷(以下暂称“辽海本”),但此残卷是根据日本京都帝国大学文学部景印唐钞本(以下暂称“京都本”)而加以覆校刊行的。论版本,当然非辽海书社原藏本。惟“辽海本”是覆校本,可信赖之程度甚高。1968 年,台湾广文书局发行《史料续编》,曾将《翰苑》残卷由《辽海丛书》中单独抽出,而与《学海类编》之《元史备忘录》合为一册刊行,但未注明其原来的出处。因此,广文本《翰苑》的可信度不高。所幸 1971 年艺文印书馆刊刻《丛书集成续编》时,也将《辽海丛书》全部收进,使辽海本《翰苑》得保持原来的面目流传。金毓黻氏之“辽海丛书总目提要”(附于本丛书末尾),对《翰苑》一书有如下的解说:

> 楚金名见两《唐书·忠义传》,历仕高宗武后。所著《翰苑》三十卷,著录《新唐书·艺文志》。日本流传残本一卷,为蕃夷部,纪乌桓、鲜卑、夫余、高丽、肃慎诸蕃。皆属辽东故实,其文如事类赋。而雍公叡为之注,内藤湖南博士考之详矣。此书经传写讹夺满纸,兹检原书为之是正,其无书可检者,则阙之。

金氏已将《翰苑》一书的性质,简单地描绘出来。但欲知其详,必须参看日本京都帝国大学东洋史学的先驱内藤湖南博士为本书所写的“跋”,“辽海本”以及日本“吉川本”均附有此文(原文为汉文)。[1]以下参考内藤氏之“跋”与竹内理三氏之“解说”,将《翰苑》一书的内容及其流传,简介于后。

《翰苑》一书,本为三十卷,《新唐书·艺文志》“总集类”、《日本国见在书目》杂家等文献,均著录此书,可为佐证(《新唐书》艺文志类书类、《崇文总目》类书类、《宋史》艺文志类事类等之著录,其卷数不同,均误)。宋室南渡后,无复著录者,可见此书在中国已亡佚良久。日本方面,除前

---

〔1〕 其实内藤氏在《旧抄本〈翰苑〉に就きて》一文中(原载《支那学》第 2 卷第 8 号,1922 年 4 月。亦收入氏著《研幾小録》〔一名《支那学叢考》〕,页 209—222,弘文堂书房,1928 年),所述有关《翰苑》之经纬,较其用汉文书写的“跋”详细,读者可参看。

述9世纪之《日本国见在书目》曾著录外，平安前期之《秘府略》、平安末期（大约12世纪中叶）之《香药钞》两书亦曾征引，此后不见征引之例。可见《翰苑》一书在中日两国亡佚之时间，相差不多。现在日本吉川弘文馆用以覆刻的版本，是1917年（大正六年）黑板胜美博士在九州太宰府天满宫调查宝物之际发现的。1922年（大正十一年）内藤湖南博士据以景印出版，并列为京都帝国大学景印丛书之一，题笺“翰苑第卅”。盖其卷末附有原作者的“后叙”，推定为卷第三十，当无误。此残卷的发现，堪谓为天下孤本。至于此残卷书写于何时，由于未附记书写年代，无法详知。内藤、竹内两氏从其书风加以推测，以为当在平安初期，即9世纪中叶以前。原书因属于古体的书风，极为珍贵，日本政府根据“文化财保护法”，最近准备用裱褙加以保存。

《翰苑》作者张楚金之事迹，见于两《唐书·忠义传》。谓其少有志行，与其兄越石同举进士。历仕高宗、武后，为酷吏周兴所构，配死岭表。所著《翰苑》三十卷之外，并有《绅诫》三卷，见《新唐志》杂家类，今亦不传。雍公叡之事迹，亦无可考。惟日本《秘府略》成于天长八年（831），其征引《翰苑》各条皆有注，则其人在唐文宗大和以前，当可推知。

《翰苑》卷第三十的价值，除允称天下孤本，得以自傲之外，并含有下列诸点：1. 本卷为“蕃夷部”，包括匈奴、乌桓、鲜卑、夫余、三韩、高丽、新罗、百济、肃慎、倭国、南蛮、西南夷、两越、西羌、西域等十五项目。因此，对于7世纪以前，有关匈奴等部族的研究，本卷有极高的参考价值。2. 如内藤博士所指出，其所征引“司马彪《续汉书》、王琰《宋春秋》、《汉名臣奏》、鱼豢《魏略》、《高骊记》、崔鸿《十六国春秋》、梁元帝《职贡图》、《隋东藩风俗记》、魏王泰《括地志》、《东夷记》、《肃慎国记》、陆翙《邺中记》，诸书皆千年已佚之旧秩。赖有此书，获摭拾残简，以备笃古者之辑录。其已有辑本者，亦今之所出，非皆昔之所经录”（竹内氏之“解说”引内藤氏之“跋”，本书页147）。日本东洋史学者经常征引此书，日本史学者亦经常使用。尤其对于邪马台国问题的争辩，经由和田英松博士首先征引之后，桥本增吉博士继之，陆续援引者不乏其人。3. 今世通行之书，例如前后《汉书》、《魏志》、应劭《风俗通》等，颇有异文佚章，本卷可借

资考镜。关于此点，内藤博士在“跋”文中，已举数条说明，可参看。（本书页 147—151）

可惜此《翰苑》钞本在平安初期由书写生传钞之际，误写、脱字满纸，使其价值受到甚大的限制。现在有竹内理三博士的校文出版，对学界而言，当然是一大福音。竹内氏自称校读此卷，共花费三载（本书页 156），足见此项工作之艰巨。惟前述辽海书社刊行此钞本之际，曾请金毓黻氏校勘，通读吉川本《翰苑》，没发现竹内氏曾参考“辽海本”进行校读。笔者将两者前半部（含“后叙”）初步对校的结果（全部对校完毕，尚须假以一段时日），发现“吉川本”之误读，较“辽海本”多，“吉川本”断句错误也不少。[1]这或许是竹内博士为日本古代史家而非“东洋史学”家的缘故。此外，原钞本袭用古字甚多，例如煞（杀）、聟（婿）、鴈（雁）、朝错（晁错），等等，竹内氏的“释文”，虽在“凡例”说明原则上从原本，但是“吉川本”既已将原钞本影印附录于前，则竹内氏的“释文”，至少当在古体字旁边注以近体字，使读者一目了然。这个问题，在“辽海本”则全易以近体字。总之，两者可谓各有千秋，但都非尽善。在征引《翰苑》时，“辽海本”看来

〔1〕　原钞本误写，“吉川本”未改，“辽海本”已校正者，例如：

	原钞本	吉川本（释文）	辽海本
页	3	4	1b
行（注解）	2	3	5
正（○）误（×）	时出卒七日不食之者也	同左	时士卒七日不食之者也
页	4	5	2a
行（注解）	4	5	5—6
正（○）误（×）	良真百金之也	同左	良直百金之士也
页	6	7	3b
行（注解）	13	4	2
正（○）误（×）	今使胡转牧，行獦于寒	今使胡转牧，行猼于塞	今使胡人转牧，行猎于塞下（以下并疑有脱漏）
页	86	68	1b
行	4	11	1
正（○）误（×）	余小何子知焉	余小、何子知焉	余小子何知焉

（转下页）

仍较“吉川本”可靠。能将两者兼顾，当然最好。

吉川本《翰苑》1977年5月在日本发行后，两个月内被抢购一空。7月，又再版发行，到现在还有没有存货，不得而知。惟当时（7月）笔者曾托朋友代购此书，久无下文，恐怕又是“品切”（无货）了。

“吉川本”最大的优点，是附有原钞本及其逸文。关于《翰苑》的逸文（本书页152—154），竹内博士根据内藤湖南博士之指称（本书页146），从日本之《秘府略》卷八六四“百谷部”中（计二事），同书卷八六八“布帛部”三（计一事，另一事未发见逸文），《香药钞》之“香部”（计三事）等处辑录的。惟内藤氏在《旧抄本〈翰苑〉に就きて》一文（发表于1922年4月）的“附记”（记于1923年7月）中，又指出《三教指归僧觉明注》[1]及《药字钞》（京都大学图书馆与久原文库各藏半卷）两书，尚有引用《翰苑》数条，但内藤氏未录出原文。[2]竹内氏似未见内藤氏此文，致其辑录的逸文，也没提到此事。笔者曾往台湾大学文学院联合图书馆、研究图书馆，以及台湾“中央图书馆”台湾分馆查阅此二书，均无所获。惟在台大文学院联合图书馆找到一个圆卷的《香字钞》，仅存上卷，日本贵重图书影本刊行会于1933年12月发行。此《香字钞》，据《增补续群书一览》[3]的解说，谓“《香字抄》、《药字抄》，合为五卷。此抄原是丹波家之

（接上页）　原钞本误写，“吉川本”已改正，而“辽海本”依旧；或“辽海本”本身之脱漏、误读者，例如：

	原　钞　本	吉川本（释文）	辽　海　本
页	6	6	3a
行（注解）	3	8	1
正（○）误（×）	冒顿在国为子聟	同左	冒顿在固为子婿
页	9	8	4a
行（本文）	1	3	3
正（○）误（×）	温愚之气氛自解	温禺之气氛自解	温禺之〔〕氛自解

此外，“辽海本”与“广文本”将“后叙”放于卷（卅）首，与原钞本不符，是其缺点。

〔1〕《三教指归》，共三卷，为释空海（弘法大师）所著。其后有敦光、成安二家作注解，僧觉明再将此二家注解辑录成一部，共七卷。

〔2〕参看内藤氏前引《研幾小録》，页222。

〔3〕西村兼文编辑，入田整三校订，吉川弘文馆发行，1936年。

抄物也。今类聚加新注也。永万二年(1166)九月,以相公禅门之本,更补阙事。右建长二年(1250)高山寺目录注进之,沙门胜贤花押”。显然《香字钞》与《药字钞》就是其所藏《香药钞》的异本,此《药字钞》引用《翰苑》之文,较《香药钞》又多出数条云云。据此,则笔者所见的《香字钞》当又与《香药钞》不同。《香字钞》也有引用《翰苑》之文,但就上卷所见,却只一处而已。其原文已多破损,不易辨识,兹引录于下:

晕桂

输菀云:布叶番禺之东,给影招摇之上。招摇之上。多桂〻树

八桥在番〻宋。范萤冷范〻好食桂饮之。虽娄服离〻公服仟汁饮桂得仙〻。

4. 福 惠 全 书

16 开本,二十二卷,清黄六鸿撰,小畑行简训点,山根幸夫“解题”(页1—7,原无页次),本文(页1—383),附索引(山根幸夫编,页1—76),汲古书院发行,定价日币5000元。

我国从宋代以后的地方政治,可以说是胥吏政治。地方政治之良窳,常视地方长官能否驾驭胥吏集团而定。宋代以后,官箴书的著述多,其背景来自此。例如宋代陈襄的《州县提纲》、吕本中的《官箴》、李元弼的《作邑自箴》,元代张养浩的《三事忠告》,明代吕坤的《实政录》,清代黄六鸿的《福惠全书》。汪辉祖的《佐治药言》、《学治臆说》等均属于官箴书。尤其黄氏的《福惠全书》,可说是官员们以及有志于仕途者最爱读的官箴书之一。

黄六鸿字正卿,号思斋、思湖,江西省新昌县天德乡人。清顺治八年(1651),举人及第,派任山东省郯城县知县。康熙十四年(1675),转任直隶东光县知县。其后历任山西、陕西、四川、湖北、河南等省地方官,博得清官之誉。回京任礼科给事中、工科给事中等职。康熙三十二年(1693),辞官归里。翌年(1694),完成《福惠全书》。除《福惠全书》之外,黄氏尚著有《唐诗筌蹄》、《疑字释义》等书。

《福惠全书》的内容,主要记载黄六鸿氏出长郯城、东光两县的从政

心得。此书分十四部，共三十二卷，含有二百十九条。十四部是包括筮仕、莅任、钱谷、杂课、编审、清丈、刑名、保甲、典礼、教养、荒政、邮政、庶政、升迁等。其中刑名部所占的比重最大，达十卷之多，其次为莅任（四卷）、保甲（三卷）、钱谷（二卷半）等。由各部所占的比重，也可看出黄氏撰写本书的重点。本书的“凡例”，黄氏说：“有司以钱谷、刑名为重，而刑名较钱谷为尤重。夫钱谷不清，弊止在于累民输纳；刑名失理，害即至于陷人性命。”（本书页 8 上）又说，“夫保甲亦刑名类也”（本书页 7 上）。这种看法，显然受到潘杓灿（号月山）的影响。本书“凡例”说：“惟古杭潘君月山《未信编》，指陈事理，深中利病，颇多采入。”（本书页 9 上）按潘著《未信编》共六卷，分三部，即钱谷（卷一、二）、刑名（卷三、四）、几务（卷三、四）。可见钱谷、刑名也是潘书的重点。潘氏其后又著《未信编二集》，共六卷；陈文光有《补未信编》四卷。

本书所以取“福惠”二字作为书名，根据黄氏的说明：“夫是书也，乃政治之事也。……故在上者，必先存有造福地方之心，而后能有施惠百姓之事。事者心之推，而惠者福之实也。……夫州邑者，天下之分也。……牧宰存造福之心，以施惠于百姓……则天下之民，皆在其造福施惠之中矣。”（本书“自序”页 3 上下）日人小畑行简氏为本书所作的“序”（写于日本嘉永三年，1854）也说明：“黄氏六鸿造福地方，施惠百姓，其所撰之《福惠全书》，皆人君司牧斯民之事。”（本书页 1 下）可知“福惠”二字，实取造福百姓之意。

本书的内容，虽以刑名、钱谷等为主，但其所包罗的范围，实际相当广泛。诸凡明末清初地方基层组织的演变，清初国家权力的性质，地方官与胥吏、乡绅（绅衿）、小民（花户）之间的关系（例如包揽）等，即明末清初的地方政治、社会、经济等问题，本书是第一手重要的参考资料。

本书在康熙三十三年（1694）刊行的时候，有敬书堂藏板本。康熙三十八年（1699），有金陵的濂溪书屋本（均未见）。日本方面，1850 年（嘉永三年），有诗山堂刊刻的小畑行简训译本，即本书所用以影印的底本。小畑行简（1794—1875），字居敬、良卓，号诗山、真隐，仙台人。精通医术、经史、诗文，江户时代的诸侯士大夫，对他执弟子之礼者甚多。小畑氏除训译《福惠全书》之外，并著有《傍译春秋左氏传》三十卷，以及有关经学、医学、诗文方面的著作甚多。小畑氏对本书的训译，除训读外，遇难解的语汇，或有误写、脱漏等情形，在该行上面也都给予注解。《福惠全书》向来被认为艰涩难读，经小畑氏的训译后，已无多大窒碍。因此，本书也成为日本江户时代的学者、官吏们的重要参考书。小畑氏为本书所作的“序”说：“凡居司牧之职者读之，以为规绳，诵之以为圭臬。则使一世之民，蒙其惠泽，洵可谓万世龟鉴之书也。”(本书页2上)其对本书评价之高，由此可见。

《福惠全书》不论在中国或日本，过去流通甚广，但因时代的巨变，此书在最近已甚少流传，即连各大图书馆亦多无藏此书。日本汲古书院鉴于此故，乃将小畑行简的训译本影印发行，对学界而言，自是一大贡献。山根幸夫氏又为本书编撰索引，对读者而言，又是一大便利。关于《福惠全书》的索引，佐伯富教授早在1952、1955年，曾将其所撰“语汇解”用油印发给京都大学东洋史学科学生。1975年由同朋舍出版。佐伯氏所编撰的索引与山根氏所编撰的索引，其不相同的地方，在于前者附有训译，对于日本人而言，检视非常方便。而且另有依笔画多寡的检字表，对外国人而言，也非常方便。惟所收的辞汇较后者少，是其美中不足之处。

《福惠全书》一书，现在在台湾地区只有两处收藏，一为台湾“中央图书馆”台湾分馆，一为台湾大学文学院联合图书馆。前者所藏的版本有二：一是大文堂藏板，计十册，刊行年代不明；一是日本嘉永三年的诗山堂刊本，计十八册，也就是本书用以影印的版本。[1]后者所藏，也是日本嘉永三年的诗山堂刊本。大文堂藏版本与日本诗山堂本不同的地方，在于后者有小畑氏的训译，以及少数地方的圈点（如卷二十八邮政部总

〔1〕张伟仁主编之《中国法制史书目》，黄六鸿《福惠全书》条，说：“初版，十册，三十二卷，书前清圣祖康熙三十三年(1694)，著者序。清诗山堂刊，年份不详。”又说：“《别本》，十八册，三十二卷，书前有日本孝明天皇嘉永三年大畑行简序，同年刊印，刊印者不详。”以上两则均注明藏于台湾“中央图书馆”台湾分馆。显然搜集此项资料者，未径查原书，以致将大文堂藏板误为“清诗山堂刊”，将小畑行简误为大畑行简，小畑行简氏训译本为“诗山堂藏梓”，竟误以为“刊印者不详。”

论)、图像(如卷二十八相良马图、旋毛图)等两者不尽相同。除此之外,两者每页的行数、每行的字数,甚至印刷字体均相同。又,大文堂藏版本在其"自序"最末,说:"康熙岁次甲戌孟冬小雪后三日石浦迂农黄六鸿授于牛头僧舍。"诗山堂本在其"自序"最末,则说:"康熙岁次甲戌工科掌印给事中,前知郯城、东光两县事黄六鸿授书。"诗山堂本以何者为底本作训译,无法详知。两者虽然都指出完成于康熙甲戌(三十三年),但因题识内容完全不同,说明此书在同年曾有两个版次发行。何者为先,不易断定。在使用时,自然以诗山堂本为最佳。

由于此书不流通于坊间已久,各大图书馆又多无藏此书。因此,近几十年来,知道利用此书进行研究者,可说凤毛麟角,这是学界的一大憾事。[1]

5. 译注日本律令(二)(三):律本文篇,上卷、下卷

25开本,律令研究会编,本文(上卷页1—460,下卷页461—879),附录"逸律裙摭论考一览"(页881—922),东京堂出版,1975年,定价上、下卷日币各7000元。

律 令

25开本,井上光贞、关晃、土田直镇、青木和夫等校注,收入《日本思想大系》第三卷,律(页15—121),令(页123—484),补注(页485—701),校异(页702—713),训读注(页714—739),解说(计三篇论文,页741—851),岩波书店,1976年,定价日币3600元。

此处所以将《译注日本律令:律本文篇》(以下简称《律本文篇》)、《律

---

[1] 本书评主要参考文献:山根幸夫本书之"解题"。佐伯富《福惠全書語彙解》,"はしがき",同朋舍,1975年。仓持德一郎《福惠全書》,收入《アジア史事典》第八卷,页137,1961年第1刷,1969年第9刷。山根幸夫《未信编》,收入《アジア史事典》第八卷,页398。

令》两种,列于中国史资料项下评介,主要是由于前者(《律本文篇》)以《故唐律疏议》(元至正刊本,一般略称为《唐律疏议》)辑补日本律(养老律)时,对《唐律疏议》亦详加校勘,后者则为日本律令之校注。前者堪称当前最好的《唐律疏议》校勘本以及最完善的日本律辑本,后者则为当前最好的日本律令校注本。由于日本律令的母法是唐代的律令,双方文献发生亡佚时,是可以互相辑补的。例如日本律令存者不过原来的四分之一左右,其余均已亡佚;但其母法的唐律,则差不多流传至今。相反地,唐令(永徽令)却完全佚亡,所幸日本令(养老令)大致保全至今(其中仓库、医疾二篇散佚,约占全部的二十分之一)。仁井田陞博士的《唐令拾遗》一书,便是根据日本令之篇目、条文顺序来搜集唐令逸文而完成的巨作。在日本律的辑佚方面,过去虽有若干业绩,但仍不臻理想。此次由泷川政次郎博士所领导的"律令研究会",完成日本律的辑佚、校订工作,其对学界的贡献,自不待言。

关于《律本文篇》编撰的经过,泷川政次郎博士、森鹿三博士在本书的序文(泷川"序",本书页 1—17;森"序",页 18—21),以及小林宏、岚义人在本书的"跋"(页 933—938)中,已有详细的说明。对本书的书评,也有井上光贞、吉田孝两位教授共同执笔,发表于《史学杂志》第 85 编第 9 号,读者可参看。此处拟特别介绍的是《律本文篇》对于《故唐律疏议》的校勘,以及《律令》一书的校注对于研究中国律令的贡献。

以泷川政次郎博士为首的"律令研究会",预定将《译注日本律令》分十一卷发行,各卷的构成如下:

第一卷:首卷篇(日本律令编纂的沿革等)
第二、三卷:律本文篇
第四卷:别册(收"《故唐律疏议》制作年代表"等文)
第五、六、七卷:律疏译注篇(《唐律疏议》的译注)
第八卷:比较研究篇(唐日律的比较研究)
第九、十、十一卷:令译注篇(令义解的译注)

前年(1975),是以第二、三卷(即《律本文篇》)首先发行。由于日本律散佚不全，为便于从母法唐律取得辑补，《律本文篇》在处理唐日律文时，是将《故唐律疏议》文放于上栏，将日本律放于下栏，以便对照。“律令研究会”对《唐律疏议》进行校勘时，是以岱南阁丛书本为底本，兼参考其他版本，以及既有的研究成果。最具特色者，为采用敦煌所发现的唐律疏断简，以及《宋刑统》（天一阁本）、《宋律》（爱日精庐本、宛委别藏本）等进行校勘，这是过去校勘《唐律疏议》者所忽视的文献。因此，泷川政次郎氏在“序”上自信地说：“本书所载《唐律疏议》之文，是世界所有的《唐律疏议》当中，最足以信赖的一本。”（页 13）而且相信今后的中国欧美学者必定会采用此书。（同上）事实上，恐怕也是如此。难怪泷川博士为此书的完成而感到自豪。但此书并非一蹴可及，他们从 1971 年开始组织“律令研究会”，到出此书时，已有五年的光景。主要的会员有十位，都是国学院大学的学生，并聘请泷川政次郎、坂本太郎、岛田正郎等知名学者为顾问。他们除例行的讨论会外，也经常到校外合宿，彻夜论律，孜孜不倦地共同研究。是故，《律本文篇》能以当今最好的一本《唐律疏议》校勘本姿态出现，并非偶然。

但是《律本文篇》并不是没有缺点，诚如井上、吉田两教授在书评上所指出的，本书对于“律”与“律疏”没能加以明白区分、复原。（《史学杂志》85：9，页 74）按，日本律的蓝本是唐永徽律疏，但今日所见的日本《养老律》写本，相当于唐律本文本注部分，是用同样的大字书写；相当于疏部分，则用小字分二行书写。这种方式，在敦煌发现的唐职制律疏断简亦同。因此，可推知唐永徽律疏的书写方式，亦与上述相同。但今日所见的元刊本《故唐律疏议》，已将“律”与“律疏”相混在一起，在校勘时，当然须要将两者复原。关于这一点，在《律令》一书中已尽力做到，是其优点。至于《故唐律疏议》所依据的律疏，究竟是永徽律疏，或是开元二十五年律疏，在日本学界迄无定论。前一说可以泷川政次郎氏为代表，后一说可以仁井田陞、牧野巽、井上光贞等人为代表。另一方面《故唐律疏议》与《宋刑统》所依据的律疏相同，此为学界共同的看法。因此，“律令研究会”取时代较早的《宋刑统》，来校勘《故唐律疏议》，可更接近本源，这是非常正确的。

其次，《故唐律疏议》的形式与日本律虽不完全一致，但也可由日本律残存的写本来校勘《故唐律疏议》，使永徽律疏得以部分复旧，这也是研究唐律的重要课题。

关于《律令》一书，除具有上述的优点，即对律本文用大字、本注用中字、疏用小字二行分别加以书写外，对于律或令本文的注解与补注部分，都详引唐令或中国制度加以解说。因此，研究比较中日法制史者，本书是必备的。即使专门从事中国法制史的研究者，本书仍有参考价值。

（原载《出版与研究》第十一—十五期，一九七七年十二月一日—一九七八年二月一日）

6. 中国史研究入门

全二册，26 开本，山根幸夫编，山川出版社，1983 年 9 月，各日币 3500 元。

上册，本文，页 1—570，史籍索引，页 571—578。

下册，本文，页 1—570，史籍索引，页 571—578。

7. アジア历史研究入门

全五卷，25 开本，宫崎市定编，同朋舍出版，1983 年 11 月，各日币 5800 元。

中国史部分卷一—三

卷一，序文，10 页，本文，页 1—409。

卷二，本文，页 1—174（页 175—417，为朝鲜史）。

卷三，本文，页 1—420。

战后日本的中国史研究，不论研究成果、研究速度，均达空前未有的发展，几年不见，就须刮目相看。例如 1951 年东方学术协会编有《中国史学入门》（平安文库）一书，几年之后，即 1956 年，平凡社在编撰《世界历史事典》时，特于第二、三册专列“东洋史料集成”，成为东洋史（指以中国史为主的东方历史，或广义地指亚洲史）研究者必备的入门工具书。再过十数年之后，即 1974 年，东京大学出版会出版了下列两书，一是由市古宙三氏与美国哈佛大学费正清氏合编的《中国研究文献案内》一书，一是由坂野正高、田中正俊、卫藤沈吉等人合编的《近代中国研究入门》一书，两者均收有中、日、英等文字的基本相关文献，学界称便。而今在上述两书之后不到十年，以东京、京都两大学为中心，居然各推出远迈既有成果的入门书来，对初学而言，自是一大福音。兹因这两种入门书，不论其取材或涵盖面，已达空前地完备，也可说是举世无双，所以有为读者介绍的必要。

首先介绍《中国史研究入门》，其构成及撰者如下：上册，总说—山根幸夫，先秦时代—宇都木章，秦汉时代—五井直弘，魏晋南北朝时代—池田温，隋唐时代—堀敏一，宋元时代—柳田节子；下册，明代—山根幸夫，清代—神田信夫，近代Ⅰ—久保田文次，近代Ⅱ—藤井正夫、藤田正典、小原正治，现代—江副敏生。除“总说”之内容分为概说书、工具书、史料三大项目外，其余的时代大致区分为前言、概说书、研究史、史籍解说。其中“研究史”，大致区分为政治过程、政治制度、财政经济、文化等子题分别撰述。“史籍解题”是分别就各时代所应参考的基本史籍，详述其作者、卷数、版本，以及后代学者的研究成果、注疏或相关的考古资料等。一般说来，20 世纪以来在日本国内外有关中国史的重要研究成果都被收录进去，并不是以日文为限而已；因此，书中所收的文字，除日文、中文以外，还包括英文、法文、德文等，真是一书在手，能知天下大势，非常方便。至于各个时代的编撰者，目录上虽只列一位，其实不止一位，例如秦汉时代的编撰者除五井直弘以外，尚包括鹤间和幸、横山宽厚诸位，隋唐时代除堀敏一氏以外，尚包括金子修一氏，此事说明本书每一章节均是由群策群力完成，这种团队精神，恐是日本在战后能突飞猛进的基本动力所在。

通观全书，可知其编辑方法与《史学杂志》每年 5 月号的“回顾与展望”极为类似，与东京大学出版会出版的《日本における历史学の发达と现状》（国际历史学会议日本国内委员会编）也有颇多雷同的地方，这或许也可说是“东大”传统的再一次展现。惟本书与上举后两者最大的相异处，在于大量收录了国外的研究成果，尤其是中国的研究成果（包括考古文献）。而中国的研究成果方面，日本学界过去对台湾、香港地区一向忽视，但是本书则改变过去的做法，对台、港地区的作品收录不少，使本书的内容更臻完备。例如隋唐时代一节，其介绍台湾地区的作者，有陶希圣、严耕望、罗香林、李树桐、徐先尧、傅乐成、王寿南、戴炎辉、任育才、罗联添、谢海平、汤承业、黄敏枝、高明士等人，香港地区如全汉昇、孙国栋、胡咏超、李唐等人；又如清代一节，其介绍台湾地区作者，有李光涛、李宗侗、陶希圣、黄彰健、凌纯声、戴炎辉、郭廷以、陈捷先、张存武、李学智、陈文石、管东贵、刘家驹、庄吉发等人，香港地区如全汉昇等。

整体说来，本书编辑较为完善的一节当是由池田温氏所负责的魏晋南北朝时代，其所搜集的文献除日文、中文以外，尚有英文、法文、德文等，对台、港地区的主要作品，也大致网罗，池田氏并指出台湾地区近年来有关六朝史研究的论著已有增加的趋势，其中并含有优秀的成果在内，即给予肯定的评价（页 213）。最难得的是在字数的限制下，池田氏仍制作了若干图表，如页 226—227 的农民战争史料汇编表、页 273 的正史十二种一览表、页 296 的类书承袭系谱表等，使读者一目了然。又本书后附录中国学的图书馆、研究所、中国学的专门杂志、中国学专门书的专门书店等 7 页，另有史籍索引 8 页。

关于《アジア历史研究入门》的中国史部分。此书以亚洲史为题，全套共五卷，前三卷即属于中国史（其中第二卷并包含朝鲜史），后两卷（1984 年出版）为内陆亚洲史、西亚史（以上为第四卷）、南亚史、东南亚史、世界史与亚洲（以上为第五卷），因拙文只介绍中国史部分，后两卷的内容于此从略。本书所以取亚洲历史为题，京都耆宿宫崎市定氏在“序文”中指出 1951 年出版的《中国史学入门》，论其内容不外是日本的东方学，而日本学界所谓的“东洋”，实际上是相对于西洋而言。在东、西洋观念的对抗下，中亚、南亚、西亚地区常被忽略，因而有人提出“中洋”说。由于欧亚大陆就地理上而言，可区分为欧洲与亚洲两个地域，因此，宫崎氏以为正本清源宜以亚洲自成一个单元来处理，而东亚与西亚的交流就是亚洲史最重要的内涵。用这个观念来著书立说，在日本恐怕还是以宫崎氏的《アジア史概说》一书为最早（旧版1957—1958年分正续编出版，增订版于1973年出版），到1959年平凡社出版了《アジア历史事典》（共十卷），此书系就1938年该社出版之《东洋历史大辞典》修订而成。此事说明到20世纪50年代末期，日本的学界已有部分学者舍弃“东洋史”一词，而采用“亚洲史”，二十多年后的今天，由宫崎氏弟子岛田虔次等负责主编的《アジア历史研究入门》，当系直承此一学风而来。虽是如此，中国史部分在此一套五卷当中仍占了将近二卷半，依然被认为是“亚洲史”当中最主要的部分。

本书第一卷，即中国（一），其内容及编撰者如下：序文—宫崎市定，序论—岛田虔次，殷西周春秋战国—伊藤道治、江村治树，秦汉—米田贤次郎、永田英正，魏晋南北朝—谷川道雄，隋唐—砺波护，五代宋—竺沙雅章，辽金元—萩原淳平，明—岩见宏、谷口规矩雄，清—北村敬直。第二卷，前半部为中国（二），后半部为朝鲜，其中国（二）的构成如下：近代Ⅰ—狭间直树、堀川哲男，近代Ⅱ—小野信尔，现代—竹内实、北村稔。第三卷，即中国（三），其构成如下：目录学—胜村哲也，历史地理学—梅原郁，考古学—町田章，思想史Ⅰ（春秋战国与秦汉）—日原利国，思想史Ⅱ（魏晋到隋唐）—吉川忠夫，思想史Ⅲ（宋到清）—岛田虔次，科学技术史Ⅰ（技术）—吉田光邦，科学技术史Ⅱ（天文学、数学）—川原秀城，科学技术史Ⅲ（医学、药学）赤堀昭，风俗史—布目潮沨，女性史—小野和子。中国（一）、（二）、（三）各节的内容，大致区分为研究史概要与资料解说两大项目，但是岛田氏的“序论”，则分为史学史、汉文、中国语、辞书、工具书、文献目录、历表、年表、通史、正史、通鉴、三通、史评等项目说明。《アジア历史研究入门》这一套书，最大的特色除用亚洲史作为取材的范畴外，其次便是着重于各个问题点的整理，而作有系统的介绍。

大致而言，上述《中国史研究入门》是详于文献的著录与题解，而略于问题点的整理与介绍；《アジア历史研究入门》的编辑方针正与其相反。两者各有其长，又可互相补拙，这是日本学派对立下的正常现象，如此相互竞争，进步自然隐藏在其中。既曰“入门书”，对于初学者问题意识的培植也是不容忽视的，学者从“研究史”的整理中去窥探前辈的足迹，边采集（文献），边开拓，若能由此速得蹊径，便是入门书最大的贡献。或许由于此故，日文学术著作一向极为重视“研究史”的整理，初学者宜三思其要。基于此故，愚意以为中国史三卷之中，当以中国（三）的贡献最大，其取若干专题，作重点式的整理，裨益后学匪浅。相对地，在各个断代史的整理就略嫌简要，此由其页数远较上述《中国史研究入门》为少可窥知，尤其是参考文献的介绍，大致是点到为止而已。因为这种关系，台、港地区的相关文献被介绍的情形与《中国史研究入门》相较，显得寡少。就如前举隋唐时代而言，在《アジア历史研究入门》被介绍的，只有陶希圣、鞠清远旧著，以及严耕望（以上台湾地区）、全汉昇、李唐、饶宗颐（以上香港地区）等数人而已。以清代而言，在《アジア历史研究入门》被介绍的只有陈捷先、那志良、庄吉发（以上台湾地区）、全汉昇、杨启樵（以上香港地区）等数人而已。

学术入门工具书的编撰本来就不容易，要编得刚好适合各种初学者的需要更是不容易，这种工作有如前人种树、后人乘凉那样，是艰苦又牺牲，实令人敬佩。既曰“入门”，编撰时自然要有所取舍，否则直接取自诸索引之类的工具书来参阅，更是详细。就此观点而言，上举两种入门书详略互有不同，毋宁说是当然的事。

据笔者管见，战后日本学界参考中国的中国史研究成果，算是以这次编撰《中国史研究入门》一书，采用台、港地区的作品最多，实在难得。虽是如此，两书对台、港地区的重要相关文献仍脱漏不少。以通史而言，傅乐成《中国通史》、萨孟武《中国社会政治史》、钱穆《国史大纲》等，在台、港地区甚至韩国被广泛采用，但只钱氏书介绍于《アジア历史研究入门》。以断代史的概说书而言，较重要的如夏曾佑《中国古代史》、钱穆《秦汉史》、劳榦《魏晋南北朝史》、傅乐成《隋唐五代史》、蓝文徵《隋唐五代史》、章群《唐史》、姚从吾《辽金元史讲义》等，均被脱漏。至于各个时代的专书与论文，例如钱穆、严耕望、徐复观、黄彰健、杜维运、余英时等人的著作甚丰，在台、港地区也极具影响力，两书虽有若干介绍，仍嫌不足。近十年来，台湾地区各大学大多有“学报”定期刊行，其中不乏佳作，但似乎不被注意，诚是遗憾。

目前台湾地区还没有一本像样的中国史研究入门书，韩国在 1981

年已由韩国史研究会编了一本《韩国史研究入门》，日本自己也编了好几种的《日本史研究入门》，中国大陆史学界从 1979 年起每年发行《中国历史学年鉴》，并已出版了好几种的文史工具书，在这样的情势下，与其埋怨他人忽视我们，不如反求诸已，多作耕耘。

（原载《汉学研究通讯》四卷一期，一九八五年一月）

第三篇

相关文献目录

一、有关战后日本对中国史研究之发展的参考文献

一、研究趋向的参考文献

①《史学雜誌》每年五月对上一年度之历史学界，所作的《回顧と展望》。

② 历史学研究会编：《歴史学の成果と課題》，共四册（1949—1954年度《历史学年报》），岩波书店，1950—1954年。

③ 社会经济史学会编：《戦後における社会経済史学の発達》，“東洋”部分，有斐阁，1955年。

④ 国际历史学会议日本国内委员会自1959年起，大约每五年出版一册《日本における歴史学の発達と現状》，现在已出版至第五册，东京大学出版会发行。

⑤ 历史学研究会编：《現代歴史学の成果課題》，共四册，青木书店，1974年。此处所谓“现代历史学”，特指20世纪60年代到70年代初期的历史学而言。

⑥ 市吉宙三、费正清等编：《中国研究文献案内》，东京大学出版会，1974年。

⑦ 坂野正高、田中正俊、卫藤沈吉等编：《近代中国研究入門》，东京大学出版会，1974年。

⑧ 野原四郎、松本新八郎、江口朴郎等编：《近代日本における歴史の発達》，上下两册，青木书店，1976年。

以上均属于集体编撰的作品，每位学者对其所搜集的重要论文，均有简单的评介。至于以个人之力编撰者，主要有如下几种：

① 西嶋定生：《東洋史入門》，有斐阁，1967年1月。

② 远山茂树：《戦後の歴史学と歴史意識》，岩波书店，1968年6月。

③ 芳贺登：《(批判)近代日本史学思想史》，柏书房，1974年5月。

④ 五井直弘：《近代日本と東洋史学》，青木书店，1976年10月。

⑤ 小仓芳彦：《日本における東洋史学の発達》，收入岩波讲座《世界歴史》(30)，岩波书店，1971年11月。

二、著作目录的参考文献

①《日本における東洋史論文目録》，日本学术振兴会发行，1964年。此目录所搜集之论文(杂志)，从1880年起到1962年为止。

②《東洋学文献類目》，京都大学人文科学研究所发行。此《类目》，每一年度发行一册，至1976年9月为止，已发行至1974年度。

③《雑誌記事索引—人文、社会編—》，国立国会图书馆发行。每年分上半年、下半年，各发行一册。至1976年12月为止，已发行到第29卷第1号(通卷253号)(昭和五十一年一月到六月)。

④《史学雑誌》、《東洋史研究》等杂志，所附录有关东洋史文献目录。这是要了解日本史学界最近研究动态，所必看的两种杂志。

⑤ 中国思想宗教史研究会编：《中国思想、宗教、文化関係論文目録》，国书刊行会发行，1976年。此《目录》所搜集的论文，自明治初年起至1973年为止。

⑥ 川越泰博氏最近曾发表《日本における東洋学術研究者著作目録表類輯》(《史学》第48卷第1号，1977年1月)一文，亦可参考。此《類輯》，搜集刊载有关东洋学研究者著作目录表的刊物，从明治初年起到1975年12月为止。

二、有关中国“古代”下限的时代区分论战、唐宋间历史变革之时代性质论战的参考文献

（作者以首字笔画为序）

小山正明　　1928年生，1953年东京大学东洋史学科毕业，现任千叶大学教授，专攻中国明清社会经济史。

①《明末清初の大土地所有》，《史学杂志》66：12，1957年；67：1，1958年。

②《封建制の形成と解体：アジアの封建制—中国封建制の問題—》，收入《現代歴史学の成果と課題》（2），青木书店，1974年8月。

山下龙二　　1924年生，1947年东京大学中国哲学科毕业，现任名古屋大学教授，专攻宋明思想史。

③ 书评　岛田虔次著：《中国における近代思惟の挫折》（1949年3月），《斯文》3，1949年8月。

④《島田氏の批評を読んで》，《史学杂志》61：12，1952年12月。

小仓芳彦　　1927年生，1948年东京大学东洋史学科毕业，现任学习院大学文学部教授，专攻中国古代思想史。

⑤《中国古代專制主義の理解をめぐって》,《社会经济史学》31：1—5,1967年。

川胜义雄　1922—1984,1948年京都大学史学科毕业,曾任京都大学人文科学研究所教授,专攻中国两汉六朝政治史。

⑥《シナ中世貴族政治の成立について》,《史林》33：4,1950年8月。

⑦《六朝貴族社会と中国中世史》,《史窗》21,1962年。

⑧《中国中世史研究における立場と方法》,川胜义雄、谷川道雄共著,收入《中国中世史研究》,东海大学出版会,1970年3月。

⑨《貴族制社会の成立》,收入岩波讲座《世界歴史》第五卷,1970年9月。

⑩《重田氏の六朝封建制論批判について》,《历史评论》247,1971年2月。

⑪《魏晋南北朝》,收入《中国の歴史》第三卷,讲谈社,1974年8月。

大泽正昭　京都大学东洋史学科毕业,专攻隋唐五代史。

⑫《唐末、五代政治史研究への一視点》,《东洋史研究》31：4,1973年3月。

仁井田陞　1904—1966,1928年东京大学法学部法律学科毕业,曾任东京大学教授,专攻中国法制史。

⑬《中国社会の封建とフユーダリズム》,《东洋文化》5,1951年2月;亦收入氏著《中国法制史研究：奴隷農奴法、家族村落法》。

⑭《中国法における奴隷の地位と主人権—奴隷法小史—》,原载于氏著《中国法制史》第七章(岩波全書),岩波书店,1952年;亦收入《中国法制史研究：奴隷農奴法、家族村落法》。

⑮《中国史の時代区分と歴史的感覚》,《历史学研究》192,1956年2月。

⑯《中国の農奴、雇用人の法的身份の形成と変質—主僕の分について—》,收入《野村博士還曆記念論文集：封建制と資本制》,1956年3月。

⑰《中国の奴隷制と農奴制—中世社会の成立をめぐって—》,《法

制史研究》8，1958 年；亦收入《中国法制史研究：奴隷農奴法、家族村落法》。

⑱《宋代以後を近世とする説について—とくにいわゆる契約と地主の恣意性—》，收入《中国法制史研究：奴隷農奴法、家族村落法》。

⑲《中国の農奴解放過程と契約意識—地主の支配権力をめぐって—》，1963 年 4 月 19 日在明治大学法制史学会之报告论文；亦收入《中国法制史研究—法と慣習、法と道徳—》。

⑳《中国社会の農奴とその解放》，《历史教育》11：9，1963 年 9 月。

㉑《唐代法上の奴婢の地位再論—濱口教授の批評に答えて—》，《史学杂志》74：1，1965 年 1 月。

㉒《中国村落共同体—再編成からその終末まで—》，《历史教育》13：9，1965 年 9 月。

㉓《支那身份法史》，座右宝刊行会，1943 年。

㉔《中国法制史》(岩波全書)，岩波书店，1952 年第 1 刷，1963 年 9 月增订。

㉕《中国法制史研究：奴隷農奴法、家族村落法》，东京大学东洋文化研究所，1962 年；1980 年补订版。

㉖《中国法制史研究—法と慣習、法と道徳—》，东京大学东洋文化研究所，1964 年；1980 年补订版。

五井直弘　1925—1999，1949 年东京大学东洋史学科毕业，曾任静冈大学人文学部教授，专攻中国古代史。

㉗《後漢王朝と豪族》，收入岩波讲座《世界歴史》第四卷，岩波书店，1970 年 5 月。

㉘《中国古代史と共同体—谷川道雄氏の所論をめぐって—》，《历史评论》255，1971 年 10 月。

太田幸男　1963 年东京大学东洋史学科毕业，现任东京学艺大学讲师，专攻中国古代社会经济史。

㉙《共同体と奴隷制：アジア》，收入《現代歴史学の成果と課題》(2)，青木书店，1974 年 8 月。

木村正雄　1910—1975，1939 年东京大学东洋史学科毕业，曾任东京教育大学文学部教授，专攻中国古代土地制度史。

㉚《中国の古代専制主義とその基礎》，《历史学研究》217，1958年。

㉛《中国古代専制主義の基礎条件》，《历史学研究》299，1959年3月。

㉜《中国古代帝国の形成—特にその成立の基礎条件—》，不昧堂书店，1965年3月。

木村英一　1906年生，1930年京都大学中国哲学科毕业，曾任大阪大学文学部教授，专攻中国思想史。

㉝《中国史の時代区分》，《哲学季刊》8，1948年。

丹乔二　1937年生，东京教育大学东洋史学科毕业，现任日本大学文理学部助教授，专攻宋代社会经济史。

㉞《宋初の荘園について》，《史潮》87，1964年。

㉟《宋代の地主奴僕関係》，《东洋学报》53：3、4，1971年。

㊱《宋代の佃户制をめぐる諸問題—草野説の検討を中心に—》，《学丛》12，1972年。

天野元之助　1901—1980，1926年京都大学经济学部毕业，曾任大阪市立大学文学部教授，专攻中国农业史。

㊲《時代区分論に寄せて》，《现代中国》32，1956年。

㊳《中国古代ディスポティズムの諸条件——大会所感》，《历史学研究》223，1958年。

内藤戊申　1908年生，1931年京都大学东洋史学科毕业，现任爱知大学文学部教授，专攻中国古代史。

㊴《東洋史時代区分—学说史的展望—》，《爱知大学文学论丛》9，11，1954—1955年。

㊵《中国史の時代区分論展望—日本人の古代区分—》，《史林》41：1，1958年。

内藤虎次郎　1866—1934，号湖南，1885年秋田师范学校毕业，曾任京都大学文学部教授，专攻中国、日本文学，历史。

㊶《概括的唐宋時代観》，《历史と地理》925，1922年5月；亦收入《内藤湖南全集》第八卷，筑摩书房，1969年8月。

㊷《支那上古史》,京都大学“东洋史概说”讲义之一部分,1921年;亦收入《内藤湖南全集》第十卷。

㊸《中国近世史》,弘文堂,1947年4月;亦收入《内藤湖南全集》第十卷。

田中正俊 1922—2002,1950年东京大学东洋史学科毕业,曾任东京大学文学部教授,专攻中国近代社会经济史。

㊹《民变、抗租、奴变》,收入《世界の歴史》第十一卷(《ゆらぐ中華帝国》),筑摩书房,1961年。

㊺《中国の変革と封建制研究の課題》,《历史评论》271,1972年。

㊻《中国近代経済史研究序説》,东京大学出版会,1973年7月。

石母田正 1912—1986,1937年东京大学国史学科毕业,曾任法政大学法学部教授,专攻日本古代、中世社会史。

㊼《中世成立史の二三の問題》,收入《日本社会の史的究明》,历史学研究会编,青木书店,1949年。

㊽《古代法と中世法》,《法学志林》47:1,1949年。

㊾《中世国家について》,《法学志林》48:2,1950年;亦收入氏著《古代末期政治史序説》,未来社,1964年9月。

㊿《封建国家に関する理論的諸問題》,一九五〇年度历史学研究会大会报告论文,收入《国家権力の諸段階》,岩波书店,1950年。

51《中世史研究の起点—封建制への道について—》,收入《日本史研究入門》,1951年。

52《専制国家の二三の問題について—最近の中国古代史研究に関連して—》,《历史学研究》255,1961年7月。

安野省三 1933年生,1955年东京教育大学东洋史学科毕业,现任千叶工业大学教授,专攻明清经济史。

53《明末清初揚子江中流域の大土地所有に関する一考察》,《东洋学报》44:3,1961年2月。

加藤繁 1880—1946,东京大学支那史学选科毕业,曾任东京大学教授,专攻中国经济史。

54《支那経済史概説》,弘文堂,1944年3月。

㊺《支那経済史考証》,(上)、(下),东洋文库,1952年。

多田狷介　1938年生,东京教育大学东洋史学科毕业,现任日本女子大学助教授,专攻中国古代史。

㊻《中国古代史研究覚書》,《史草》12,1971年10月。

㊼《後漢ないし魏晋朝以降中国中世説をめぐって》,《历史学研究》422,1975年7月。

池田温　1931年生,1954年东京大学东洋史学科毕业,现任东京大学东洋文化研究所教授,专攻唐代社会经济史。

㊽《敦煌発見唐大暦四年手実残巻について》,《东洋学报》40：2、3,1957年。

㊾ 书评 《西域文化研究第二：敦煌、吐魯番社会経済資料(上)》,《史学杂志》69：8,1960年8月。

㊿《均田制—六世紀中葉における均田制をめぐって—》,收入《古代史講座》第八卷,学生社,1963年。

61《唐代均田制をめぐって》,《法制史研究》14,1964年。

62《均田制的支配体制とその崩壊—隋唐前期社会経済史の諸問題—》,《社会经济史学》31：1—5,1966年。

池田诚　1922—2008,京都大学东洋史学科毕业,曾任同志社大学教授,专攻宋元社会经济史。

63《中国中世史論争の解決への道》,《歴史学の成果と課題》3,1951年。

64《唐宋の変革についての再検討》,《日本史研究》24,一九五四年度大会报告论文。

65《唐宋の変革をどう展開するか》,《东洋史研究》13：3,1954年。

66《集権的官僚支配の成立と農民問題——宋元帝国における中国封建社会経済史学の発達》,有斐阁,1955年7月。

西村元佑　1913年生,1948年京都大学东洋史学科毕业,现任龙谷大学教授,专攻中国汉唐间经济制度史。

67《中国均田制度の性格と問題点》,《史窗》22,1964年2月。

68《漢代王、侯の私田経営と大土地所有の構造—秦漢帝国の人民支配形態に関連して—》,《东洋史研究》31：1,1972 年 6 月。

⑱《中国経済史研究》,《京都大学东洋史研究会刊》,收入《东洋史研究丛刊》17,1968 年。

好并隆司　　1929—2010,1961 年冈山大学东洋史学科毕业,曾任冈山大学文学部教授,专攻中国汉魏两晋社会经济史。

⑳《秦漢帝国の構造について》,《历史学研究》312,1966 年 5 月。

㉑《小農民の闘争と前漢帝国》,《冈山大学法文部学术纪要》30,1970 年。

㉒《前漢帝国の二重構造と時代規定》,《历史学研究》375,1971 年 8 月。

伊原弘介　　1936 年生,广岛大学东洋史学科毕业,现任静冈大学教养部讲师,专攻中国近代史。

㉓《中国における封建権力成立のとらえ方について—重田德説の検討—》,《历史评论》304,1975 年 8 月。

守屋美都雄　　1915—1966,东京大学东洋史学科毕业,曾任大阪大学教授,专攻中国古代社会史。

㉔《漢の高祖集団の性格について》,《历史学研究》158—159,1952 年;亦收入氏著《中国古代の家族と国家》。

㉕《父老》,《东洋史研究》14：1、2,1955 年;亦收入《中国古代の家族と国家》。

㉖《六朝門閥の一研究—太原王氏系譜考—》,日本出版协同社,1951 年,收入《東洋大学学術叢書》。

㉗《中国古代の家族と国家》,京都大学东洋史研究会,1968 年,收入《东洋史研究会丛刊》19。

守本顺一郎　　1922—1977,东京大学经济学科毕业,现任名古屋大学法学部教授,专攻东洋政治思想史。

㉘《東洋政治思想史研究》,未来社,1967 年 9 月。

宇都宫清吉　　1905—1998,1931 年京都大学东洋史学科毕业,曾任名古屋大学文学部教授,专攻中国古代社会经济史。

㉙《漢代大私有地に於ける小作者と奴隷の問題》,《东洋史研究》

1：1，1935年。

⑳《東洋中世史の領域》，《东光》2，1947年，1954年订正；亦收入氏著《漢代社会経済史研究》，弘文堂，1955年。

㉛《僮約研究》，《名古屋大学文学部研究论集》5（史学2），1953年；亦收入《漢代社会経済史研究》。

㉜《古代帝国史概論》，收入《漢代社会経済史研究》。

㉝《〈管子〉弟子職篇によせて—古代専制体制と社会諸集団との関係に就いての考察—》，《名古屋大学文学部研究论集》29（史学10），1963年；亦收入氏著《中国古代中世史》，创文社，1977年。

㉞《中国古代中世史把握のための一視角》，收入《中国中世史研究》，东海大学出版会，1970年3月；又收入氏著《中国古代中世史》。

㉟《〈詩経・国風〉の農民詩》，收入氏著《中国古代中世史》。

西嶋定生　1919—1998，1942年东京大学东洋史学科毕业，曾任东京大学文学部教授，专攻中国古代史、中国经济史、东亚世界史。

㊱《中国古代帝国形成の一考察—漢の高祖とその功臣—》，《历史学研究》141，1949年9月。

㊲《古代国家の権力構造》，一九五〇年度历史学研究会大会报告论文，收入《国家権力の諸段階》，岩波书店，1950年。

㊳《中国古代史の理解について》，《历史学研究》152，1951年7月。

㊴《古代末期の諸問題》，《历史学研究》169，1954年3月。

㊵《貴族制社会と均田法の形成—魏晋南北朝、隋唐時代の諸問題—》，收入《戦後における社会経済史学の発達》，有斐阁，1955年7月。

㊶《中国古代社会の構造的特質に関する問題点—中国史の時代区分論争に寄せて—》，收入西嶋定生、铃木俊编《中国史の時代区分》，东京大学出版会，1957年5月；亦收入氏著《中国古代帝国の形成と構造》之“序章”，并略加增补。

㊷《古代史学の問題点》，收入《古代史講座》第一卷，学生社，1961年10月。

㊸《中国古代奴婢の再考察—その階級的性格と身份的性格—》，收入《古代史講座》第七卷，学生社，1961年10月。

⑭《六～八世紀の東アジアと東アジア世界論》,收入岩波讲座《日本歴史》第二卷,岩波书店,1962年。

⑮《第二十回国際歴史学会議報告：極東部会報告》,《史学杂志》75：6,1966年6月。

⑯《中国古代統一国家の特質—皇帝支配の出現—》,收入仁井田陞博士追悼论文集第一卷:《前近代アジアの法と社会》,劲草书房,1967年10月。

⑰《東アジア世界の形成—総説—》,岩波讲座《世界歴史》第四卷,岩波书店,1970年5月。

⑱《皇帝支配の成立》,收入岩波讲座《世界歴史》第四卷,岩波书店,1970年5月。

⑲《東アジアの形成》,收入《日本の社会文化》(Ⅰ),讲谈社,1973年。

⑳《中国古代帝国の形成と構造》,东京大学出版会,1961年3月。

㉑《中国経済史研究》,东京大学出版会,1966年3月。

㉒《秦漢帝国》,收入《中国の歴史》第二卷,讲谈社,1974年。

伊藤正彦　　东京教育大学东洋史学科毕业,专攻中国古代史。

㉓《唐末古代終末説をめぐって—均田制を中心に—》,《史潮》100,1967年10月。

㉔《戦後の中国古代史研究》,《史潮》105,1968年11月。

谷川道雄　　1925—2013,1948年京都大学史学科毕业,曾任京都大学文学部教授,专攻中国六朝隋唐史。

㉕《隋唐帝国をどう考えるか》,《东洋史研究》12：2,1952年。

㉖《東洋史研究者における現実と学問》,《新しい歴史学のために》68,1961年。

㉗《北魏研究の方法と課題》,《名古屋大学文学部研究论集》32(史学11),1964年。

㉘《中国史の世界史的把握はどう進んだか(一)—古代社会の性格論争をめぐって—》,《历史评论》184,1965年2月。

㉙《六朝貴族制社会の史的性格と律令体制への展開》,《社会经济

史学》31：1—5，1965年。

⑩《中国史研究の新しい課題—封建制の再評価問題にふれて—》，《日本史研究》94，1967年11月。

⑪《中国史研究の新しい課題再論—重田德氏〈封建制の視点と明清社会〉を読んで—》，《东洋史研究》28：2、3，1969年12月。

⑫《中国社会の構造的特質と知識人の問題》，《思想》582，1972年12月。

⑬《隋唐帝国形成史論》，筑摩书房，1971年。

尾形勇　　1938年生，1962年东京大学东洋史学科毕业，现任山梨大学教育学部助教授，专攻汉代政治社会史。

⑭《漢代における"姓"と身份》，《历史学研究》298，1965年3月。

⑮《階級と身份をどう問題にするか—東洋史のばあい—》，《历史学研究》310，1966年3月。

⑯《漢代における"臣某"形式》，《史学杂志》76：8，1967年8月。

⑰《良賤制の展開とその性格》，收入岩波讲座《世界歴史》第五卷，1970年9月。

⑱《漢唐間の家人之礼について》，《山梨大学教育学部研究报告》23，1972年。

⑲《漢代における家人と君臣関係》，《史学杂志》83：4，1974年4月。

冈本三郎　　履历不详。

⑳《中国における古代の成立と崩壊についての一考察》，《历史学研究》150，1951年。

河地重造　　1928年生，1951年京都大学史学科毕业，现任大阪市立大学经济学部教授，专攻中国两汉魏晋史。

㉑《アヘン戦争以後のウェスタン、インパクトと中国の農村経済体制》，《アジア研究》14：3，1967年。

㉒《旧中国における農村経済体制と村落——中国封建制研究への一つの視角》，收入《田村博士頌寿東洋史論叢》，1968年5月。

岩间一雄　　1936年生，名古屋大学法科毕业，现任冈山大学法文学部助教授，专攻中国政治思想史。

⑫③《中国政治思想史研究》，未来社，1968年。

周藤吉之　　1907—1990，1933年东京大学东洋史学科毕业，曾任东京大学教授，后任东洋大学教授，专攻宋代社会经济史。

⑫④《宋元時代の佃户について》，《史学杂志》44：10、11，1933年。

⑫⑤《宋代の佃户制》，《历史学研究》143，1948年5月；1953年8月稍作补充；亦收入氏著《中国土地制度研究》。

⑫⑥《宋代荘園制の発達》，《东洋文化研究所纪要》4，1952年10月，1953年8月补正；亦收入氏著《中国土地制度研究》。

⑫⑦《唐末五代の荘園制》，《东洋文化》12，1953年；亦收入氏著《中国土地制度研究》。

⑫⑧《宋代の佃户、佃僕、傭人制—特に〈宋代の佃户制〉の補正を中心として—》，1953年写成；亦收入氏著《中国土地制度研究》。

⑫⑨《宋代官田の佃権売買—資陪又は酬価交佃について—》，《东方学》7，1953年；亦收入氏著《中国土地制度研究》。

⑬⓪《中国土地制度研究》，东京大学出版会，1954年初版，1965年再版。

⑬①《宋代経済史研究》，东京大学出版会，1962年。

⑬②《唐宋社会経済史研究》，东京大学出版会，1965年。

⑬③《宋代史研究》，东洋文库，1965年。

⑬④《五代、宋》，收入《中国の歴史》第五卷（与中嶋敏合著），讲谈社，1974年10月。

东京教育大学大学院"中国社会经济史研究会"。

⑬⑤《中国史の世界史的把握はどう進んだか（二）—中世史研究の課題—》，《历史评论》186，1966年2月。

宫川尚志　　1913年生，1935年京都大学东洋史学科毕业，现任东海大学教授，专攻中国六朝社会宗教史。

⑬⑥ An Outline of the Naitō Hypothesis and its Effects on Japanese Studies of China, *Far Eastern Quarterly* 14, 1954 - 55.

⑬⑦《六朝史研究：政治社会篇》，日本学术振兴会，1956年2月。

⑬⑧《六朝史研究：宗教篇》，平乐寺书店，1964 年 3 月。

前田直典　1915—1949，1939 年东京大学东洋史学科毕业，专攻元代经济史。

⑬⑨《東アジアに於ける古代の終末》，《历史》1：4，1948 年；亦收入西嶋定生、铃木俊编《中国史の時代区分》（东京大学出版会，1957 年 5 月），以及氏著《元朝史の研究》（东京大学出版会，1973 年3 月）。

柳田节子　1921—2006，1953 年东京大学东洋史学科毕业，曾任宇都宫大学教授，专攻中国宋代社会经济史。

⑭⓪《宋代の丁税》，《东洋史研究》20：2，1961 年。

⑭①《宋代土地所有制にみられる二つの型—先進と辺境—》，《东洋文化研究所纪要》29，1963 年。

⑭②《宋代国家権力と農村秩序—户等制支配と客户—》，收入仁井田陞博士追悼论文集第一卷《前近代アジアの法と社会》，劲草书房，1967 年。

⑭③《乡村制の展開》，收入岩波讲座《世界歷史》第九卷，1970 年。

⑭④《宋代佃户制の再検討—最近草野靖氏の見解をめぐって—》，《历史学研究》395，1973 年 4 月。

重田德　1930—1973，1953 年东京大学东洋史学科毕业，曾任大阪市立大学助教授，专攻中国清代社会经济史。

⑭⑤《"地丁併徵"の歷史的意義への一視角》，《东洋文化研究所纪要》15，1958 年。

⑭⑥《中国における封建制の体制的成立について》，《东洋文化研究所纪要》19，1959 年。

⑭⑦《一条鞭法と地丁銀との間》，《人文研究》18：3，1967 年。

⑭⑧《清朝農民支配の歷史的特質—地丁銀成立のいみするとの—》，收入仁井田陞博士追悼论文集第一卷《前近代アジアの法と社会》，劲草书房，1967 年。

⑭⑨《地丁銀の成立と農民》，《中国史研究》5，1968 年。

⑮⓪《封建制の視点と明清社会》，《东洋史研究》27：4，1969 年 3 月。

⑮①《中国封建制研究の方向と方法—六朝封建制論の一検討—》，

《历史评论》247，1971 年 2 月。

⑫《郷紳支配の成立と構造》，收入岩波讲座《世界歴史》第十二卷，1971 年 3 月。

宫崎市定　　1901—1995，1925 年京都大学史学科毕业，曾任京都大学文学部教授，专攻中国史、日本史、亚洲史。

⑬《晋武帝の户調式に就いて》，《东亚经济研究》19：4，1935 年 11 月；亦收入氏著《アジア史研究》第一卷，京都大学东洋史研究会，1962 年 2 版。

⑭《東洋的近世》，教育タイムス社，1950 年；亦收入氏著《アジア史論考》(上)，朝日新闻社，1976 年。

⑮《東洋に於ける素朴主義の民族と文明主義の社会》，富山房，1940 年初版，1942 年再版；亦收入氏著《アジア史論考》(上)。

⑯《中国近世における生產業資本の貸借について》，《东洋史研究》11：1，1950 年；亦收入氏著《アジア史研究》第三，东洋史研究会出版，1963 年。

⑰《宋代以後の土地所有形体》，《东洋史研究》12：4，1952 年 12 月。

⑱《中国史上の荘園》，《历史教育》2：6，1954 年；亦收入氏著《アジア史研究》第四，东洋史研究会出版，1964 年。

⑲《合本組織の発達—中国近世における生産資本の貸借について補遺—》，《东洋史研究》13：5，1955 年；亦收入氏著《アジア史研究》第三。

⑳《トルファン発見田土文書の性質について》，《史林》43：3，1960 年 5 月。

㉑《六朝隋唐の社会》，《历史教育》12：5，1964 年；亦收入氏著《アジア論考》(上)。

㉒《東洋的古代》(上)(下)，《东洋学报》48：2，1965 年 9 月；48：3，1965 年 12 月。

㉓《部曲から佃户へ—唐宋間社会変革の一面—》(上)(下)，《东洋史研究》29：4，1971 年 3 月；30：1，1971 年 6 月。

⑯④《アジア概説》(新版),学生社,1973 年 8 月。

岛田虔次　1917—2000,1941 年京都大学东洋史学科毕业,曾任京都大学人文科学研究所教授,专攻中国思想史。

⑯⑤《朱子学と陽明学》(岩波新書),岩波书店,1967 年。

⑯⑥《中国における近代思惟の挫折(新版)》,筑摩书房,1970 年 12 月(旧版发行于 1949 年 3 月)。

草野靖　1932 年生,1960 年九州大学东洋史学科毕业,现任熊本大学法文学部助教授,专攻宋元社会经济史。

⑯⑦《唐律にみえる私賤民—奴婢、部曲に就いての一考察—》,收入《重松先生古稀記念九州大学東洋史論叢》,1957 年 7 月。

⑯⑧《宋代の户口統計上に所謂客户について》,《史渊》79,1959 年。

⑯⑨《宋代の主户、客户、佃户》,《东洋学报》46：1、2,1963 年。

⑰⓪《南宋文献に見える田骨、田根、田租、田底》,《法文论丛》28,1971 年。

⑰①《宋代合種制補考》,《东洋学报》55：1,1972 年。

⑰②《丹喬二氏〈宋代の佃户制をめぐる諸問題——草野説の検討を中心に〉を読む》,《史草》13,1972 年。

梅原郁　1934 年生,京都大学东洋史学科毕业,现任京都大学人文科学研究所助教授,专攻宋元社会经济史。

⑰③《淮南の土地制度試探——営田、屯田を中心に》,《东洋史研究》21：4,1963 年。

⑰④《宋代の户等制をめぐって》,《东方学报》(京都)41,1970 年。

堀敏一　1924—2007,1948 年东京大学东洋史学科毕业,现任明治大学文学部教授,专攻中国六朝隋唐政治社会经济史。

⑰⑤《中国史における中世の設定をめぐって》,《歴史学の成果と課題》(1),青木书店,1949 年。

⑰⑥《中国における封建国家の形態》,一九五〇年度历史学研究会大会报告论文,收入《国家権力の諸段階》,岩波书店,1950 年。

⑰⑦《唐末諸叛乱の性格》,《东洋文化》7,1951 年 11 月。

⑰⑧《戦後日本の中国史研究における時代区分問題の現段階》,《历

史评论》101—103,1959 年。

⑰《均田制の実施情況をめぐる問題点》,《东洋学报》44：4,1962 年 3 月。

⑱《唐帝国の崩壊—その歴史的意義—》,收入《古代史講座》第十卷,学生社,1964 年 9 月。

⑱《均田制と良賤制》,收入仁井田陞博士追悼论文集第一卷《前近代アジアの法と社会》,1967 年 10 月。

⑱《中国古代史と共同体の問題》,《骏台史学》27,1970 年 9 月。

⑱《東アジア世界の形成(Ⅱ)—総説—》,岩波讲座《世界歴史》第五卷,1970 年 9 月。

菊池英夫　　1930 年生,1952 年九州大学东洋史学科毕业,现任北海道大学文学部助教授,专攻中国军事制度史。

⑱《中国における封建制理論覚え書き》,《历史评论》197,1967 年 1 月。

⑱《中国軍制史研究の基本的視点—封建制研究への一つのアプローチー—》,《历史评论》250,1971 年 6 月。

渡边信一郎　　京都大学东洋史学科毕业。

⑱《漢六朝期の大土地所有制研究をめぐって》,《东洋史研究》32：3,1973 年 12 月。

沟口雄三　　1932—2010,名古屋大学中国文学科毕业,曾任琦玉大学教养部助教授,专攻中国思想史。

⑱《中国思想史研究上のいくつかの問題—岩間一雄氏〈中国政治思想史研究〉をめぐって—》,《历史学研究》400,1973 年 9 月。

铃木俊　　1904—1975,1929 年东京大学东洋史学科毕业,曾任中央大学文学部教授,专攻中国六朝隋唐土地、税役制度史。

⑱《唐の均田制と租庸制との関係に就いて》,《东亚》8：4,1935 年。

⑱《敦煌発見唐代户籍と均田制》,《史学杂志》47：7,1936 年 7 月。

⑲《東洋史の時代区分について》,《历史教育》2：3,1954 年。

⑲《均田制についての二、三の疑問》,《中央大学文学部纪要史学

科》8，1963年2月。

奥崎裕司　　东京教育大学东洋史学科毕业，现任高轮高级中学教师。

⑲②《中国における国家と宗教—戦後東洋史学の批判的継承をめざして—》，《历史学研究》378，1971年11月。

增渊龙夫　　1916年—1983，1940年东京商业学院商学科毕业，现任一桥大学社会学部教授，专攻中国古代社会史。

⑲③《漢代における民間秩序の構造と任俠的習俗》，《一桥论丛》26：5，1951年；亦收入氏著《中国古代の社会と国家》。

⑲④《漢代における国家秩序の構造と官僚》，《一桥论丛》28：4，1952年；亦收入氏著《中国古代の社会と国家》。

⑲⑤《中国古代の発展に関する戦後の体系的把握の試みについて》，收入《現代歷史学の新動向》，1953年。

⑲⑥《戦国秦漢時代における集団の“約”について》，《东方学论集》3，1955年；亦收入氏著《中国古代の社会と国家》。

⑲⑦《戦国官僚制の性格—郎官と舎人—》，《社会经济史》21：3，1955年；亦收入氏著《中国古代の社会と国家》。

⑲⑧《古代帝国の成立とその歷史的性格—殷周より秦漢時代に至る社会経済史の諸問題—》，收入《戦後における社会経済史学の発達》，有斐阁，1955年7月。

⑲⑨《先秦時代の山林藪澤と秦の公田》，收入《中国古代の社会と国家》。

⑳⓪《中国古代ディスポティズムの問題史的考察》，《历史学研究》227，1959年1月。

⑳①《所謂東洋的專制主義と共同体》，《一桥论丛》47：3，1962年。

⑳②《中国古代国家の構造—郡県制と官僚制の社会的基盤の考察を中心として—》，收入《古代史講座》第四卷，学生社，1962年。

⑳③《中国古代の社会と国家—秦漢帝国成立過程の社会史的研究—》，弘文堂，1960年。

滨口重国　　1901—1981，1929年东京大学东洋史学科毕业，曾任山梨大学文学部教授，专攻中国秦汉隋唐社会制度史。

⑳④《中国史上の古代社会問題に関する覚書》,《山梨大学学艺部研究报告》4,1953 年;亦收入氏著《唐王朝の賎人制度》。

⑳⑤《時代区分に関連して》,《山梨大学教育学部历史学论》11。

⑳⑥《唐王朝の賎人制度》,京都大学东洋史研究会出版,1966 年。

藤井宏　1913 年生,1936 年东京大学东洋史学科毕业,现任国士馆大学教授,专攻明清社会经济史。

⑳⑦《中国史に於ける新と旧—〈織工対〉の分析をめぐる問題—》,《东洋文化》8,1952 年 2 月。

藤家礼之助　1928—2010,早稻田大学东洋史学科毕业,曾任东海大学教授,专攻中国古代史。

⑳⑧《中国古代中世社会の考察—分期問題試論—》,收入东海大学三周年记念论文集《歴史における文明の諸相》,东海大学出版会,1974 年。

护雅夫　1921—1996,1943 年东京大学东洋史学科毕业,曾任东京大学文学部教授,专攻北亚中亚史。

⑳⑨《中国古代に於ける遊牧国家と農耕国家》,《历史学研究》147,1951 年。

㉑⓪《遊牧国家の発展について》,《历史教育》3：7,1955 年。

㉑①《内陸アジア世界の展開—総説—》,岩波讲座《世界歴史》第九卷,1970 年 2 月。

㉑②《北アジア古代遊牧国家の構造》,岩波讲座《世界歴史》第六卷,岩波书店,1971 年 1 月。

㉑③《古代トルコ民族史研究(Ⅰ)》,山川出版社,1967 年。

补　　录

池田温

㉑④《中国古代の租佃契》(上),《东洋文化研究所纪要》60,1973 年 3 月。

㉑⑤《中国古代の租佃契》(中),《东洋文化研究所纪要》65,1975 年 2 月。

河地重造

㉑⑥《中国古代史に関する二三の問題—漢代を中心として—》,《东洋史研究》12：1,1952 年 1 月。

㉑⑦《秦漢帝国の基本構造と歴史的性格》,《历史学研究》225,1958年11月。

㉑⑧《中国中世とは何か—ヨーロッパ中世あるいは中国近世との簡単比較—》,收入《中国中世史研究》,东海大学出版会,1970年3月。

重田德

㉑⑨《清代社会経済史研究》,岩波书店,1975年10月。

堀敏一

㉒⓪《均田制の研究》,岩波书店,1975年9月。本书附有参考文献目录(含日文、中文、西文),共547种,每种并附简单解说,实为治均田制者,不可多得之参考资料。

谷川道雄

㉒①《隋唐政治史に関する二三の問題—とくに古代末期説をめぐって—》,《东洋史研究》34:3,1975年12月。

宫崎市定

㉒②《アジア史論考》(上、中、下),朝日新闻社,1976年。

㉒③《東洋のルネッサンスと西洋のルネッサンス》,《史林》25:4,26:1,1941—1942年。

㉒④《宋元時代の法制と裁判機構—元典章成立の時代的社会的背景—》,《东方学报》24,1954年。

㉒⑤《宋代における石炭と鉄》,《东方学》13,1957年;亦收入氏著《アジア史論考》(下)。

㉒⑥《支那の鉄について》,《史林》40:6,1957年;亦收入《アジア史論考》(下)。

小山正明

㉒⑦《宋代以後の国家の農民支配》,《一九七五年度历史学研究大会报告》,别册特集,青木书店。

山下龙二

㉒⑧《明末に於ける反儒教思想の源流》,《哲学杂志》711,1951年。

木全德雄

㉒⑨《中国古代中世史把握の視角と方法をめぐって—中国中世史

研究会編〈中国中世史研究〉の総論を批判する—》,收入《鈴木博士古稀記念東洋学論叢》,1972年。

仁井田陞

㉚《中国社会の家父長制と封建》,《人文》3：2,1949年。

㉛《唐末五代の敦煌寺院佃户関係文書—人格的不自由規定について—》,收入《西域文化研究(二)：敦煌、吐魯番》,西域文化研究会,法藏馆,1959年。

五井直弘

㉜《秦漢帝国における郡県民支配と家族》,《静冈大学文理学部人文论集》12,1961年。

㉝《〈漢書・地理志〉の一考察》,收入《中国古代史研究》(Ⅰ),中国古代史研究会,吉川弘文馆,1960年。

木村正雄

㉞《前後漢における県の置廃とその条件》,《史潮》73、74、75,1960—1961年。

㉟《中国古代における地域と生産体—前後漢代の県の置廃を通じてみた—》,《社会经济史学》27：3,1961年。

守本顺一郎

㊱《朱子学の歴史的構造—中国における封建的思惟の成立とその特質—》,《思想》354、355,1953—1954年;亦收入氏著《東洋政治思想史研究》。

池田温

㊲《中国古代籍帳研究》,东京大学东洋文化研究所,1979年。

谷川道雄

㊳《共同体論争について—中国史研究における思想状況—》,名古屋人文科学研究会《年报》1,1974年。

㊴《中国中世社会と共同体》,国书刊行会,1976年。

尾形勇

㊵《中国古代の"家"と国家》,岩波书店,1979年。

河地重造

㉑《漢代の土地所有制について》,《大阪市立大学经济学年报》5,1955 年。

渡边信一郎

㉒《秦漢帝国から隋唐律令国家へ—中国における専制国家形態と農奴制形成に関する一試論—》,收入《新しい歴史学のために》,1975 年。

沟口雄三

㉓《中国前近代思想の屈折と展開》,东京大学出版会,1980 年。

川胜义雄等

㉔ 书评　西嶋定生:《中国経済史研究》,《东洋史研究》25：4,1967 年 3 月。

三、有关云梦秦简的参考文献

Ⅰ. 发 掘 报 告

〔中文〕

① 季勋：《云梦睡虎地秦简概述》，《文物》1976 年 5 期。

② 张泽栋、潭春柏、聂浴青：《参加云梦秦墓发掘的几点认识》，《文物》1976 年 5 期。

③ 文物通讯员：《新生事物的强大生命力——记湖北孝感地区亦工亦农考古短期训练班》，《文物》1976 年 5 期。

④《湖北云梦睡虎地十一号秦墓发掘简报》（孝感地区第二期亦工亦农文物考古训练班），《文物》1976 年 6 期。

⑤《湖北云梦睡虎地十一座秦墓发掘简报》（湖北孝感地区第二期亦工亦农文物考古训练班），《文物》1976 年 9 期。

⑥《湖北省云梦县发掘十二座战国末年至秦的墓葬、出土一批秦代的法律、文书竹简》，《人民日报》1976 年 3 月 28 日。

⑦《秦代竹简首次出土》（文物出版社），《人民画报》1976 年 7 期。

⑧《云梦县出土一批秦代竹简》，《解放军画报》1976 年 7 期。

⑨ 舒学:《我国古代竹木简发现出土情况》,《文物》1978年1期。

⑩ 云梦县文物工作组:《湖北云梦睡虎地秦汉墓发掘简报》,《考古》1981年1期。

⑪ 云梦睡虎地秦墓编写组:《云梦睡虎地秦墓》(附照片、释文,并首次发表《日书》),文物出版社,1981年。

⑫ 林剑鸣著,林世景译:《中国の木簡の出土とその研究の近況》,《史滴》7,1986年1月。

Ⅱ. 原文、释文、译注

〔中文〕

⑬ 云梦秦简整理小组等:《云梦秦简部分释文》,《光明日报》1976年4月6日。

⑭ 云梦秦墓竹简整理小组:《云梦秦简释文(一)》,《文物》1976年6期。

⑮ 云梦秦墓竹简整理小组:《云梦秦简释文(二)》,《文物》1976年7期。

⑯ 云梦秦墓竹简整理小组:《云梦秦简释文(三)》,《文物》1976年8期。

⑰ 睡虎地秦墓竹简整理小组:《睡虎地秦墓竹简》(线装本,附照片、释文),文物出版社,1977年。

⑱ 睡虎地秦墓竹简整理小组:《睡虎地秦墓竹简》(普及版,附释文、注释、语译、索引),文物出版社,1978年。

⑲ 裘锡圭:《〈睡虎地秦墓竹简〉注释商榷(一)》,《文史》13,1982年。

⑳ 裘锡圭:《〈睡虎地秦墓竹简〉注释商榷(二)》,《文史》13,1982年。

〔日文〕

㉑ 秦简讲读会:《〈湖北睡虎地秦墓竹簡〉訳注初稿》,中央大学大学院《论究》10:1,1978年。

㉒ 秦简讲读会:《〈云梦睡虎地秦墓竹簡〉訳注初稿、承前2》,中央

大学大学院《论究》11：1,1979 年。

㉓ 秦简讲读会：《〈睡虎地秦墓竹簡〉訳注初稿、承前 3》,中央大学大学院《论究》12：1,1980 年。

㉔ 秦简讲读会：《〈云梦睡虎地秦墓竹簡〉訳注初稿、承前 4》,中央大学大学院《论究》13：1,1981 年。

㉕ 秦简讲读会：《〈云梦睡虎地秦墓竹簡〉訳注初稿、承前 5》,中央大学大学院《论究》14：1,1982 年。

㉖ 秦简讲读会：《〈云梦睡虎地秦墓竹簡〉訳注初稿、承前 6》,中央大学大学院《论究》15：1,1983 年。

Ⅲ. 研 究 书

〔中文〕

㉗ 高敏：《云梦秦简初探》,河南人民出版社,1979 年。

㉘ 中华书局编辑部编：《云梦秦简研究》(共收研究论文十八篇),中华书局,1981 年。

㉙ 饶宗颐、曾宪通：《云梦秦简日书研究》,香港中文大学出版社,1982 年。

㉚ 梁文伟：《云梦秦简编年记相关史事核斠兼论编年记性质》(台北,台湾大学中文研究所博士论文),油印本,1981 年。

㉛ 余宗发：《云梦秦简——佚书研究》(台北,台湾师范大学国文研究所硕士论文),油印本,1982 年。

㉜ 宋豫卿：《秦司空研究——以睡虎地秦简资料为主》(台北,台湾中国文化大学史学研究所硕士论文),油印本,1982 年。

㉝ 栗劲：《秦律通论》,山东出版社,1984 年。

〔西文〕

㉞ A. F. P. Hulsewe, Remnants of Ch'in Law—An Annotated Translation of the Ch'in legal and Administrative Rules of the 3rd century B. C. Discovered in Yün-meng Prefecture, Hu-Pei Province, in 1975—, Sinica leidensia XVII(Leiden, Brill, 1985).

Ⅳ. 关 系 论 文

一九七六年

〔中文〕

㉟ 华中师院京山分院政史系理论组:《从云梦秦简看始皇的反复辟斗争》,《湖北日报》1976 年 4 月 21 日。

㊱ 钟志诚:《秦始皇时期反复辟斗争的历史见证——谈湖北云梦出土的秦简〈南郡守腾的文书〉》,《华中师院学报》1976 年 2 期。

㊲ 石言:《〈南郡守腾文书〉与秦的法治路线》,《历史研究》1976 年 3 期。

㊳ 梁效:《从云梦秦简看秦代的反复辟斗争》,《北京大学学报》1976 年 4 期。

㊴《〈南郡守腾文书〉和秦的反复辟斗争》,《考古》1976 年 5 期。

㊵ 田昌五:《秦国法家路线的凯歌——读云梦出土秦简札记》,《文物》1976 年 6 期。

㊶ 吴树平:《秦律是新兴地主阶级反复辟的锐利武器》,《文物》1976 年 6 期。

㊷《从云梦秦简〈大事记〉看秦统一六国和反复辟斗争》,《文物》1976 年 7 期。

㊸ 林甘泉:《秦律与秦朝的法家路线——读云梦出土的秦简》,《文物》1976 年 7 期。

㊹《云梦秦简》,《文物》1976 年 8 期。

一九七七年

〔中文〕

㊺ 黄盛璋:《云梦秦简〈编年记〉初步研究》,《考古学报》1977 年 1 期。

㊻ 吴荣曾:《论秦律的阶级本质——读云梦秦律札记》,《历史研究》1977 年 5 期。

㊼ 唐赞功:《从云梦秦简看秦代社会的主要矛盾》,《历史研究》1977 年 5 期。

㊽ 黄盛璋:《影射史学的一个黑标本——批〈从云梦秦简看秦代的反复辟斗争〉》,《天津师院学报》1977 年 6 期。

㊾ 吴树平:《秦代社会的阶级和阶级关系——读云梦秦简札记之一》,《文物》1977 年 7 期。

㊿ 高恒:《秦律中"隶臣妾"问题的探讨——兼批"四人帮"的法家爱人民的谬论》,《文物》1977 年 7 期。

51 郑实:《从云梦秦简看秦代的主要矛盾》,《武汉大学学报》1977 年。

52 陈直:《略论云梦秦简》,《西北大学学报》1977 年 1 期。

〔日文〕

53 古贺登:《中国古代の時代区分問題と雲夢出土の秦簡》,《史观》97,1977 年。

54 堀毅:《雲夢出土秦簡の基礎的研究》,《史观》97,1977 年。

55 饶宗颐:《出土資料から見た秦代の文学》,《东方学》54,1977 年。

56 大庭脩:《雲夢出土竹書秦律の研究》,关西大学《文学论集》27:1,1977 年。

57 堀毅:《秦漢刑名考—主として雲夢出土秦簡による—》,《早稲田大学大学院文学研究科纪要》,别册四号,1977 年。

58 古贺登:《盡地力説、阡陌制度補論—主として雲夢出土秦簡による—》,《早稲田大学大学院文学研究科纪要》23,1977 年。

〔西文〕

59 Michael Loewe, "Manuscripts Found Recently in China, a Preliminary Survey", in *T'oung Pao* 63(1977), pp. 99 - 136.

一九七八年

〔中文〕

60 高敏:《〈秦律〉是地主阶级压迫剥削农民阶级的工具》,《郑州大学学报》1978 年 1 期。

61 朱绍侯:《军功爵制试探》,《开封师院学报》1978 年 1 期。

62 熊铁基:《秦代赋税徭役制度初探》,《华中师院学报》1978 年

1期。

⑹ 马非百:《云梦秦简中所见的历史新证举例》,《郑州大学学报》1978年2期。

⑹ 郑实:《啬夫考——读云梦秦简札记》,《文物》1978年2期。

⑹ 吴白匋:《从出土秦简帛书看秦汉早期隶书》,《文物》1978年2期。

⑹ 刘海年:《秦汉"士伍"的身份与阶级地位》,《文物》1978年2期。

⑹ 詹越:《斥"四人帮"在秦代史上的反动谬论》,《考古》1978年3期。

⑹ 傅振伦:《云梦秦墓牒记考释》,《社会科学战线》1978年4期。

⑹ 吴荣曾:《从秦简看秦国商品货币关系发展状况》,《文物》1978年5期。

〔日文〕

⑺ 好并隆司:《中国古代の家父長的家内奴隷制—在地首長、豪族との関連において—》,《历史学研究》462,1978年。

⑺ 堀敏一:《中国の律令と農民支配》,《历史学研究》别册,1978年。

⑺ 大塚伴鹿:《商君の法と秦墓竹簡》,《东方》6,1978年12月。

⑺ 町田三郎:《秦の思想統制について—雲夢秦簡ノート—》,《中国哲学论集》4,1978年。

〔西文〕

⑺ A. F. P. Hulsewē,"The Ch'in Documents Discovered in Hupei in 1975", *T'oung Pao* ,Vol LXIV 4. 5。

一九七九年

〔中文〕

⑺ 邢义田:《云梦秦简简介——附,对〈为吏之道〉及墓主喜职务性质的臆测》,《食货月刊》复刊9:4,1979年7月。

⑺ 黄盛璋:《云梦秦简辨正》,《考古学报》1979年1期。

⑺ 刘海年等:《从云梦秦简看秦律的阶级本质》,《学术研究》1979年1期。

⑱ 游绍尹:《秦律的阶级本质与基本内容》,《理论与实践》1979 年 1 期。

⑲ 舒之梅:《从近年湖北出土的秦简牍看地主阶级对残存奴隶制的政策》,《江汉历史学丛刊》1979 年 1 期。

⑳ 陈自方:《秦汉连坐制度试探》,《北方论丛》1979 年 2 期。

㉑ 黄贤俊:《从云梦秦简看秦代刑律及其阶级本质》,《西南政法学院学报》1979 年 2 期。

㉒ 陈玉璟:《秦汉"徒"为奴隶说质疑》,《安徽师大学报》1979 年 2 期。

㉓ 陈抗生:《秦法和秦人执法——读〈睡虎地秦墓竹简〉浅识》,《江汉论坛》1979 年 3 期。

㉔ 熊铁基:《秦代的邮传制度——读云梦秦简札记》,《学术研究》1979 年 3 期。

㉕ 高敏:《"有秩"非"啬夫"辨——读云梦秦简札记兼与郑实同志商榷》,《文物》1979 年 3 期。

㉖ 熊克:《"吏谁从军"解——读秦简〈编年记〉札记》,《中国史研究》1979 年 3 期。

㉗ 熊铁基:《释〈南郡守腾文书〉——读云梦秦简札记》,《中国史研究》1979 年 3 期。

㉘ 湖北省博物馆:《湖北省三十年考古重大发现》,《华中师院学报》1979 年 4 期。

㉙ 朱绍侯:《秦军功爵制简论》,《河南师范大学学报》1979 年 6 期。

㉚ 高敏:《论〈秦律〉中的"啬夫"一官》,收入氏著《云梦秦简初探》,1979 年。

㉛ 高敏:《从云梦秦简看秦的几项制度》,收入《云梦秦简初探》,1979 年。

㉜ 高敏:《从出土〈秦律〉看秦的奴隶制残余》,收入《云梦秦简初探》,1979 年。

㉝ 高敏:《〈秦律〉是地主阶级压迫、剥削农民阶级的工具》,收入《云梦秦简初探》,1979 年。

⑭ 高敏：《从〈秦律〉的刑罚类别看地主阶级法律的实质》，收入《云梦秦简初探》，1979 年。

⑮ 高敏：《商鞅〈秦律〉与云梦出土〈秦律〉的区别和联系》，收入《云梦秦简初探》，1979 年。

⑯ 高敏：《关于〈秦律〉中的“隶臣妾”问题质疑》，收入《云梦秦简初探》，1979 年。

⑰ 高敏：《关于秦时服役者年龄问题的探讨》，收入《云梦秦简初探》，1979 年。

⑱ 高敏：《农民阶级是戍边徭役的主要承担者》，收入《云梦秦简初探》，1979 年。

⑲ 高敏：《从云梦秦简看秦的赐爵制度》，收入《云梦秦简初探》，1979 年。

⑳ 高敏：《从云梦秦简看秦的土地制度》，收入《云梦秦简初探》，1979 年。

(101) 高敏：《秦简〈为吏之道〉中所反映的儒法合流倾向》，收入《云梦秦简初探》，1979 年。

(102) 高敏：《〈大事记〉的性质与作者质疑》，收入《云梦秦简初探》，1979 年。

(103) 高敏：《秦简〈大事记〉与〈史记〉》，收入《云梦秦简初探》，1979 年。

(104) 高敏：《南郡守腾的经历及其发布〈文书〉的意义》，收入《云梦秦简初探》，1979 年。

(105) 李裕民：《从云梦秦简看秦代的奴隶制》，收入《中国考古学会第一次年会论文集》（中国考古学会编），文物出版社，1979 年。

(106) 陈金生：《“城旦”解》，《文史》6，1979 年。

〔日文〕

(107) 堀敏一：《中国古代の新史料発見と歴史の書きかた》，收入《世界のしおり》，帝国书院，1979 年 14 号。

(108) 古贺登：《雲夢睡虎地某喜墓の秦律等法律文書副葬事情をめぐって》，《史观》100，1979 年。

⑩⑨ 町田三郎:《雲夢秦簡〈編年紀〉について》,《九州中国学会报》22,1979年。

⑪⓪ 重近启树:《秦漢の国家と農民》,《历史学研究》,别册特集,1979年。

⑪① 饭岛和俊:《〈文無害〉考——〈睡虎地秦墓竹簡〉を手がかりとして見た秦漢期の官吏登用法》,《中央大学アジア史研究》3,1979年。

⑪② 浦野俊郎:《秦、漢初の簡牘帛書の書体と隸書の成立》,《二松学舍大学论集》,1979年。

⑪③ 大庭脩:《中国簡牘研究の現状》,《木简研究》创刊号,1979年。

⑪④ 大庭脩:《木簡》,学生社,1979年。

⑪⑤ 池田温:《中国古代籍帳研究》,东京大学东洋文化研究所,1979年。

〔韩文〕

⑪⑥ 金烨:《云梦出土秦简과秦汉初의征兵适龄》,收入《全海宗博士华甲纪念史学论丛》,一潮阁,1979年。

一九八〇年

〔中文〕

⑪⑦ 马先醒:《简牍踪迹》,《简牍学报》7,1980年。

⑪⑧ 马先醒:《简牍本之经史子集》,《简牍学报》7,1980年。

⑪⑨ 马先醒:《简牍形制》,《简牍学报》7,1980年。

⑫⓪ 大庭脩著,林锦生译:《云梦出土竹简秦律之研究》,《简牍学报》7,1980年。

⑫① 胡四维撰,詹泓隆、詹益熙合译:《一九七五年湖北发现之秦文物》,《简牍学报》7,1980年。

⑫② 马先醒:《举世笑谈〈睡虎地秦墓竹简〉——大庭脩、胡四维二博士竹书秦律论文书后》,《简牍学报》7,1980年。

⑫③ 马先醒:《简牍学要义》,台北,简牍学会,1980年。

⑫④ 许倬云:《由新出简牍所见秦汉社会》,《"中研院"历史语言研究所集刊》51:2,1980年。

⑫⑤ 王煜:《〈睡虎地秦墓竹简〉的法家思想》,《中华文化复兴月刊》

13：1,1980年。

⑫⑥ 黄展岳：《云梦秦律简论》,《考古学报》1980年1期。

⑫⑦ 黄灼耀：《关于秦史若干问题的辨析》,《华南师院学报》1980年1期。

⑫⑧ 钱剑夫：《秦汉啬夫考》,《中国史研究》1980年1期。

⑫⑨ 陈玉璟：《略论云梦〈秦律〉的性质》,《江淮论坛》1980年1期。

⑬⓪ 刘海年：《秦汉诉讼中的"爰书"》,《法学研究》1980年1期。

⑬① 林剑鸣：《"隶臣妾"辨》,《中国史研究》1980年2期。

⑬② 林剑鸣：《秦国封建社会各阶级分析——读〈睡虎地秦墓竹简〉札记》,《西北大学学报》1980年2期。

⑬③ 刘海年：《从云梦出土的竹简看秦代的法律制度》,《学习与探索》1980年2期。

⑬④ 高恒：《"啬夫"辨正——读云梦秦简札记》,《法学研究》1980年3期。

⑬⑤ 商庆夫：《睡虎地秦简〈编年记〉的作者及其思想倾向》,《文史哲》1980年4期。

⑬⑥ 宋敏：《试论秦的土地国有制》,《求是学刊》1980年4期。

⑬⑦ 宋敏：《云梦秦简——奴隶制社会的新证》,《东北师大学报》1980年4期。

⑬⑧ 赵德馨等：《关于布币的三个问题——读云梦出土秦简〈金布律〉札记》,《社会科学战线》1980年4期。

⑬⑨ 黄贤俊：《对云梦秦简中诉讼制度的探索》,《法学研究》1980年5期。

⑭⓪ 崔春华：《战国时期秦封建法制的发展——读〈睡虎地秦墓竹简〉札记》,《辽宁大学学报》1980年5期。

⑭① 高恒：《秦律中的徭、戍问题——读云梦秦简札记》,《考古》1980年6期。

⑭② 晁福林：《"南郡警备"说质疑》,《江汉论坛》1980年8期。

⑭③ 黄盛璋：《云梦秦墓两封家信中有关历史地理的问题》,《文物》1980年8期。

⑭ 于豪亮：《云梦秦简所见职官述略》，《文史》8，1980 年。

⑮ 骈宇骞：《秦“道”考》，《文史》9，1980 年。

⑯ 陈抗生：《“睡简”杂辨》，《中国历史文献研究集刊》（中国历史文献研究会）第一集，岳麓书社，1980 年。

⑰ 张政烺：《秦律“葆子”释义》，《文史》9，1980 年。

⑱ 于豪亮：《秦律丛考》，《文物集刊》2，1980 年。

⑲ 谭世保：《秦始皇的“车同轨、书同文”新评》，《中山大学学报》1980 年 4 期。

〔日文〕

⑳ 永田英正：《中国における雲夢秦簡の現状》，《木简研究》（木简学会），1980 年。

㉑ 松崎つね子：《睡虎地十一号秦墓竹簡〈編年記〉よりみた墓主〈喜〉について》，《东洋学报》61：3、4，1980 年。

㉒ 太田幸男：《湖北睡虎地出土秦律の倉律をめぐって、その一》，《东京学艺大学纪要》第三部门第三一集，1980 年。

㉓ 太田幸男：《湖北睡虎地出土秦律の倉律をめぐって、その二》，《东京学艺大学纪要》第三部门第三二集，1980 年。

㉔ 若江贤三：《秦漢時代の“完”刑について——〈漢書〉刑法志解読への一試論》，爱媛大学法文学部论集，文学科编，13，1980 年。

㉕ 堀敏一：《晋泰始律令の成立》，《东洋文化》（东京大学东洋文化研究所）60，1980 年。

㉖ 佐竹靖彦：《秦国の家族と商鞅の分異令》，《史林》63：1，1980 年。

㉗ 太田幸男：《商鞅変法の再検討、補正》，《历史学研究》483，1980 年。

㉘ 若江贤三：《秦漢時代の労役刑——ことに隷臣妾の刑期について》，《东洋史论》（东アジア史研究会）1，1980 年。

㉙ 鹤间和幸：《秦漢期の水利法と在地農業経営》，《历史学研究》，别册特集，1980 年。

㉚ 古贺登：《漢長安城の阡陌、県郷亭里制度》，雄山阁，1980 年。

〔韩文〕

⑯ 李成珪:《秦 의 土地制度 와 齐民支配—云梦出土秦简 을통윈 商鞅变法 의 再检讨—》,收入前引《全海宗博士华甲纪念史学论丛》。

一九八一年

〔中文〕

⑯ 马先醒:《睡虎地秦简研究班与其研究专号——〈睡虎地秦简研究专号〉引言》,《简牍学报》10,1981 年。

⑯ 马先醒:《就简牍学观点略论睡虎地秦简(上)》,《简牍学报》10,1981 年。

⑯ 马先醒:《睡虎地秦简中的篇题及其位置》,《简牍学报》10,1981 年。

⑯ 马先醒:《简牍本秦律之律名、条数及其简数》,《简牍学报》10,1981 年。

⑯ 马先醒:《睡虎地秦简刑律律文集录》,《简牍学报》10,1981 年。

⑯ 马先醒:《秦国的戍律与屯表律》,《简牍学报》10,1981 年。

⑯ 马先醒:《"坐"与"连坐"》,《简牍学报》10,1981 年。

⑯ 马先醒:《秦简杂考》,《简牍学报》10,1981 年。

⑰ 吴福助:《秦简语书论究》,《简牍学报》10,1981 年。

⑰ 李纪祥:《秦皇名讳及其在秦简研究上之意义》,《简牍学报》10,1981 年。

⑰ 张永成:《秦简〈为吏之道〉之版式及其正附文问题》,《简牍学报》10,1981 年。

⑰ 张永成:《秦简随笔二则》,《简牍学报》10,1981 年。

⑰ 蒋义斌:《秦简〈为吏之道〉在思想上的意义》,《简牍学报》10,1981 年。

⑰ 汤蔓媛:《从睡虎地秦简看秦代的刑罚类别》,《简牍学报》10,1981 年。

⑰ 张寿仁:《秦汉五徒刑期》,《简牍学报》10,1981 年。

⑰ 黄真真:《秦代赎刑略考》,《简牍学报》10,1981 年。

⑰ 陈慧琴:《秦简中所见的耐刑》,《简牍学报》10,1981 年。

⑰⑨ 睡虎地秦简研究班：《睡虎地秦简校注》，《简牍学报》10，1981 年。

⑱⓪ ［韩］ 金烨著，刘顺达、周业温合译：《云梦出土秦简与秦、汉初之征兵适龄》，《简牍学报》10，1981 年。

⑱① ［日］ 工藤元男著，李守爱译：《秦内史》，《简牍学报》10，1981 年。

⑱② 高明士：《云梦秦简与秦汉史研究——以日本的研究成果为中心》，《食货月刊》复刊 11：3，1981 年。

⑱③ 高明士：《日本对云梦秦简的研究》，台湾《“中央日报”》第十版（文史），1981 年 6 月 30 日。

⑱④ 郑良树：《七十年代出土竹简帛书对古籍之影响》（上）（下），《故宫季刊》15：3、4，1981 年。

⑱⑤ 王晓波：《秦的兴亡与法家之治》，《大陆杂志》63：3，1981 年。

⑱⑥ 张溯崇：《竹简秦律概说》，《法声》18，1981 年 6 月。

⑱⑦ 马非百：《关于秦国杜虎符之铸造年代》，《史学月刊》1981 年 1 期。

⑱⑧ 韩连琪：《睡虎地秦简〈编年记〉考证》，《中华文史论丛》1981 年 1 辑。

⑱⑨ 谢巍：《范雎疑年考》，《中华文史论丛》1981 年 1 辑。

⑲⓪ 张铭新：《关于秦律中的“居”——〈睡虎地秦墓竹简〉注释质疑》，《考古》1981 年 1 期。

⑲① 黄留珠：《略谈秦的法官法吏制》，《西北大学学报》1981 年 1 期。

⑲② 言巩达：《试论秦隶及其在书法史上的地位》，《南艺学报》1981 年 2 期。

⑲③ 罗开玉：《秦国“什伍”、“伍人”考——读云梦秦简札记》，《四川大学学报》1981 年 2 期。

⑲④ 平势隆郎：《“楚历”小考——对〈楚月名初探〉的管见》，《中山大学学报》1981 年 2 期。

⑲⑤ 曾仲珊：《〈睡虎地秦墓竹简〉中的数词和量词》，《求索》1981 年 2 期。

⑲⑥ 杨廷福:《论中国古代法制建设》,《学习与探索》1981年2期。

⑲⑦ 罗开玉:《秦国“少内”考》,《西北大学学报》1981年3期。

⑲⑧ 高敏:《〈秦律〉所反映的诉讼审讯和量刑制度》,《郑州大学学报》1981年3期。

⑲⑨ 林甘泉:《从出土文物看春秋战国间的社会变革》,《文物》1981年5期。

⑳⓪ 舒之梅:《珍贵的云梦秦简》,收入《云梦秦简研究》,中华书局,1981年。

⑳① 马非百:《云梦秦简〈大事记〉集传》,《中国历史文献研究集刊》(中国历史文献研究会)第二集,岳麓书社,1981年。

⑳② 李学勤:《秦简的古文字学考察》,收入《云梦秦简研究》,1981年。

⑳③ 于豪亮:《秦简〈日书〉记时记月诸问题》,收入《云梦秦简研究》,1981年。

⑳④ 马雍:《读云梦秦简〈编年记〉书后》,收入《云梦秦简研究》,1981年。

⑳⑤ 李学勤:《秦简与〈墨子〉城守各篇》,收入《云梦秦简研究》,1981年。

⑳⑥ 张晋藩、张希坡、曾宪义:《秦简〈为吏之道〉与秦的官僚政治》,《中国法制史》第一卷第二篇第二章第二节,中国人民大学出版社,1981年。

⑳⑦ 高恒:《秦简中与职官有关的几个问题》,收入《云梦秦简研究》,1981年。

⑳⑧ 裘锡圭:《啬夫初探》,收入《云梦秦简研究》,1981年。

⑳⑨ 高敏:《秦汉时期的亭》,收入《云梦秦简研究》,1981年。

㉑⓪ 吴树平:《云梦秦简所反映的秦代社会阶级状况》,收入《云梦秦简研究》,1981年。

㉑① 于豪亮:《秦简中的奴隶》,收入《云梦秦简研究》,1981年。

㉑② 高恒:《秦简中的私人奴隶问题》,收入《云梦秦简研究》,1981年。

⑵⒀ 黄今言:《秦代租赋徭役制度初探》,收入《秦汉史论丛》(中国秦汉史研究会)第一辑,陕西人民出版社,1981年。

⑵⒁ 杨宽:《从"少府"职掌看秦汉封建统治者的经济特权》,收入《秦汉史论丛》第一辑,1981年。

⑵⒂ 吴荣曾:《秦的官府手工业》,收入《云梦秦简研究》,1981年。

⑵⒃ 唐赞功:《云梦秦简所涉及土地所有制形式问题初探》,收入《云梦秦简研究》,1981年。

⑵⒄ 熊铁基、王瑞明:《秦代的封建土地所有制》,收入《云梦秦简研究》,1981年。

⑵⒅ 安作璋:《从睡虎地秦墓竹简看秦代的农业经济》,收入《秦汉史论丛》第一辑,1981年。

⑵⒆ 于豪亮、李均明:《秦简所反映的军事制度》,收入《云梦秦简研究》,1981年。

⑵⒇ 熊铁基:《试论秦代军事制度》,收入《秦汉史论丛》(中国秦汉史研究会)第一辑,陕西人民出版社,1981年。

⑵⑴ 王瑞明:《云梦秦简〈金布律〉试释》,《中国历史文献研究集刊》(中国历史文献研究会)第二集,岳麓书社,1981年。

⑵⑵ 刘海年:《秦律刑罚考析》,收入《云梦秦简研究》,1981年。

⑵⑶ 于豪亮:《秦王朝关于少数民族的法律及其历史作用》,收入《云梦秦简研究》,1981年。

⑵⑷ 林剑鸣:《秦代法律制度初探》,收入《法律史论丛》(中国法律史学会《法律史论丛》编委会第一辑,中国社会科学出版社,1981年。

⑵⑸ 高恒:《汉律篇名新笺》,收入《法律史论丛》(中国法律史学会《法律史论丛》编委会)第一辑,1981年。

⑵⑹ 张晋藩、张希坡、曾宪义:《秦朝的法律制度》,见张晋藩《中国法制史》第一卷第二编第二章第三节,1981年。

⑵⑺ 林剑鸣:《法律制度》,见氏著《秦史稿》第九章四节,上海人民出版社,1981年。

⑵⑻ 萧永清:《秦朝的法律制度》,见氏著《中国法制史简编》上,第二章第一节三,山西人民出版社,1981年。

229 张政烺：《秦律“集人”音义》，收入《云梦秦简研究》，1981 年。

230 唐赞功：《云梦秦简官私奴隶问题试探》，收入《中华文史论丛》1981 年 3 辑。

〔日文〕

231 池田雄一：《湖北雲夢睡虎地秦墓管見》，《中央大学文学部纪要》100（史学科编 26），1981 年。

232 江村治树：《戦国、秦漢簡牘文字の変遷》，《东方学报》（京都）55，1981 年。

233 工藤元男：《睡虎地秦墓竹簡に見える大内と少内——秦の少府の成立をめぐって》，《史观》105，1981 年。

234 工藤元男：《戦国秦の都官——主として睡虎地秦墓竹簡による》，《东方学》63，1981 年。

235 工藤元男：《秦の内史——主として睡虎地秦墓竹簡による》，《史学杂志》90：3，1981 年。

236 池田雄一：《中国古代聚落の展開》，《历史学研究》，别册特集，1981 年。

237 渡边信一郎：《〈吕氏春秋〉上農篇蠡測——秦漢時代の社会編成》，《京都府立大学学术报告（人文）》33，1981 年。

238 好并隆司：《中国古代山沢論の再検討》，收入《佐藤博士還暦記念中国水利史論集》，国书刊行会，1981 年。

239 江村治树：《雲夢睡虎地出土秦律の性格をめぐって》，《东洋史研究》40：1，1981 年。

〔西文〕

240 Robin D. S. Yates and Katrina C. D. McLeod, “Forms of Ch’in Law: an Annotated Translation of the Feng-chen shih”, in *Harvard Journal of Asia studies*.

241 A. F. P. Hulsewē, “Supplementary note on li ch’ieh”, in *T’oung Pao* 67(1981), p. 361.

242 A. F. P. Hulsewē, “Weights and mesures in Ch’in law”, in D. Eikemeier, ed., *State and law in East Asia*, Festschrift Karl Bunger

(wiesbaden, Harrassowitz, 1981), pp. 25 - 39.

㉔③ A. F. P. Hulsewē, "The Legalists and the laws of Ch'in", in W. L. Idema, ed., *Leyden Studies in Sinology* (Leiden, Brill, 1981), pp. 1 - 22.

一九八二年

〔中文〕

244 张寿仁:《秦五徒之廪给石数》,《中国历史学会史学集刊》14,1982年。

245 萧隆:《〈云梦睡虎地秦墓〉简介》,《考古》1982年6期。

246 刘玉堂:《秦汉之安陆并非新地域》,《文物》1982年3期。

247 王锳:《云梦秦墓竹简所见某些语法现象》,《语言研究》1982年1期。

248 郑良树:《论云梦〈大事记〉之史料价值》,收入氏著《竹简帛书论文集》,中华书局,1982年。

249 郑良树:《读云梦〈大事记〉札记》,收入氏著《竹简帛书论文集》,中华书局,1982年。

250 饶宗颐:《云梦秦简日书研究》,收入《云梦秦简日书研究》,1982年。

251 饶宗颐:《秦简日书中夕(柰)字含义初探》,收入《云梦秦简日书研究》,1982年。

252 曾宪通:《秦简日书岁篇讲疏》,收入《云梦秦简日书研究》,1982年。

253 曾宪通编:《秦简日书分类索引》,收入《云梦秦简日书研究》,1982年。

254 王瑞明:《从云梦秦简看秦代中央集权制的历史作用》,《中国历史文献研究集刊》(中国历史文献研究会)第三集,岳麓书社,1982年。

255 黄留珠:《秦仕进制度考述》,《中国史研究》1982年1期。

256 刘海年:《从秦简〈为吏之道〉看秦的"治吏"思想》,收入张晋藩著《中国法律史论》,法律出版社,1982年。

257 罗开玉:《秦国乡里、亭新考》,《考古与文物》1982年5期。

㉕⑧ 罗开玉:《秦国傅籍制考辨——读云梦秦简札记》,《中国历史文献集刊》(中国历史文献研究会)第三集,岳麓书社,1982 年。

㉕⑨ 于豪亮:《西汉适龄男子戍边三日说质疑》,《考古》1982 年 4 期。

㉖⓪ 苏诚鉴:《秦"隶臣妾"为官奴隶说》,《江淮论坛》1982 年 1 期。

㉖① 官长为、宋敏:《"隶臣妾"是秦的官奴婢》,《中国史研究》1982 年 1 期。

㉖② 高敏:《秦的奴隶制残余与秦末农民起义——读云梦秦简札记》,《中国农民战争史研究集刊》第二辑,1982 年。

㉖③ 孙英民:《〈秦始皇陵西赵背户村秦刑徒墓〉质疑》,《文物》1982 年 10 期。

㉖④ 汉生:《〈秦简〉中为什么以"一百一十"为进位数》,《政治与法律》第三辑,1982 年 12 月。

㉖⑤ 郭道扬:《秦代的会计》,收入氏著《中国会计史稿》上,第四章第一节,中国财政经济出版社,1982 年。

㉖⑥ 葛剑雄:《秦汉的上计和上计吏》,《中华文史论丛》1982 年 2 辑。

㉖⑦ 张铭新:《〈秦律〉中的经济制裁——兼谈秦的赎刑》,《武汉大学学报》1982 年 4 期。

㉖⑧ 宫长为:《浅谈秦代经济管理中对官吏的几种规定》,《东北师大学报》1982 年 6 期。

㉖⑨ 刘海年:《云梦秦简的发现与秦律研究》,《法学研究》1982 年 1 期。

㉗⓪ 刘海年:《秦代法吏体系考略》,《学习与探索》1982 年 2 期。

㉗① 程天权:《秦律婚姻家庭关系探索》,《政治与法律》第三辑,1982 年 12 月。

㉗② 吕名中:《秦律赀罚制述论》,《中南民族学院学报》1982 年 3 期。

㉗③ 黄盛璋:《青川新出秦田律木牍及其相关问题》,《文物》1982 年 9 期。

㉗④《秦朝的法律制度》(法学教材编辑部《中国法制史》编写组),收入《中国法制史》(法学教材编辑部《中国法制史》编写组)第五章,群众出版社,1982 年。

㉗⑤ 马非百：《法律志》，收入氏著《秦集史》下，中华书局，1982 年。

㉗⑥ 于豪亮：《西汉对法律的改革》，《中国史研究》1982 年 2 期。

㉗⑦ 朱绍侯：《"居赀"非刑名辨》，《许昌师专学报》1982 年 2 期。

㉗⑧ 钱剑夫：《试论秦汉的"正卒"徭役》，《中国史研究》1982 年 3 期。

㉗⑨ 罗开玉：《秦在巴蜀地区民族政策试析——从云梦秦简中得到的启示》，《民族研究》1982 年 4 期。

〔日文〕

㉘⓪ 大庭脩：《出土文物による最近の秦漢史研究》，收入《中国歴史学界の動向》（唐代史研究会编），刀水书房，1982 年。

㉘① 大庭脩：《雲夢秦簡に関係して》，《东方》20，东方书店，1982 年。

㉘② 松崎つね子：《睡虎地秦簡よりみた秦の家族と国家》，《中国古代史研究第五》（中国古代史研究会），雄山阁出版，1982 年。

㉘③ 堀毅：《秦漢時代の嗇夫について——〈漢書百官表〉と雲夢秦簡による一考察》，《史滴》3，1982 年。

㉘④ 间瀬收芳：《雲夢睡虎地秦漢墓被葬者の出自について》，《东洋史研究》41：2，1982 年。

㉘⑤ 角谷定俊：《秦における青銅工業の一考察——工官を中心に》，《骏台史学》（明治大学）55，1982 年。

㉘⑥ 籾山明：《秦の隷属身份とその起源——隷臣妾問題に寄せて》，《史林》65：6，1982 年。

㉘⑦ 堀敏一：《漢代の七科謫とその起源》，《骏台史学》57，1982 年。

㉘⑧ 桥本由美：《賞について》，《中国古代史研究第五》（中国古代史研究会），雄山阁出版，1982 年。

㉘⑨ 江村治树：《雲夢出土秦律と秦の地方自治》，《人文》25，1982 年。

㉙⓪ 大庭脩：《雲夢出土竹書秦律の研究》，《关西大学文学论集》27：1，1977 年；又收入氏著《秦漢法制史の研究》第二篇第一章，创文社，1982 年。

一九八三年

〔中文〕

㉙① 杜正胜：《"编户齐民"的出现及其历史意义——编户齐民的研究

之一》,《"中研院"历史语言研究所集刊》54：3,1983 年。

㉒ 孙铁刚:《有的人死后才出生——秦国县吏喜的一生》,台湾《中国时报》副刊,1983 年 10 月 25 日。

㉓ 邢义田:《秦汉的律令学——兼论曹魏律博士的出现》,《"中研院"历史语言研究所集刊》54：4,1983 年。

㉔ 费海玑:《秦墓简书之研究》,《东方杂志》16：11,1983 年。

㉕ 张寿仁:《秦对境内少数民族政策之探讨》,《中国历史学会史学集刊》15,1983 年。

㉖ 谢巍:《睡虎地秦简〈编年记〉为年谱说》,《江汉论坛》1983 年 5 期。

㉗ 汪庆柏:《〈睡简〉〈为吏之道〉与墨学》,《陕西师大学报》1983 年 4 期。

㉘ 钟鸣天、左德承:《从云梦秦简看秦隶》,《书法》1983 年 3 期。

㉙ 安作璋:《从睡虎地秦墓竹简看秦统一的原因》,《历史论丛》第三辑,1983 年。

㉚ 李裕民:《秦统治者绝对排斥儒家思想吗?》,《山西大学学报》1983 年 3 期。

㉛ 杨宽:《云梦秦简所反映的土地制度和农业政策》,《上海博物馆集刊》2,1983 年。

㉜ 张金光:《秦自商鞅变法后的租赋徭役制度》,《文史哲》1983 年 1 期。

㉝ 吕名中:《秦律中的"赀"与"赀赎"》,《秦汉史论丛》第二辑,1983 年。

㉞ 朱大昀:《有关"啬夫"的一些问题》,《秦汉史论丛》第二辑,1983 年。

㉟ 黄留珠:《"史子""学室"与"喜揄史"》,《人文杂志》1983 年 2 期。

㊱ 李甲孚:《近代出土的秦律》,《中国法制史及其引论》,1983 年。

㊲ 孔庆明:《从〈秦简〉看法制史研究中的几个问题》,《法律史论丛》第三辑,1983 年。

㊳ 刘海年:《秦律刑罚的适用原则》(上)(下),《法学研究》1983 年 1

期、2 期。

⑨ 刘海年：《论秦始皇的法律思想》,《法律史论丛》第三辑，1983 年。

⑩ 田宜超、刘钊：《秦田律考释》,《考古》1983 年 6 期。

⑪ 林剑鸣：《“隶臣妾”并非奴隶》,《历史论丛》第三辑，1983 年。

⑫ 杨剑虹：《“隶臣妾”简论》,《考古与文物》1983 年 2 期。

⑬ 钱大群：《谈“隶臣妾”与秦代的刑罚制度》,《法学研究》1983 年 5 期。

⑭ 潘世宪：《从竹简〈秦律〉看秦代的经济立法》,《内蒙古大学学报》1983 年 1 期。

⑮ 薛梅卿：《〈秦简〉中经济法规问题的探索——读〈睡虎地秦墓竹简〉札记》,《法律史论丛》第三辑，1983 年。

⑯ 刘海年：《睡虎地秦简中有关农业经济法规的探讨》,《中国古代史论集》,1983 年。

⑰ 游绍尹等：《秦朝的法律制度》,《中国政治法律制度简史》第六章第四节，湖北人民出版社，1983 年。

⑱ 陆伦章：《我国两千年前的一批青少年法规简篇——云梦秦墓出土竹简初探》,《青少年犯罪问题》1983 年 1 期。

⑲ 杨禾丁：《“叚门”与“监门”》,《中华文史论丛》1983 年 3 辑。

⑳ 吴永章：《从云梦秦简看秦的民族政策》,《江汉考古》1983 年 2 期。

〔日文〕

㉑ 新井光风：《睡虎地秦墓竹簡》,《书品》272，1983 年。

㉒ 佐藤佑治：《雲夢秦簡よりみた秦代の地方行政》,《中国史における社会と民衆——增淵龍夫先生退官記念論集》,汲古书院，1983 年。

㉓ 冨谷至：《秦漢における庶人と士伍》,《中国士大夫階級と地域社会との関係についての総合的研究》,1983 年。

㉔ 堀毅：《秦漢賊律考》,《慶応義塾創立一二五年記念論文集》(庆应法学会政治学关系),1983 年。

㉕ 堀毅：《漢律溯源考》,《中国正史の基礎的研究》,1983 年。

㉖ 堀毅:《秦漢刑政考》,《法制史研究》33,1983 年。

㉗ 冨谷至:《秦漢の労役刑》,《东方学报》(京都)55,1983 年。

㉘ 冨谷至:《謀反——秦漢刑罰思想の展開》,《东洋史研究》42:1,1983 年。

㉙ 森田邦博:《雲夢秦簡と韓非子》,《中国哲学论集》(九州大学)9,1983 年。

㉚ 工藤元男:《睡虎地秦墓竹簡の属邦律をめぐって》,《东洋史研究》43:1,1983 年。

一九八四年

〔中文〕

㉛ 劳榦:《从汉简中的啬夫令史候史和士吏论汉代郡县吏的职务和地位》,《"中研院"历史语言研究所集刊》55:1,1984 年。

㉜ 王传生:《从秦简看社会变革时期经济生活的法律规范》,《法学研究》1984 年 1 期。

㉝ 施伟青:《"隶臣妾"的身份复议》,《中国社会经济史研究》1984 年 1 期。

㉞ 王占通、栗劲:《"隶臣妾"是带有奴隶残余属性的刑徒》,《吉林大学社会科学学报》1984 年 2 期;又见《法学研究》1984 年 3 期。

㉟ 李力:《亦谈"隶臣妾"与秦代的刑罚制度》,《法学研究》1984 年 3 期。

㊱ 徐鸿修:《从古代罪人收奴刑的变迁看"隶臣妾""城旦舂"的身份》,《文史哲》1984 年 5 期。

㊲ 高敏、刘汉东:《秦简"隶臣妾"确为奴隶说——兼与林剑鸣先生商榷》,《学术月刊》1984 年 9 期。

㊳ 栗劲:《秦律和罪刑法定主义》,《法学研究》1984 年 3 期。

㊴ 石子政:《秦律赀罚甲盾与统一战争》,《中国史研究》1984 年 2 期。

㊵ 张金光:《论秦汉的学吏制度》,《文史哲》1984 年 1 期。

㊶ 宋德圭、裘锡圭:《七十年代中国出土的秦汉简册和帛书》,《中国语文研究》6,1984 年。

㉞² 冯春田:《睡虎地秦墓竹简某些语法现象研究》,《中国语文》1984年4期。

㉞³ 栗劲:《〈睡虎地秦墓竹简〉译注斠补》,《吉林大学社会科学学报》1984年5期。

㉞⁴ 王云度:《秦简的出土开辟了秦史研究新天地》,《文物天地》1984年6期。

〔日文〕

㉞⁵ 汤浅邦弘:《雲夢秦簡研究関係資料目録》,《中国研究集刊》天号,1984年。

㉞⁶ 汤浅邦弘:《秦律の理念》,《中国研究集刊》天号,1984年。

㉞⁷ 汤浅邦弘:《秦の法と法思想—雲夢秦簡を中心として—》,《日本中国学会报》36,1984年。

㉞⁸ 太田幸男:《睡虎地秦墓竹簡にみる"室"、"户"、"同居"をめぐって》,《東アジアにおける国家と農民——西嶋定生博士還暦記念》,山川出版社,1984年。

㉞⁹ 堀毅:《唐律溯源考—秦律における"一人有数罪"の規定を中心とする—》,《滝川政次郎博士米寿記念論集律令制の諸問題》,1984年。

㉟⁰ 若江贤三:《睡虎地秦墓竹簡に見らえる誣告反坐を通じて見た貲罪に関する一考察》,《アジア諸民族における社会と文化》,1984年。

㉟¹ 李成珪:《中国古代成立史研究》,一潮阁,1984年。

一九八五年

〔中文〕

㉟² 李贞德:《汉初律令中的伦常观》,《史原》,1985年。

㉟³ 杜正胜:《从封建制度到郡县制的土地权属问题》,《食货月刊》复刊14:9、10,1985年。

㉟⁴ 吴福助:《秦简〈语书〉校释》,《东海大学中文学报》5,1985年。

㉟⁵ 杜正胜:《从肉刑到徒刑——兼论睡虎地秦简所见古代刑法转变的信息》,《食货月刊》复刊15:5、6,1985年。

㉟⁶ 杜正胜:《古代刑狱杂考》,收入《中国史新论》(台北,傅乐成教授纪念论文集编辑委员会),1985年。

㊼ 韩复智：《关于秦始皇“书同文字”的问题——秦史研究之二》，收入《中国史新论》，1985 年。

358 劳榦：《汉晋西陲木简新考》，《“中研院”历史语言研究所单刊甲种之二十七》，1985 年。

359 饶宗颐：《秦简中的五行说与纳音说》，中国语文研究所，7，1985 年。

360 周凤五：《从云梦简牍谈秦国文学》，《古典文学》7，1985 年。

361 李贞德：《西汉律令中的伦常观》（台湾大学历史学研究所硕士论文），油印本，1985 年。

362 张平辙：《读秦简牍发微》，《兰州大学学报》1985 年 2 期。

363 李学勤：《睡虎地秦简〈日书〉与楚、秦社会》，《江汉考古》1985 年 4 期。

364 陈玉璟：《秦简词语札记》，《安徽师大学报》1985 年 1 期。

365 金明焕：《秦代官吏之优劣观》，《中国法制报》1985 年 8 月 12 日。

366 施伟青：《从秦简看战国时期秦国保护“人力”的措施》，《中国社会经济史研究》1985 年 3 期。

367 张志哲：《秦内史“腾”考述》，《江汉论坛》1985 年 11 期。

368 王云：《秦汉的谪戍和过更》，《辽宁师范大学学报》1985 年 6 期。

369 张金光：《关于秦刑徒的几个问题》，《中华文史论丛》1985 年 1 辑。

370 李力：《秦刑徒期辨正》，《史学月刊》1985 年 3 期。

371 郭延威：《浅析秦代的刑事检验制度》，《西北政法学院学报》1985 年 4 期。

372 张传汉：《略论秦代隶臣妾的身份问题》，《辽宁大学学报》1985 年 4 期。

373 刘海年：《关于中国岁刑的起源——兼谈秦刑徒的刑期和隶臣妾的身份》（上）、（下），《法学研究》1985 年 5、6 期。

374 钱大群：《再谈隶臣妾与秦代的刑罚制度——兼复〈亦谈“隶臣妾”与秦代的刑罚制度〉》，《法学研究》1985 年 6 期。

375 林剑鸣：《三辨“隶臣妾”——兼谈历史研究中的方法论问题》，

《学术月刊》1985 年 9 月号。

〔日文〕

㊱376 饭尾秀幸：《中国古代における国家と共同体》，《历史学研究》547，1985 年。

377 饭尾秀幸：《中国古代の家族研究をめぐる諸問題》，《历史评论》428，1985 年。

378 原宗子：《雲夢秦簡にみえる食料関係史料をめぐって》，《流通経済大学創立二十周年記念論文集》，1985 年。

379 冨谷至：《連坐制とその周辺》，《戦国時代出土文物研究》，1985 年。

380 籾山明：《秦の裁判制度の復元》，《戦国時代出土文物研究》，1985 年。

381 若江贤三：《秦律における贖刑制度(上)—秦律の体系的把握への試論—》，《爱媛大学法文学部论集》文学科编，18，1985 年。

〔韩文〕

382 辛圣坤：《"隶臣妾"身份ㅇㅔ대한 试论的考察》，《东洋史学科论集》(서울 大学校)9，1985 年。

一九八六年

〔中文〕

383 杜正胜：《传统法典始原——兼论李悝〈法经〉的问题》，收入《劳贞一先生八秩荣庆论文集》(台北，劳贞一先生八秩荣庆论文集编辑委员会编)，1986 年。

384 王森：《秦汉律中髡、耐、完刑辨析》，《法学研究》1986 年 1 期。

385 林富士：《试释睡虎地秦简的"疠"与"定杀"》，《史原》15，1986 年。

〔日文〕

386 太田幸男：《睡虎地秦墓竹簡の〈日書〉にみえる"室"、"户"、"同居"をめぐって》，《东洋文化研究所纪要》99，1986 年。

387 工藤元男：《睡虎地秦墓竹簡〈日書〉について》，《史滴》17，1986 年。

388 堀毅:《睡虎地秦簡〈編年紀〉考》,《アジア史における年代記の研究》(一九八六年度科学研究费补助金综合研究成果报告书),1986 年。

389 池田雄一:《湖北雲夢睡虎地出土の秦律—王室の家法から国家法へ—》,收入唐代史研究会编《律令制——中国朝鮮の法と国家》,汲古书院,1986 年。

后 记

本目录是以拙书 1982 年 9 月再版本所著录(参照日本饭尾秀幸氏《文献》,未刊)为基础,再参考汤浅邦弘氏之《目录》(《中国研究集刊》天号,1984 年),以及堀毅氏之《补订》,韩复智、吴昌廉、许学仁氏之《目录》(以上均未刊行),加以增补而成;上溯自 1976 年,下迄最近(1986 年上半),共收 389 条,虽疏漏在所难免,似可视为当今较完备的目录。这个功劳,完全要归于上举诸位先生的贡献,尤其是堀毅氏,特申谢忱。相信这个目录,对初学者将有莫大的裨益。从各年度的目录中,可窥知自 1981 年以后,研究成果激增。日本的成果以法制史学者居多,中国则以历史、中文学者居多。无疑地,"秦简学"在可见的未来,将成为显学,吾人必须急起直追。

一九八六年七月卅一日

增 补

〔中文〕

390 巫鸿:《秦权研究》,《故宫博物院院刊》1979 年 4 期。

391 黄展岳:《关于秦汉人的食粮计量问题》,《考古与文物》1980 年 4 期。

392 马子云:《秦代篆书与隶书浅说》,《故宫博物院院刊》1980 年 4 期。

393 陈振裕:《从湖北发现的秦墓谈秦楚关系》,收入《楚文化新探》,1981 年。

394 李学勤:《新出简帛与楚文化》,收入《楚文化新探》,1981 年。

395 李解民:《〈开阡陌〉辨正》,《文史》11,1981 年。

㊱ 黄展岳:《从秦律〈渎职罪〉看秦代对官吏玩忽职守的处分》,《光明日报》1981 年 6 月 8 日。

397 陶天翼:《考绩源起初探——东周迄秦》,《“中研院”历史语言研究所集刊》54：2,1983 年。

398 张金光:《试论秦自商鞅变法后的土地制度》,《中国史研究》1983 年 2 期。

399 陈汉生:《我国古代赎刑制度述略》,《社会科学》1983 年 11 期。

400 李学勤:《论睡虎地秦简与马王堆帛书中的数术书》,中国占卜灵异学术讨论会(美国)宣读论文,1983 年。

401 朱绍侯、孙英民:《秦律中的奖惩责任制》,《光明日报》1983 年 1 月 12 日。

402 孙铁刚:《有的人死后才出生——秦国县吏喜的一生》,台湾《中国时报》副刊,1983 年 10 月 25 日。(同292)

403 李孝林:《从云梦秦简看秦朝的会计管理》,《江汉考古》1984 年 4 期。

404 杨剑虹:《睡虎地秦简〈编年纪〉作者及其政治态度》,《江汉考古》1984 年 3 期。

405 李钟馨:《法律制度——秦朝》,收入《中华法系》,华欣文化事业中心,1985 年。

406 [日] 堀敏一著,李柏亨译:《中国律令法典的形成——其概要及问题》,《大陆杂志》71：1,1985 年 7 月。

407 刘海年:《秦的诉讼制度》正、续,《中国法学》1985 年 1 期—1987 年 1 期。

408 吴昌廉(主编):《中华五千年文物集刊——简牍篇二、三》(内容有编年记、语书、秦律十八种、效律、秦律杂抄、法律答问、封诊式、为吏之道、日书甲种、日书乙种等的释文,并附有图版、参考资料。其中对日书甲乙种的释文、标点,尤值得注意),该刊编辑委员会出版,1986 年 5、6 月。

409 李建民:《由新出考古资料看汉代奴婢的发展与特质》,《食货月刊》复刊 15：11、12,1986 年 6 月。

⑩ 高敏:《秦代经济立法原则及其意义》,《学术研究》1986 年 2 期。

⑪ 邱世华:《简论云梦秦简的司法文书》,《西北政法学院学报》1986 年 2 期。

⑫ 孙英民:《从云梦秦简看秦律"连坐"法》,《中原文物》1986 年 2 期。

⑬ 施伟青:《关于秦汉徭役的若干问题》,《中国史研究》1986 年 2 期。

⑭ 逄振镐:《试论秦汉土地制度的基本特点》,《中国史研究》1986 年 3 期。

⑮ 华雁:《秦简中关于吏的法律责任》,《福建论坛》1986 年 3 期。

⑯ 施伟青:《也论秦自商鞅变法后的土地制度》,《中国社会经济史研究》1986 年 4 期。

〔日文〕

⑰ 尾形勇:《中国古代の"家"と国家》,岩波书店,1979 年。

⑱ 好并隆司:《商鞅〈分異の法〉と秦朝権力》,《历史学研究》494,1981 年。

⑲ 池田温:《中国における簡牘研究の位相》,《木简研究》3,1981 年。

⑳ 池田温:《中国における出土文字資料整理の近況》,《东方学》64,1982 年。

㉑ 稻叶一郎:《戦国秦の家族と貨幣経済》,收入《戦国時代出土文物の研究》,1985 年。

㉒ 堀毅:《東アジアにおける法と慣習》,《中央学院大学总合科学研究所纪要》3:1,1986 年 2 月。

㉓ 堀毅:《東アジアにおける法と慣習(二)—同姓不婚について—》,《中央学院大学总合科学研究所纪要》3:2,1986 年 3 月。

㉔ 堀毅:《秦漢物価考》,《中央学院大学总合科学研究所纪要》4:1,1986 年 10 月。

㉕ 饭岛和俊:《戦国秦の非秦人対策——秦簡を手掛りとして見た戦国秦の社会構造》,收入《中村治兵衛先生古稀記念東洋史論叢》,1986

年 3 月。

⑯ 池田雄一:《睡虎地出土竹簡にみえる伍制について》,收入前引书。

⑰ 越智重明:《秦の国家財政制度》,《东洋史论集》(九州大学),1986 年 12 月。

〔西文〕

⑱ A. F. P. Hulsewē,"The influence of the 'Legalist' government of Qin on the economy as reflected in the texts discovered in Yunmeng County", in S. R. Schram ed., *The Scope of State Power in China* (London, University of London, 1985).

附　　记

此次增补,以收录至 1986 年末为止,除增补过去所遗漏者外,又新添若干,总数达 428 条。惟遗珠之憾依然不能免,敬祈博雅君子指教。最后并感谢吴福助教授的教正。

一九八七年七月二十六日

又及:吴福助教授最近发表《睡虎地秦简文献类目》(台湾《中华文化学报》创刊号,1994 年 6 月),共收 1042 条,堪称目前最完备书目,读者可参照。

一九九四年十一月七日

四、有关敦煌、吐鲁番所发现唐代法制文献的参考文献

凡　　例

一、本目录系收录以西域所发现之唐代法制文献为对象的介绍、研究论文，与若干目录类及相关论文。排列次序，按编、著名而定。除日本人依五十音顺序，其他外国人依 ABC 顺序，中国人则依拼音表记。

二、圆圈“●”内的号码，为该论文问题所指的断简别，与页 167 所载的一览表相对应。

又，本目录不免有遗珠之憾及纰缪之处，敬祈方家不吝教正补订。

日　　本

池田温（1931—　）

1978《敦煌本判集三種》（《（末松博士古稀記念）古代東アジア史論集》下，吉川弘文馆）㉓㉔㉕

石尾芳久（1924—1992）

1965《户婚律放家人爲良還壓條論考》（《法学论集》，关西大学，14：4、5、6）❶—a

井上光贞(1917—1983)

1976〔共著〕《律令》(日本思想大系,岩波书店)❶—a❾⓫⓬⓭

榎一雄(1913—1989)

1962 An Appendix on the Chinese Manuscripts(Louis de La Vallèe Poussin *Catalogue of the Tibetan Manuscripts from Tun-huang in the India Office Library*, Oxford Univ. Press.)

大谷胜真(1885—1941)

1933《敦煌遺文所見録(一)—唐代国忌諸令式職官表に就いて—》(《青丘学丛》13)㉒

1934《敦煌出土散頒刑部格残卷に就いて—敦煌遺文所見録(二)—》(《青丘学丛》17)⓰—a

大庭脩(1927—2002)

1960《唐告身の古文書学的研究》(《西域文化研究》第三,法藏馆)⓯

冈野诚(1947—　)

1976《唐代における禁婚親の範囲について—外姻無服尊卑爲婚の場合—》(《法制史研究》25)❶

1977《西域発見唐開元律疏断簡の再検討》(《法律论丛》,明治大学50:4)❾❿⓫⓬

香川默识

1915〔编〕《西域考古図譜》下帙(国华社)❸—b❺

神田喜一郎(1897—1984)

1938《敦煌秘籍留真》(二卷,小林写真制版所)❶—b ⓭⓮—af ⓰—a

1960《敦煌学五十年》(二玄社,1970 年增订再刊,筑摩书房)

菊池英夫(1930—2015)

1974《日本における中央アジア発見漢文古文書、古写本およびそれと関連ある中国古文書の研究》(《史朋》,北海道大学,1)

小林宏(1931—　)

1975〔共著〕《訳註日本律令》律本文篇上下卷(东京堂出版)❶—ab❸—b❺❼❾❿⓫⓬⓭

佐藤武敏(1920—　)

1967《敦煌発見唐水部式残巻訳注—唐代水利史料研究(二)—》(《中国水利史研究》2)㉑
滋贺秀三(1921—2008)
1958《訳註唐律疏議》(一)(《国家学会杂志》72:10)⓫
1961《訳註唐律疏議》(三)(《国家学会杂志》74：3、4)❾
泷川政次郎(1897—1992)
1928《西域出土の唐律断片に就いて》(《法律春秋》3：4)❸—b❺
1929《西域出土の唐職官令断片について》(《法学协会杂志》47：1)⓫—c
1930《西域出土の唐律残篇に就いて》(《法学协会杂志》48：6)❾❿
1931《律令の研究》(1928、1929、1930年再录,刀江书院)❸—b❺❾❿⓮—c
1932《西域出土唐公式令断片年代考》上、下(《法学新报》42:8、10)⓯
1934《唐の法制》(《世界文化史大系》7,诚文堂新光社)
1939〔译〕《(董康)残本竜朔散頒格と唐律との比較研究》(《法学新报》49:4)⓰—a
1940《支那法制史研究》(1932、1939年再录,有斐阁)⓯⓰—a
1975〔监修〕《訳註日本律令》律本文篇→小林1975
1977《ペリオ氏将来の唐貞観吏部格断簡》(《国学院法学》15：1)⓳
东洋文库敦煌文献研究委员会(菊池英夫、池田温执笔)
1964《スタイン敦煌文献及び研究文献に引用介紹せられたる西域出土漢文文献分類目録初稿Ⅰ》古文书类Ⅰ(东洋文库)
内藤乾吉(1899—1978)
1930《唐の三省》(《史林》15：4)⓯
1958a《敦煌発見唐職制户婚厩庫律断簡》(《石濱先生古稀記念東洋学論叢》)❶—ab
b〔书评〕《那波利貞〈唐抄本唐格の一断簡〉、仁井田陞〈唐の律令および格の新資料〉》(《法制史研究》9)
1963《中国法制史考証》(1930、1958年a再录,有斐阁)❶—ab ⓯

内藤虎次郎(1866—1934)

1928《唐代の文化と天平文化》(《天平の文化》,大阪朝日新闻社)⓯

1930《增訂日本文化史研究》(一九二八年再录,弘文堂。后收入《内藤湖南全集》第九卷,筑摩书房,1969)⓯

中村裕一(1945—　)

1974《トルファン出土唐永淳元年氾德達告身と令書式について—唐公式令研究(一)—》(《大手前女子大学论集》8)⓯

1975《唐公式令、露布式の研究—唐公式令研究(二)—》(《大手前女子大学论集》9)⓯

1976《敦煌、吐魯番出土唐代告身四種と制書について—唐公式令研究(三)—》(《大手前女子大学论集》10)⓯

那波利贞(1890—1970)

1935—1936《唐抄本唐令の一遺文》(一)—(四)(《史林》20：3、4,21：3、4)⓮—abcf

1943《唐代の農田水利に関する規定に就きて》(一)—(三)(《史学杂志》54：1、2、3)㉑

1957《唐抄本唐格の一断簡》(《神田博士還暦記念書誌学論集》)⓲

仁井田陞(1904—1966)

1931〔与牧野巽共著〕《故唐律疏議製作年代考》上、下(《东方学报》(东京)1、2)❺❾❿

1932《敦煌出土の唐公式、假寧両令》(《法学协会杂志》50：6)⓯㉒

1933《唐令拾遺》(东方文化学院)⓮—c ⓯㉒

1934《唐令の復旧について——附・董康氏の敦煌発見散頒格研究》(《法学协会杂志》52：2)⓰—a

1936a《敦煌発見唐水部式の研究》(《服部先生古稀祝賀記念論文集》)㉓

b《スタイン探険隊敦煌発見法律史料数種》(《国家学会杂志》50：6)⓮—a

1938《最近発表せられたる敦煌発見唐律令断簡》(《历史学研究》8：4)❶—ab❾❿⓭⓮—abcf ⓯⓰—a ㉑

1957《唐の律令および格の新資料—スタイン敦煌文献—》(《东洋文化研究所纪要》13)⓬⓮—cde ⓰—b ⓱

1963《敦煌唐律ことに捕亡律断簡》(《岩井博士古稀記念典籍論集》)❼

1964a《中国法制史研究—法と慣習、法と道徳—》(1936a、1936b(一部)、1938、1957、1963年再录,东京大学出版会)❶—a ⓭⓮—cde ⓰—b ⓱㉑

b《敦煌発見則天時代の律断簡—日本と唐の奴隷解放撤回に対する制裁規定—》(《中国法制史研究—法と慣習、法と道徳—》)❶—a

1965a《ペリオ敦煌発見唐令の再吟味—とくに公式令断簡—》(《东洋文化研究所纪要》35)⓯

b《ペリオ敦煌発見唐職員令の再吟味》(《石田博士頌寿記念東洋史論叢》)⓮—abcdef

1967《中国の法と社会と歴史》(岩波书店)⓮—cde ⓱

西村元佑(1913—　)

1968《中国経済史研究—均田制度篇—》(东洋史研究会)㉑

滨口重国(1901—1981)

1966《唐王朝の賤人制度》(东洋史研究会)❶—a

1969《唐の白直と雑徭と諸諸の特定の役務》(《史学杂志》78：2)㉑

日野开三郎(1908—1989)

1975《唐代租庸調の研究》Ⅱ课输篇上(著者刊)㉑

藤枝晃(1911—1998)

1966、1970 The Tunhuang Manuscripts. A General Description. Part Ⅰ,Ⅱ.(ZINBUN No. 9,10.)

1973 The Tun-huang Manuscripts. (*Essays on the Sources for Chinese History*. Australian National Univ. Press.)

1975《敦煌学の現段階》(《图书》309)

牧英正(1924—　)

1963《户婚律放家人爲良還压條の研究》(《法学杂志》,大阪市立大学,9：3、4)❶—a

牧野巽(1905—1974)

1931〔与仁井田陞共著〕《故唐律疏議製作年代考》→仁井田 1931

守屋美都雄(1915—1966)

1960《近年における漢唐法制史研究の歩み》(《法制史研究》10,后收入同氏《中国古代の家族と国家》,东洋史研究会,1968)

吉田孝(1933—2006)

1962《日唐律令における雑徭の比較》(《历史学研究》264)㉑

1976〔共著〕《律令》→井上 1976

善峰宪雄(1918—　)

1974《唐代の雜徭と番役》(《龙谷大学论集》404)㉑

其 他 国 家

Bibliothèque Nationale(J. GERNET et WU Chi-yu)

1970 *Catalogue des Manuscrits chinois de Touen-Houang*〔Fonds Pelliot Chinois〕vsl,1.

陈垣(Chen Yuan 1879—1971)

1931《敦煌劫余录》(《"中研院"历史语言研究所专刊》4,线装六册)❾

陈祚龙(Chen Zuo-long 1923—　)

1976《李唐开、天之间例行公文的程式与规格》(《华国月刊》52)⓯

1976《唐史散策(一)关于玄、代二宗之间通行的〈国忌、日历表〉》(《大陆杂志》53:4)㉒

董康(Dong Kang 1867—1947)

1930《残本散颁刑部格与唐律之对照》(题目暂定)(《书舶庸谭》,大东书局,1939 诵芬室重校本)❶—ab ⓰—a

1934《敦煌发见散颁格研究》(附于仁井田陞《唐令の復旧について》,《法学协会杂志》52:2)⓰—a

1938《残本龙朔散颁格与唐律之对照》(《司法公报》9、10。〔翻译〕泷川 1939)⓰—a

GILES,L. (1875—1958)

1957 *Descriptive Catalogue of the Chinese Manuscripts from Tunhuang in the British Museum*. (The Trustees of the British Museum.)⓬⓮—cde ⓰—b ⓱

金毓黻(Jin Yu-fu 1887—1962)

1943《敦煌写本唐天宝官品令考释》(《说文月刊》3:10,收入《敦煌古籍叙录》)㉒

刘铭恕(Liu Ming-shu)

1962《斯坦因劫经录》(《敦煌遗书总目索引》,商务印书馆)

罗振玉(Luo Zhen-yu 1866—1940)

1909a《敦煌石室遗书》

b《鸣沙山石室秘录改定之本》(线装一册)❶

1913《鸣沙石室佚书》(四册,东方学会)㉑

1925《敦煌石室碎金》(线装一册,东方学会)❾❿⓮—c

1937《百爵斋丛刊》⓰—a

1941《后丁戊稿》(《贞松老人遗稿甲集》)⓰—a

MENSHIKOV,L. H.(译者按,原文为俄文,今以英文音译)

1963〔共著〕Opisanie Kitajskikh Pukopisej Dunhunskovo Fonda Instituta Narodon Azii〔意译为:亚洲诸民族研究所(现名东方学研究所)藏敦煌汉文文献目录〕Ⅰ(Izdatelstvo Vostochnoj Literatury)❽

1967 Opisanie Kitajskikh Pukopisej Dunhunskovo Fonda Instituta Narodon Azii Ⅱ ❷—a

PELLIOT,P.(1878—1945)

Catalogue de la Collection de Pelliot, Manuscrits de Touen-houang.

唐长孺(Tang Chang-ru 1911—1994)

1964《敦煌所出唐代法律文书两种跋》(《中华文史论丛》5)⓰—b ⓱

陶希圣(Tao Xi-sheng 1899—1988)

1936《唐代管理水流的法令》(《食货半月刊》4:7)㉑

TWITCHETT,D. C.(1925—2006)

1957 The Fragment of the T'ang Ordinances of the Department of

Waterways discovered at Tunhuang. (Asia Major[N. S.]Ⅵ-1)㉑
王国维(Wang Guo-wei 1877—1927)
1921《唐写本残职官书跋》(《观堂集林》,其后收入罗振玉《敦煌石室碎金》,1925)⑭—c
王仁俊(Wang Ren-jun 1866—1913)
1911《敦煌石室真迹录(己)》(线装一册)❾
王重民(Wang Zhong-min 1903—1975)
1936《巴黎敦煌残卷叙录》第一辑(线装一册)❶—a ⓭
1941《巴黎敦煌残卷叙录》第二辑(线装一册)❶—a ⓫
1958《敦煌古籍叙录》(商务印书馆)❶—ab❾❿⓫⓭⓮—c ㉑㉒
1962a《伯希和劫经录》(《敦煌遗书总目索引》,商务印书馆)
b〔编著〕《敦煌遗书总目索引》(商务印书馆)

一九七七年六月六日池田温、冈野诚稿

后　　记

——兼答藤井志津枝氏的评论

拙书原为论文集，论其刊行距今虽只四载，但所收诸文中，可早自十年以前，此意即十余年来，笔者愿竭尽所能，为国内学界多报道日本对吾国历史研究的概况。这项工作，是吃力不讨好。

所幸多年来，鼓励与赞誉者有之，例如尾形勇先生在其大作对拙书第一篇第二节 1.2. 的肯定（见氏著《中国古代の家と国家》，页 8，注 14，东京，岩波书店，1979 年）、谷川道雄先生对拙书的介绍（见氏著《魏晋南北朝》，收入《アジア历史研究入门》，第一卷，页 156，京都，同朋舍，1983 年），以及诸师友的勖勉等。韩国闵斗基先生甚至在其所编《中国史时代区分论》（首尔，创作与批评社，1984 年）第二部，由罗弦洙先生翻译了拙书第一篇第二节 1.2.（页 71—105）。

按，拙书第一篇第二节 1.2. 分为“中国‘古代’下限的时代区分论战”、“唐宋间历史变革之时代性质的论战”两小节，原来是以《介绍战后日本史学界对中国史时代区分的论战——以“古代”下限的争论为中心》为题，全文约六万五千字，分上下两部分刊登于《大陆杂志》（52：2、3，1976 年 2、3 月）。由上所述，可知至少此文之撰写，已得到日、韩学界之肯定,而笔者撰文介绍日本学界也正是由这篇开始。

对拙书正式提出评论的,是藤井志津枝氏。藤井氏的书评,太过于离谱,又鉴于还只是留学生身份,笔者乃于1983年11月4日在研究室先约谈了她。笔者除对文中误解之处加以说明外,并希望藤井氏在刊物上作象征性的道歉(如于注释处略示亦可),其余不予追究,当时藤井氏答应此事,可是迄今不见有所表示。为避免此一书评继续产生伤害,于此有略作答辩的必要。

藤井氏的论文《日本的中国史学理论的探讨》,刊载于《台湾师范大学历史学报》第11期(1983年6月),其文开始曰:"前言:评论高明士《战后日本的中国史研究》",直接用以"评论"拙书的文字,只有八百字左右。其第一节以下便是叙述其所谓"日本的中国史学理论的探讨"。藤井这篇文章,就总的方面,至少有以下诸问题:一、文不对题,用语不当。全文以"东洋史学"或"东洋史"来说明本题的"中国史学理论",这三者并不尽相同,对日本史学稍有常识的人,一望即知。就以"东洋史学"而言,连一本最起码的参考书,如《明治以后に于ける历史学の发达》,一篇最起码的参考论文,如小仓芳彦《日本における东洋史学の发达》,也无参考(其他重要参考文献,可参看拙书页223—224,这些文献,除《史学杂志》外,其余诸文献,藤井氏无一征引)。藤井氏为日本人,其对本国学界如此陌生,令人惊奇。至于用语不当有多处,即连题目亦令人费解。二、以偏概全,有失客观,其前言曰:"在台湾方面介绍日本史学界情况的,有……李永炽……他于是坦白承认无法展望日本近代史研究的方向。接着,高明士……难免是肤浅之论(下略)(最后介绍并肯定许介鳞氏的学说)。"然后从第一节以下展开其"东洋史学"或"东洋史"的看法。按,"台湾方面介绍日本史学界情况的",何只李、许及笔者三人,堪作代表的(特指有专著者,非泛称通日文者),至少还有数人可举,如方豪、梁容若、苏振申等。若藤井氏有意只评论笔者专书,一如前言所示,实无须再兼评及他人,而予人以非驴非马之感。以上只就荦荦大者言,全篇可议之处甚多,读者细察便知。

以下就其评论笔者部分,简单答复如下:一、藤井氏谓笔者所介绍"只限于他个人的研究范围,即秦汉史、敦煌学、隋唐史等,不包括其余的中国史部分”。根据这一点，足以证明藤井氏无阅读拙书第一篇第一节之文，此文笔者共提出八项战后日本对中国史研究的主要内容，此即：时代区分论战、中国近代化的问题、国家成立论、东亚世界论、关于土地税役等制度史的研究、良贱制的研究、乡绅论、历代诸叛乱性质的研究等，除国家成立论在时代上稍早以外，其余均包括到近代，即连藤井氏刻意要“探讨”的“大东亚战争肯定论和现代化论”，笔者也略有介绍（见页24—25）。在新刊资料方面，笔者特别介绍《福惠全书》在“明末清初的地方政治、社会、经济等问题，本书是第一手重要的参考资料”（页209）。这一切均明显可查，何以说“不包括其余的中国史部分”？笔者以为上举八项问题，应当就是藤井氏题目所要探讨的“中国史学理论”，惟除了“大东亚战争肯定论”以外，藤井氏皆无涉及。二、谓拙书“缺少结论或总评之类，是否能全盘地把握日本史学研究的方向，不得而知”。理论上而言，一位评论者对于所要评论的书，其结语是不得而知时，便无所谓评论，按理对于这一点可不作答，惟笔者仍须指出拙书是一论文集，主旨在介绍，其评判由读者，故不作结论。三、藤井氏谓拙书以“新发展”来理解，正如美国社会科学所流行的“发展理论”。又谓“如果仅以发展的观点去了解的话，难免是肤浅之论，不能洞察日本史学界内在的纠葛”。笔者不懂所谓“发展理论”为何，若笔者所说的新发展与“发展理论”有符合的地方，那只是偶同。论历史的新发展，中国传统上所用的持续（常）与变迁（变），便足以说明了，无须假借时髦的名词。既云新发展，笔者在介绍时，便侧重在战前所无或所略的论点去说明，重点在变的层次上，既有变，便有新发展。这个新发展，就总的主题而言有三：一、批判并克服所谓“亚洲社会停滞论”；二、将中国史纳入世界史，尤其是东亚或亚洲史研究；三、以民众作为历史变迁的主体。（页16）析而言之，就是上述八项子题。藤井氏显然没细读这一篇，就草率下结论曰：“肤浅之论”、曰不能洞察“内在的纠葛”，这种态度，绝不是评者所当有。退一步而言，就以藤井氏第一节“日本战前的东洋史学的传统”为例，此节主要指出“军事的先行和研究的追随，是战前日本东洋史研究的一种类型。因此随着日本的侵略范围的扩大，东洋史研究也逐渐地发展”。然后下述日本由中国边疆地区研究，进而有研究中国热以及研究东南亚的兴趣。于是所谓“东洋史”的发展，“在本质上就是随着日本侵略的地区为主要研究对象，而逐渐扩大发展”。藤井氏对“发展”两字均加引号，不知其用意为何，或者这种一再反复的说法，正是强调其题目所说的“中国史学理论”。由于叙述此段内容，均无征引他人著作，可视为是藤井氏“探讨”的心得。但拙书页10已明白指出：“（战前）东洋史的发展，可谓随着日本对大陆侵略政策的推进而成长。日本对亚洲的侵略，大致循着如下的方向：朝鲜→中国东北→中国内地→东南亚，其东洋史研究也大致沿着这一线上发展。易言之，战前东洋史研究是随着侵略范围的扩大，而增广其研究的领域。但是到战后则另有新发展（下略）。”经此处一比对，可发现藤井氏所论与笔者大致雷同，甚至无笔者深入；而上述所论，不过是笔者对战前日本东洋史学发展所分析的三大特色之一。则所谓“肤浅之论”，实不知何所据而云然？四、藤井氏评论拙书是用1982年2月出版的初版本，其实拙书在是年9月已发行再版本，藤井文发表于1983年6月，竟不知拙书已有再版，实违乎评者所应具有的常识。

总之，笔者只是秉持“非晓得他不可”的呼吁，勉强为之。由于受到个人才学囿限，疏漏在所难免。笔者由衷欢迎善意的批评、指教，但不愿意再看到恶意的栽赃、扭曲。

一九八六年一月

附录：时代区分论与隋唐史教学

——秦汉至隋唐为“中古”的初步看法

一、前　　言

在时代区分上，隋唐这一段应该称作什么？学界向无定论。以敝系（台大历史学系）而言，在中国史的时代区分方面，除以秦以前称作“上古史”、鸦片战争以后称作“近代史”以外，其他时代，通常是以断代史称呼。所以，隋唐一段，一直就以“隋唐史（含五代史）”称之，迄今不变。惟在研究所学科考试分段方面，过去也都以魏晋至隋唐当作一时段，而上古则延伸至秦汉。另外，对于宋代文化，曾有“近世文化史”的课程讲授。至于其他学校，如台师大，过去也有上古、中古史等课程的讲授，其上古史的范围大致与台大相当，中古史起于魏晋，但下限似无一定。一般说来，各大学对于魏晋到隋唐这一段，三四十年来，似以魏晋南北朝史与隋唐史分别讲授，作为常态。

在中国大陆，虽一直有时代区分的论战，但各大学在教学上，似仍以断代史称之为普遍，例如陕西师范大学有唐史研究所，学会则称为“唐史学会”。但也有用中古史者，如北京大学有中国中古史研究中心，武汉大学虽不用中古史，但直称为中国三至九世纪史研究室或魏晋南北朝隋唐史研究室，并有《魏晋南北朝隋唐史资料》的刊物。日本是没有像中国用时代史称其研究室的，其课程名称用断代或时代区分法，兼而有之。兹以1992年度之课程为例，东京大学大学部有“中国古代史的诸问题”，其研究所有“中国古代社会史研究”，此处的“古代”，应当指先秦至隋唐。京都大学大学部有“中国古代法制史的诸问题”，这个“古代”，当指先秦至秦汉；但另有“南北朝隋唐的地方制度”课程。龙谷大学研究所有“中国中世史的诸问题”，此课程是由谷川道雄先生所讲授，不用说这个“中世”是指魏晋到隋唐。

由此看来，目前学界对于时代区分用法并不一致，也不是非使用不可。因而呈现用断代与时代名称并陈的现象，各地皆然。但就时代区分一事而言，其运用与解释方法依然不可忽视。基于此故，对于时代区分的使用，若不给予定义或者不知使用者之背景，而望文生义引用，就会产生困扰，尤其是参考日本作品。例如前述东京大学所使用的“古代”，其下限是到隋唐，但在京都大学以及龙谷大学所见的“中世”，其下限也是到隋唐。此事说明就时间而言，将唐末当作一个时段的结束，东京与京都皆同，但在使用时代区分的表现方式则截然有别，其用来解释这一段历史现象的史观，也截然不同。我们在参考日本著作及其学说时，最好能够一并了解对方的背景，才不会被分歧的时代区分法所误。

在中国隋唐史学界，前辈学者的用法，例如陈寅恪先生很早就将魏晋到隋唐这一段称为“中古”，[1]直至晚近，以“中古”作为书名亦有之，[2]但时代的断限不尽相同。这个时候的“中古”一词，并不是在时代区分论下提出的，所以在教学上，一般也都以观点差异来处理，尚难论断谁是谁非。观点的差异，正是促使学生思考历史问题的好题目。由于提出时代区分论者，必须要用宏观的角度，才能自圆其说，所以教学上要引发学生作广泛的思考，介绍时代区分论是很好的途径。

---

〔1〕 陈寅恪先生使用“中古”一词，表现魏晋到隋唐这一段，较早的文章，管见可举《府兵制前期史料试释》(《史语所集刊》7-3，1937年12月)，最具代表性者，可举《隋唐制度渊源略论稿》(1940年4月写成)、《唐代政治史述论稿》(1942年8月写成)。

〔2〕 例如毛汉光氏的《中国中古社会史论》(台北，联经出版事业公司，1988年)、同氏《中国中古政治史论》(台北，联经出版事业公司，1990年)。雷家骥《中古史学观念史》(台北，学生书局，1990年)等。

二、时代区分论概述

中国古典中,已有上古、中古、下古或上世、中世、下世等三段的用法。前者如《周易·系辞》以及《汉书·艺文志》孟康注"世历三古"所称上古指伏羲、中古指文王、下古指孔子时代;后者如《商君书·开塞》篇曰:"上世亲亲而爱私,中世上贤而说仁,下世贵贵而尊官。"这是指不同时代而有不同的价值观。近代的时代区分论,其渊源当非来自上述的古典分类,而是受西洋史三段(上古、中古、近代)分法以及唯物史观的发展阶段论的影响。早期国人对国史的时代分期,可举梁启超、傅斯年两氏为代表。梁氏在清光绪二十七年(1901)发表《中国史叙论》一文,其中第八节"时代之区分",即举西人著世界史,常分为上世史、中世史、近世史等名。但历史本无间断,史家以权宜之法,武断分之,有其不得已之处。梁氏乃以中国步入世界史之过程作为分期之依据,而分为如下三段:

> 上世——自黄帝以迄秦之统一,是为中国之中国。亦即中国民族自发达、自争竞、自团结之时代。
>
> 中世——自秦统一后至清代乾隆末年,是为亚洲之中国。即中国民族与亚洲各民族交涉繁颐、竞争最烈之时代。亦即中央集权制度日就完整、君主专制政体全盛之时代。
>
> 近世——自乾隆末年以至于今日,是为世界之中国。即中国民族连同全亚洲民族与西方人交涉、竞争之时代。亦即君主专制政体渐就湮灭,而数千年来未经发达之国民立宪政体,将嬗代兴起之时代。[1]

傅氏以汉族发展的变化与升降作为区分标准,可划分为三段,如下:

> 上世——自远古到南朝陈祯明三年(589),此期称为第一中国,也就是纯粹汉族的中国。
>
> 中世——自陈祯明三年到宋祥兴二年(589—1279),此期为第二中国,汉族为胡人所挟,变其精神,别成统系。
>
> 近世——宋祥兴二年到清宣统三年(1279—1910),全为胡虏之

---

〔1〕 参看梁启超《中国史叙论》(收入《饮冰室合集文集》集三册,页11—12,台北,中华书局,1960年)。

运，其间虽有明代光复故物，为运终不长。

（民国以后，称为现世，但未说明其分期依据）。[1]

傅氏说其实是针对日本桑原骘藏氏著《东洋史要》（后来改名为《支那史要》）将中国史分为四期（上古：至秦皇一统，称之为汉族缔造时代；中古：自秦皇一统至唐亡，称之为汉族极盛时代；近古：自五季至明亡，称之为汉族渐衰、蒙古族代兴时代；近世：括清一代而言，称之为欧人东渐时代），所作的批判而提出的新说，其文发表于1918年，可以代表民国以来在西洋史影响下（桑原氏说亦然）的时代区分法。

时代区分论战的展开，是由唯物史观的发展阶段论挑起，首先在苏联展开，然后传到日本，再传到中国，进而成为20世纪30年代中国社会史的论战。起初的主题，在于所谓“亚细亚生产方式”的论战，这是1927年11月中共中央颁布的《土地问题党纲草案》时提出来的。其后，郭沫若氏在1928年发表《〈诗〉、〈书〉时代的社会变革与其思想上之反映》一文，从历史上引证马克思所说的“亚细亚的”意思是指“古代的原始共产社会”，所谓“古典的”是指“希腊罗马奴隶制”，其后引发一连串的论战，包括郭氏此后对自己学说的修正，以及陶希圣、胡秋原等人的批判，直至战后仍还进行论战。总的说来，中国学者所探求的，不外下列三个主题：

1. 何谓亚细亚生产方式？
2. 中国历史上有没有出现奴隶社会阶段？
3. 何谓“商业资本主义社会”或“前资本主义社会”和“专制主义”？

而在日本，战后的论战主题，大致不外环绕在批判与克服所谓“亚洲社会停滞论”，在此一主题之下，进行时代区分论战，其争论点主要有二：

1. 中国“古代”社会的下限应置于何时？
2. 中国资本主义的萌芽起于何时？

---

〔1〕 参看傅斯年《中国历史分期之研究》，收入傅孟真先生遗著编辑委员会编《傅孟真先生集》第一册上编甲·论学类，台湾大学发行，1952年，页54—61（原刊《北京大学日刊》，1918年4月，页17—23）。

日本学界所谓的京都学派与东京学派（严格而言，应该说“历史学研究”派，简称为历研派）的对立，就是由此而来。其影响此后日本史学发展甚巨。拙稿此处不拟细说此一论战的经纬，下列诸著作，读者可参照：

1. 西嶋定生《中国史の时代区分》，东京大学出版会，1957年。

2. 林甘泉等《中国古代史分期讨论五十年（1929—1979）》，上海人民出版社，1982年。

3. 肖黎主编《中国历史学四十年（1949—1989）》，北京，书目文献出版社，1989年。

4. 高明士《战后日本的中国史研究》，台北，明文书局，1982年初版，1987年增订二版。

5. 闵斗基《中国史时代区分论》，首尔，创作与批评社，1984年。

6. 钱穆《中国历史上社会的时代划分》，《人生》15-5，1958年1月。

7. 韩复智等《几种中国史分期观念的介绍》，《思与言》3-1，1965年5月。

8. 邱添生《近代日本的中国史研究——以时代区分论为中心》，《师大历史学报》19，1991年6月。

三、时代区分论与隋唐史教学

在讲述或论述“隋唐史”时，常常都会由隋唐在中国史上的地位讲起。[1]

---

〔1〕 例如在序言说明的有：蓝文徵《隋唐五代史》（台北，“国立编译馆”出版、台湾商务印书馆发行，1970年台二版）的“总叙”，章群《唐史》（香港，富壤书房，1971年）的“自序”，王寿南《隋唐史》（台北，三民书局，1986年），韩国磐《隋唐五代史纲（修订本）》（北京，人民出版社，1977年）、杜希德氏主编《剑桥中国史3·隋唐篇（上）》的“绪论”（中译本，由张荣芳主译、高明士总校订，台北，南天书局，1987年。英文本，原文为D. Twitchett和J. K. Fairbank主编：*The Cambridge History Of China, Vol. 3, Sui and T'ang China, 589-906, Part 1*, Cambridge University Press, 1979），王仲荦《隋唐五代史》（上海人民出版社，1988年）等。在结语说明的，有布目潮渢、栗原益男在《中国の歴史4·隋唐帝国》（东京，讲谈社，1974年）。林天蔚氏在书中，则以专章说明（氏著《隋唐史新论》，台北，东华书局，1978年）。另外，胡如雷氏在《中国大百科全书·中国历史：隋唐五代史》（北京，中国大百科全书出版社）所撰写的“唐”这一条，在最后一节也说明了“唐朝的历史地位”。傅乐成氏在其《隋唐五代史（修订本）》（台北，台湾中国文化大学出版部），虽无提及此事，但傅氏另有专文《隋唐时期在中国史上的地位》（《幼狮月刊》47-5，1978年5月）说明。

但将时代区分作为论点而放在书中处理的，以中国大陆与日本为多，所以这个问题，还有待于检讨。就我个人而言，在“隋唐史”的“导论”中，主要是谈“隋唐史的特质及其问题所在”，在说明“问题所在”时，介绍了时代区分论中所赋予隋唐地位的各种说法。这个问题，简单地说，究竟是应当看成古代的下限(日本东京学派说)？或者是中古(中世)的下限(日本京都学派说)？或者是“封建社会(＝中古)”由前期到后期的转折期(胡如雷等中国大陆学者多持此说)？因为学界对这些问题并无定论，所以在“导论”，只是提问题而已。

较具体的说明，是放在最后一讲的“唐亡的历史意义”中处理的。这一讲，主要说明了以下三点：1. 唐宋间的历史变革；2. 10世纪前半亚洲的变局；3. 唐亡对天下秩序与中国文化圈的冲击。到1990学年度为止，在说明这些问题时，我还没提出个人对于时代区分的用法，只将历史现象作了综合说明。前年(1991)，在研究所讲授“隋唐史专题研究”课程时，我初次以社会与政治力的消长作为考察中心，提出秦汉至隋唐为“中古”说。

这样一来，有以下几个问题值得思考：1. 在教学或研究上，有必要作时代区分的处理吗？2. 若有必要，其教材教法如何处理？3. 师生所遇到的困难为何？如何改进？兹简单说明于下。

1. 时代区分的必要性。个人是倾向于肯定，但对于不作时代区分者，也不以为不当。时代区分论终究是历史解释的方法之一，不用此方式者，而以其他用语同样有可能表达类似的观念。个人所以倾向肯定者，是因为有以下几点理由：① 在宏观的角度下，可有较清楚表达历史发展的“变”之所在，以免遭受见树不见林之讥。② 克服所谓“停滞论”的偏见，以掌握中国史发展的主体性与特殊性。③ 克服唯物史观的历史发展阶段论。

2. 教材教法问题。首先在教材方面，有关中国史时代区分论的理论与展开，无可否认的，是由唯物史观学者们首先提出的，其后虽有其他不同流派的学者介入，但仍无法完全离开唯物史观所提出的论点。战后的日本，采用社会学家韦伯等的若干论点(如强调儒教与官僚制的重要性等)，以期有所突破，确实有出色的成果展现。问题是这些相关性的作品都不易阅读。旧知无法了解，遑论出现新知，这个问题，恐怕是台湾地区这三四十年来，在时代区分论方面毫无表现的根本理由。其次，图书馆的藏书老旧以及对日文书籍不重视，结果不但不知中国大陆的研究情况，即连要透过日本或其他地区的研究成果去了解时代区分论，也是不可得。图书馆的藏书既然有限，就教师而言，求知已是相当困难，怎能要求学生参阅？近年来，中国大陆作品的入手或者图书馆的藏书，已较以往改善甚多，但对于日文书的充实仍感阙如。所以，就教材而言，目前可用来作参考的材料，仍然极为有限。在可见的未来，要期待台湾学界能在时代区分论方面有所表现，恐怕不易实现，这是有待我们努力克服的地方。

在教法上，正如笔者在导论或者终讲所处理的，若能一并说明时代区分问题，可使问题的思考增加不少广度、深度。再者，由于此问题在学界并无定论，所以也可作为讨论的好题目，使学习活动显得更活泼。例如：隋代与南朝的关系，是否属于同一个时代性？同样的，唐与宋之间是否也属于同时代性？学界赞否皆有，目前看来，前者似以肯定说，后者似以否定说为主流，尤其在日本，不论京都抑或东京，对于这样的看法，相当一致。这样的问题，说明中国史自春秋战国的变动后到鸦片战争以前的唐宋之际，又再产生大变化，并非如中国大陆学界所谓“封建社会”自战国到明清长达二千多年的“停滞”。也就是说，持唐宋变革说者，是可以克服西方学者所提出的东方“停滞”论。这一点，对于建立东方的主体发展论，是有重大的突破。又如：从奴隶制到封建制的论战，不论谁是谁非，对于历史上农民地位发展的探究，也是有莫大贡献。由此进而肯定从均田法到私有制、从租庸调法到两税法的建立的历史发展过程；同时，对于历史上的“贱民”层，其存在与地位升降问题，也不可忽视。再如：经济史方面，由实物经济到货币经济的发展乃至商业资本经营的发展等，与资本主义萌芽之间的关系等，在隋唐史要如何处理？这些都可成为探讨的主题。此外，经学（如由墨守注疏到自我解经）、文学（如由诗、骈文到词、曲、散文）、艺术（如由壁画到山水）等的演变，在在也都可以作为时代区分讨论的重要课题。

3. 师生所遇到的困难与解决。到目前为止，最大的困难，应当还是在于教学与研究环境不如人，尤其参考材料（图书）缺乏、语文训练不足等问题，以致学风不佳、人才不足，迄今仍然看不出有妥善解决之道。就时代区分论而言，恐怕韩国学界都还比台湾地区重视这个问题。拙稿在此希望能抛砖引玉，所幸在隋唐部分，已有若干起步，邱添生氏由京都学派的观点出发，进一步发挥唐代中叶为“中世”下限说，就是一个例子，读者可参照。[1]

四、秦汉至隋唐为“中古”的初步看法

笔者的时代区分依据，是取历代政治力与社会力之消长作准绳，也就是用政治社会史观，其表现的基本原理如下：

政治力	社会力
（君力—兵刑→控制政治经济军事）	（士力—教育→控制社会经济文化）
（刑）	（礼）

基本图式如下：

朝　代	政治力——社会力	秩序原理
三代 （上古）	王——→贵族 （依存）	礼刑二分 （宗法原理）
（战国） 秦汉 魏晋南北朝 隋唐 （中古）	（王）←——→（宗族） 帝←——→宗族 帝←——→士族 帝←——→士族 （妥协）	（过渡期：刑治） 由礼刑合一到礼主刑辅 王法←——→家礼
宋 元 明 清 （近古）	帝←——士绅 帝←——士绅 帝←——士绅 帝←——士绅 （寄生）	礼主刑辅 王法←——家礼
（清末） 民初 国民政府 （近代）	（帝）←——（买办） （寄生） 军阀←——官僚资本家 党　（寄生）　官僚资本家	（过渡期） 军政

---

〔1〕 邱添生：《论唐代中叶为国史中世下限说》，《师大历史学报》15，1987 年 6 月。

说明：

1. 提要

		政治力	社会力
上古：	三代		
	贵族政治═协议政治	贵族→共治	士═贵族→自立
中古：	战国—隋唐		
	专制政治═人头支配	君→专制	士族→半自立
近古：	宋—清		
	独裁政治═户头支配	君→独裁	士绅→寄生

2. 战国是由上古进入中古的过渡阶段

《荀子·礼论》云：

> 礼有三本，天地者，生之本也；先祖者，类之本也；君师者，治之本也。……故礼上事天，下事地，尊先祖，而隆君师，是礼之三本也。（可再参看《大戴礼记》）

礼之三本，顺序是：天地——先祖——君师，此时将“君师”视为一，犹是古意（参看《礼记·学记》）。此与后世“天地君亲师”说法有别，其变迁关键所在，是“先祖”（亲）退至君后，而“君师”分为二，为何如此？将另作说明，此处要指出的，是变迁的时段宜设定在战国，秦汉以后进入另一时代。清麦孟华《尊侠篇》（收入《皇朝经世文新编》卷一八二）曰：

> 人而不侠，时曰不仁；国而无侠，时曰不国。昔中国以侠立国者也，战国以前，侠士洈萃鳞沓，布满天下。一挫于秦始皇（小字注：禁诽谤），再挫于汉文景（主无为，诛游侠），三挫于汉武帝（黜百家），四挫于十常侍（锢党人）（按十常侍，指张让以下十二宦官皆为中常侍，擅权乱政，而发生第一次党锢之祸，见《后汉书·张让传》），五挫于魏武帝（毁名节），六挫于南北朝唐诸君臣（重词章科目），七挫于宋元祐，八挫于宋庆元（禁党人），九挫于元（以革古俗，乱中国，视臣民

为奴隶)，十挫于明太祖(毁名节，忌才士，用帖括)，十一挫于明东厂(禁党人)，十二挫于乾嘉士夫之论议(诋社会)。

麦氏之论，虽以侠作说明，其实包含儒者，在法家看来，儒、侠本为一体。由上所举诸例中，可窥知儒、侠所代表的社会力，自秦汉以来不断被政治力压迫之情形，麦氏虽不分唐、宋，但仍可理解每况愈下。

3. “中古”的时代性

(1) 政治力与社会力的妥协性

A. 自战国以来，用人头统治作为新的王(皇)权统治原理，未能如愿完成集权体制。所谓人头统治(或曰“个别人身支配”)，即王权对全国每一人(良民)、每一块地，作充分掌握。此事如果充分达成，独裁政治提早实现。但论其实际则不然，原因是新的社会力形成(由豪族而士族)，其力量具有半自立性存在。说明：

① 由人头税、丁税→租庸调法═人头统治

② 九品官人法、均田法是王权与门阀妥协的产物

B. 新的社会力，具有半自主性。此期的社会力，相对于前期，其力是下降且须借助皇权以保障特权；但因其身份之取得，犹是来自社会力本身，所以相对于后期是寄生于皇权而存在，此期仍具半自立性。尤其是战国时代以来之宗族，以其大土地所有之身份，在社会上自成势力；士族出现后，更加上其家学、礼法而自为婚姻。但不论豪族抑或士族，入仕常是保障其特权的必要条件。

(2) 政治力的两面性

此期之政治力呈现两面性，一为集权化，一为妥协性。两者配合运行之极致，出现明章、贞观、开元之治，闻名史册。但建立君主专制体制的目标，仍然不变。

(3) 社会力亦呈现两面性

此期之社会力亦呈现两面性，一为参与政权，而成为特权阶级，进而在体制上建立约束皇权之制(当然苟安于眼前利益者，大有人在)；一为

谋求自立，即以其地主、教养身份，建立乡里秩序，而谋求自立于社会。简言之，在理性的情况下，约束皇权与自立于社会，是其努力目标。

4. “中古”政治社会结构分析

(1) 丁中制的统治原理——人头统治的法制化

A. 由身高到年龄的户口登录

B. 丁中制的成立与展开——依据年龄而赋予全国人一定的政治身份

C. 依据人头、年龄而建立赋役制度

D. 国家(皇权)与人民(良民)的关系，建立在爵制、赐姓、任官(上对下)与赋役(下对上)诸制度。

(2) 礼刑的政治力运作：违礼入律、纳礼入令的统治原理

A. 由刑治到礼刑合一

a. 战国的刑治

b. 汉以后由礼刑合一到礼主刑辅：失礼入刑

《大戴礼记·礼察》云：“礼者，禁于将然之前；而法者，禁于已然之后。”(并参《汉书·贾谊传》)

东汉和帝廷尉陈宠云：“礼之所去，刑之所取，失礼则入刑，相为表里者也。”

B. 纳礼入令

a. 晋令以下诸令，大都有祠令、学令、选举令、仪制令、丧葬令等篇目，论其内容，当都来自礼典。

b. 《新唐书·刑法志》云：“令者，尊卑贵贱之等数，国家之制度也。”此规定相近于《荀子·富国》云：“礼者，贵贱有等，长幼有差、贫富轻重皆有称者也。”即令之内容与礼相当。

C. 政治的法制化：律令制度的完成(指自晋至唐，秦汉是草创整理时期)，其原则在于：“德礼为政教之本，刑罚为政教之用。”(唐名例律疏议)

(3) 等差的身份制社会

A. 战国秦是实施刑治的齐民制社会，汉以后改变为礼法的等差身份制社会，直至隋唐为止。宋以后，则进入礼教的庶民社会。

B. 等差身份制社会的构成，是以礼法规范良民的身份(其下尚有不适用礼法的“贱民”)，而成为等差性的社会结构。其要义有三：

a. 以礼入法，而成为等差性的阶层结构。

b. 社会结构以良民为主体，而赋予等差性身份。此时之“身份”，非指阶级，而是指在政治、社会组织中，依据礼法所赋予的地位。

c. 此时之良民同时具有如下双重身份：① 政治身份（丁中）；② 社会身份（士庶）。良民依此身份，决定其在政治、社会的角色。若只由社会观点而言，此时之身份，常与阶级同义。

C. 社会的乡里秩序，是以士族（豪族）为中心。

a. 战国秦汉的社会力，是由宗族到士族来代表。

b. 士族身份要件

① 士族本身：地主、教养、仕宦

② 士族势力：包括依附农民、贱民，以及士族婚姻集团→贵族官僚、教育团体、经济团体、军事团体（=豪族共同体）

D. 士庶之分，有如天隔。

E. 君（王法）士（家礼）之间，各有其空间。

5. “中古”时代的结束

（1）人口增多，民族复杂，工商发达等因素，使人头统治无法充分进行。（人头统治原理，建立于战国之小国寡民形态上，汉以后之大帝国形态，不易彻底贯彻。）

（2）战争是士族门阀社会的致命伤。

（3）自皇帝制度建立后，不论在理论或立制上，皆无一有效制君力量出现。虽然汉儒提出天谴，晋以后有立制（令制），乃至汉以来推行帝王学，其效果有限。此期终于在唐末时，君权旁落与门阀解体之情况下结束。

五、结　　论

传统中国的历史发展，是否停滞不变？这是我们研究及教学中国史经常要反省的地方。时代区分的提出，是反驳“停滞论”最有效的途径之一。以秦汉到隋唐作为“中古”，早期已有夏曾佑氏取世运之盛衰作为区分的设定，日本的桑原骘藏氏则以民族的兴替来设定。其后，以此时段作为“中古”者，如陈安仁氏以及日本的宇都宫清吉氏，乃至畏友雷家骥氏的“中古史学”皆是。[1]

笔者将秦汉至隋唐视为一个时段，而曰“中古”，基本上是着重于政治、社会结构的改变；在发展过程中，中古是将上古所建立的基础与理论，给予有效的发挥。就隋唐而言，笔者赞同宇都宫氏将隋唐视为融合秦汉、六朝时代而发展的。因此，在隋唐史教学上，实有必要经常取秦汉、六朝乃至宋以后与隋唐比较；而古代的经典，更是国家立制、社会行为规范的依据。整体而言，隋唐时代也可说是自古以来历史发展的大总结，宋以后则进入另一新的时段。就这个意义而言，隋唐教学与研究的出发点，仍在古代诸经典，笔者鼓励学生学习隋唐史，仍要由古典入手，其用意在此。

收入《隋唐史教学研讨会论文集》，台湾大学历史学系，一九九三年四月

〔1〕夏曾佑说，见其名著《中国古代史》(原刊于上海商务印书馆，1934 年；1963 年台一版)，夏氏将中国史分为三期，自草昧以至周末为“上古之世”，自秦至唐为“中古之世”，自宋至今为“近古之世”。其书名曰“古代”，实则包括上古和中古，此即第一篇曰“上古史”，第二篇曰“中古史”，但第二篇只写到隋代。桑原騭藏说，见前傅斯年氏引述。陈安仁说，见氏著《中国上古中古文化史》(上海商务印书馆，1937 年，1971 年台北泰顺书局翻印出版)。宇都宫清吉说，见氏著《東洋中世史の領域》(收入氏著《汉代社会経済史研究》，弘文堂，1995 年)。雷家骥说，见前引氏著《中古史学观念史》。

图书在版编目(CIP)数据

战后日本的中国史研究 / 高明士著. —上海：中西书局，2019
ISBN 978-7-5475-1553-2

Ⅰ.①战… Ⅱ.①高… Ⅲ.①中国历史—古代史—研究 Ⅳ.①K220.7

中国版本图书馆 CIP 数据核字（2019）第 014540 号

战后日本的中国史研究

高明士 著

责任编辑	吴志宏
装帧设计	梁业礼
出版发行	上海世纪出版集团 中西書局(www.zxpress.com.cn)
地　　址	上海市陕西北路 457 号(200040)
印　　刷	上海盛隆印務有限公司
开　　本	700×1000 毫米　1/16
印　　张	19.75
字　　数	285 000
版　　次	2019 年 2 月第 1 版　2019 年 2 月第 1 次印刷
书　　号	ISBN 978-7-5475-1553-2/ K·293
定　　价	68.00 元

本书如有质量问题，请与承印厂联系。T：021-52820010